시작하세요!

Final Cut Pro

빠르크의 3분 강좌와 함께하는

파이널 컷 프로 유튜브 영상 제작

10.6

시작하세요!
Final Cut Pro 10.6

빠르크의 3분 강좌와 함께하는
파이널 컷 프로 유튜브 영상 제작

지은이 박경인

펴낸이 박찬규 엮은이 윤가희 디자인 북누리 표지디자인 Arowa & Arowana

펴낸곳 위키북스 전화 031-955-3658, 3659 팩스 031-955-3660

주소 경기도 파주시 문발로 115, 311호(파주출판도시, 세종출판벤처타운)

가격 29,000 페이지 388 책규격 188 x 240mm

1쇄 발행 2021년 12월 15일
ISBN 979-11-5839-296-3 (13000)
등록번호 제406-2006-000036호 등록일자 2006년 05월 19일
홈페이지 wikibook.co.kr 전자우편 wikibook@wikibook.co.kr

시작하세요!
Final Cut Pro 10.6

빠르크의 3분 강좌와 함께하는
파이널 컷 프로 유튜브 영상 제작

박경인 지음

위키북스

지금은 영상 콘텐츠의 시대입니다. 매체의 트렌드는 문자에서 사진으로, 사진에서 영상으로 이동하고 있습니다. 대부분의 사람이 '읽기'보다는 '시청'하는 것에 더 익숙해하고, 편하게 느끼고 있습니다. 매년 한국인이 오랫동안 사용하는 스마트폰 앱을 조사하면 늘 1위가 '유튜브'라는 점이 이를 증명합니다.

스마트폰의 보급과 함께 누구나 영상을 촬영하고 편집할 수 있는 '1인 미디어'의 시대입니다. 스마트폰에서 촬영한 영상에 배경음악을 입히고 자막과 그래픽 효과를 추가해 영상을 간편하게 제작할 수 있습니다. 하지만 이런 동영상 편집이 능숙한 사람은 많지 않습니다. 사람들이 만족할 만한 영상의 눈높이는 점점 올라가지만 이를 감당할 수 있는 인력, 시간, 기술 등의 공급은 늘 부족하기만 합니다.

애플의 '파이널 컷 프로'는 '1인 미디어' 시대에 맞는 동영상 편집 프로그램입니다. 영상 편집에 있어 속도와 안정성이라는 두 마리 토끼를 '파이널 컷 프로'는 확실히 잡았습니다. 맥에 최적화된 빠른 속도와 놀라울 만큼 침착한 안정성에 많은 '영상 편집러'들이 '파이널 컷 프로'를 선택하고 있습니다. 또한 프로그램 자체적으로 제공되는 템플릿과 직관적인 사용자 인터페이스 덕분에 '파이널 컷 프로'의 영상 편집은 쉽고 재밌습니다. 영상 비전공자도 '파이널 컷 프로'를 이용해 쉽게 고퀄리티의 영상 콘텐츠를 만들 수 있습니다.

이 책은 애플의 '파이널 컷 프로'를 기초부터 차근차근 배워보고자 하는 분들을 위해 쓰인 책입니다. 커리큘럼은 총 30일 차로 구성돼 있고, QR코드를 통해 유튜브에서 강좌 내용을 학습할 수 있습니다. 실습 형식으로 하나씩 따라 함으로써 필요한 내용은 바로바로 보충하여 좀 더 깊은 학습이 이뤄지도록 했습니다. 책과 유튜브를 통해 내용을 익히고 질문은 유튜브에 댓글로 남겨주시면 제가 답변을 달아드립니다.

또한 이번 도서 출간을 계기로 그동안 유튜브를 통해 공개했던 빠르크의 '파이널 컷 프로' 템플릿들을 108개의 자막 템플릿으로 엮어서 책을 구매한 독자들에게 제공합니다. '파이널 컷 프로'와 템플릿들을 이용하면 여러분만의 영상 콘텐츠를 더욱 쉽게 제작할 수 있습니다.

여러분의 창의성을 '파이널 컷 프로'를 통해 마음껏 펼쳐보시길 바랍니다.

Everyone Can Create!

2021년 12월

박경인

이 책의 사용 설명서

본문 내용을 시작하기에 앞서 이 책의 도서 홈페이지 및 유튜브 채널과 예제 파일을 소개하고, 이 책에서 사용한 프로그램에 대해 알아보겠습니다.

도서 홈페이지

이 책의 홈페이지 URL은 다음과 같습니다.

- **책 홈페이지**: https://wikibook.co.kr/fcp106/

이 책을 읽는 과정에서 내용상 궁금한 점이나 잘못된 내용, 오탈자가 있다면 홈페이지 우측의 [도서 관련 문의]를 통해 문의해 주시면 빠른 시간 내에 안내해 드리겠습니다.

유튜브 채널

이 책은 유튜브 '빠르크의 파이널 컷 프로 3분 강좌'에 있는 온라인 클래스를 토대로 엮었습니다. 블로그와 유튜브 채널에서 책에 관한 질문이나 답, 최신 정보를 확인할 수 있습니다.

- **유튜브**: https://www.youtube.com/c/park3min
- **블로그**: https://www.park3min.com
- **인스타그램**: https://www.instagram.com/park_3min

커리큘럼은 총 30일 차로 구성돼 있고, 주제별로 관련 유튜브 강좌로 연결되는 QR 코드와 URL을 제공합니다. QR 코드를 스캔하거나 웹 브라우저에서 URL을 입력해 강의 영상을 곧바로 확인하실 수 있습니다.

동영상 강좌로 이동하는 QR 코드

유튜브 동영상 강좌 주소

01 일차 | 파이널 컷 프로를 소개합니다
▶ https://youtu.be/wh7N7p-hajA (11분 04초)

파이널 컷 프로는 영상 편집 전문 프로그램입니다. 영상 편집에 필요한 모든 기능이 포함돼 있어 전문적인 비디오 편집이 가능합니다. 또한 애플 특유의 직관적인 사용자 인터페이스(User Interface) 덕분에 더 쉽게 비디오를 편집할 수 있습니다. 파이널 컷 프로는 2011년에 최초 버전이 출시된 이후로 지속적인 업데이트와 기능 추가, 인터페이스 개선을 통해 더욱 사용하기 편하면서도 전문적인 기능을 활용할 수 있는 동영상 편집 프로그램으로 거듭났습니다. 파이널 컷 프로를 동영상 편집에 활용한다면 전문적인 영상 제작과 편집을 손쉽게 할 수 있습니다.

PC를 사용 중이라면 아래 URL에서 유튜브 동영상 강좌로 쉽게 이동할 수 있으니 참고하세요.

- 온라인 목차: https://wikibook.github.io/fcp106/

클릭하면 유튜브 동영상 강좌로 이동합니다

클릭해서 학습 여부를 기록해 보세요

이 책에서 사용한 프로그램

이 책은 파이널 컷 프로를 사용해 영상 편집하는 방법을 다루며, 파이널 컷 프로 10.6 버전을 사용했습니다. 파이널 컷 프로를 설치하는 방법과 실행하는 방법은 이 책의 1장에서 설명합니다.

예제 파일 및 예제 템플릿 내려받기

이 책의 예제 코드와 예제 템플릿은 도서 홈페이지의 [관련 자료] 탭에서 내려받을 수 있습니다.

- **책 홈페이지**: https://wikibook.co.kr/fcp106/ → 관련 자료

1. 도서 홈페이지의 [관련 자료] 탭을 클릭하면 아래와 같이 두 개의 파일이 있습니다. 내려받으려는 예제 파일 혹은 템플릿 파일 링크를 클릭합니다. (실습에는 템플릿 파일과 실습 파일 모두 필요하므로 둘 다 미리 내려 받아주세요).

   - 시작하세요 파이널컷프로 10.6 스타트 템플릿 108.zip: 다양한 템플릿을 모아놓은 파일
   - 시작하세요 파이널컷프로 10.6 예제.zip: 실습에 필요한 예제를 압축한 파일

2. 오른쪽 상단의 [다운로드] 버튼을 클릭합니다.

3. 다음과 같은 화면이 나오면 [다운로드] 버튼을 클릭해 파일을 내려받습니다.

4. 다운로드 폴더에서 내려받은 압축 파일을 더블 클릭해 압축을 풉니다.

【 예제 파일 】

압축을 해제하면 '시작하세요 파이널컷프로 10.6' 폴더를 확인 할 수 있습니다. 해당 폴더를 더블클릭해 들어가면 다음과 같이 '2장' 폴더와 '시작하세요 파이널컷프로 10.6' 프로젝트 파일이 있습니다.

- **2장 폴더**: 2장의 예제 실습에 필요한 영상 파일이 들어 있습니다.

- **배경음악 폴더**: 4장의 예제 실습에 필요한 음악 파일이 들어 있습니다.

- **프로젝트 파일**: 더블 클릭하면 파이널 컷 프로가 열리고, 예제에 사용한 파일 및 완성 파일이 장별로 정리돼 있습니다.

이 책은 파이널 컷 프로 10.6을 기준으로 합니다. 만약 옆 그림과 같은 에러 메시지가 나온다면 파이널 컷 프로 10.6 버전으로 업데이트 한 후에 다시 실행해주세요.

【 예제 템플릿 】

압축을 해제한 폴더로 이동하면 템플릿 폴더(Motion Templates)와 함께 템플릿 설치 방법이 안내된 PDF 파일을 확인할 수 있습니다. PDF 파일을 먼저 살펴본 후 설치를 진행하기 바랍니다.

목·차

04

영상의 퀄리티를 높이는 오디오 편집하기

05

작업한 영상을 파일로 출력하기

06

초보에서 중수로 나아가는 다양한 편집 스킬

01

시작하세요!
파이널 컷 프로 10.6

파이널 컷 프로(Final Cut Pro)는 미국의 애플(Apple)사에서 개발한 전문 비선형 영상 편집 프로그램입니다. 직관적인 사용자 인터페이스와 맥(macOS)에 최적화된 빠른 성능과 안정성으로 많은 사람에게 사랑받는 편집 프로그램입니다. 애플에서 개발하고 출시한 프로그램이다 보니 맥에서만 설치하고 실행할 수 있습니다. 또한 프로그램을 구매하는 방식도 기존 맥의 소프트웨어를 구매하는 방법과 같습니다. 바로 맥의 맥 앱스토어(App Store)에서 구매하고 내려받는 방식입니다. 한번 구매한 파이널 컷 프로는 새로운 버전이 출시될 때마다 무료로 맥 앱스토어에서 간편하게 업데이트 할 수 있습니다. 파이널 컷 프로는 2011년 최초 버전이 출시된 이후로 여러 번의 메이저 버전 업데이트가 이뤄졌으며, 2021년 10월 기준으로 10.6 버전에 이르렀습니다. 이 책의 예제 파일과 전체적인 흐름은 최신 버전인 10.6 버전을 기준으로 합니다.

1장에서는 파이널 컷 프로에 대한 소개와 함께 프로그램 실습을 위한 무료 체험판을 설치하는 방법과 인터페이스 및 메뉴 등을 살펴보고자 합니다. 이번 장에서는 파이널 컷 프로를 활용해 유튜브 영상을 편집하고 업로드하는 전체적인 흐름과 템플릿을 설치하는 방법, 실제 편집에서 많이 사용하는 주요 단축키 등 실무적인 내용을 살펴보면서 파이널 컷 프로로 영상을 편집하는 전체적인 흐름을 이해하는 것을 목표로 하겠습니다.

표 1-1 파이널 컷 프로의 개요

운영체제	macOS
출시일	2011년 6월 21일
최신버전	10.6.1 (2021년 11월 기준)
최소요구사항	macOS 10.15.6 이상 RAM: 4GB Metal API 호환 그래픽 카드 VRAM: 최소 1GB 이상 권장(4K, 3D 타이틀, 360 VR 비디오 편집의 경우)
가격	369,000원(한국 앱스토어 기준)
공식 홈페이지	https://www.apple.com/final-cut-pro/

파이널 컷 프로를 소개합니다

▶ https://youtu.be/wh7N7p-hajA (11분 04초) ◉

파이널 컷 프로는 영상 편집 전문 프로그램입니다. 영상 편집에 필요한 모든 기능이 포함돼 있어 전문적인 비디오 편집이 가능합니다. 또한 애플 특유의 직관적인 사용자 인터페이스(User Interface) 덕분에더 쉽게 비디오를 편집할 수 있습니다. 파이널 컷 프로는 2011년에 최초 버전이 출시된 이후로 지속적인업데이트와 기능 추가, 인터페이스 개선을 통해 더욱 사용하기 편하면서도 전문적인 기능을 활용할 수있는 동영상 편집 프로그램으로 거듭났습니다. 파이널 컷 프로를 동영상 편집에 활용한다면 전문적인 영상 제작과 편집을 손쉽게 할 수 있습니다.

파이널 컷 프로의 대표적인 특징

파이널 컷 프로의 대표적인 특징 5가지를 살펴보겠습니다.

맥에서만 사용 가능

파이널 컷 프로는 맥에서만 설치하고 실행할 수 있습니다. 일반적으로 사용하는 윈도우 PC에서는 설치와 실행이 되지 않습니다. 따라서 파이널 컷 프로를 이용하려면 애플의 데스크톱 컴퓨터인 아이맥(iMac)

이나 노트북인 맥북(MacBook) 등 맥이필요합니다. 최근에는 애플에서 자체적으로 개발한 M1 프로세서를 탑재한 아이맥과 맥북이 출시됐습니다. M1 프로세서가 탑재된 맥에서도 파이널 컷 프로가 원활하게 실행되니 새로 구매하실 분들은참고하면 좋겠습니다.

그림 1-1 애플의 아이맥과 맥북

맥 앱스토어를 통한 구매 방식

파이널 컷 프로는 프로그램의 구매가 맥 앱스토어를 통해 이뤄집니다. 스마트폰을 사용해 본 분들이라면 구글 안드로이드의 플레이 스토어나 아이폰의 앱 스토어에서 애플리케이션을 설치해 본 경험이 있을 것입니다. 이와 같은 방식으로 맥 OS 역시 애플리케이션을 구매하고 내려받을 수 있는 맥 앱스토어가 있습니다. 맥 앱스토어에서 파이널 컷 프로를 구매한 후 인터넷을 통해 프로그램을 내려받고, 설치 또한 간편하게 진행할 수 있습니다.

또한 한번 구매하면 새로운 버전이 나올 때마다 맥 앱스토어를 통해 무료로 업데이트 할 수 있습니다. 이런 점 때문에 구독 방식으로 매월 사용료를 지불하는 다른 경쟁 프로그램보다 초기 구매 비용은 파이널 컷 프로가 더 비싸지만, 장기적으로 사용했을 때는 파이널 컷 프로가 더 저렴합니다. 파이널 컷 프로의 가격은 미국 앱 스토어에서는 299.99달러, 한국 앱 스토어에서는 369,000원에 단품으로 판매하고 있습니다. 맥을 구매할 때 옵션으로 파이널 컷 프로를 설치할 수 있는데, 가격은 맥 앱스토어에서 구매할 때와 동일합니다.

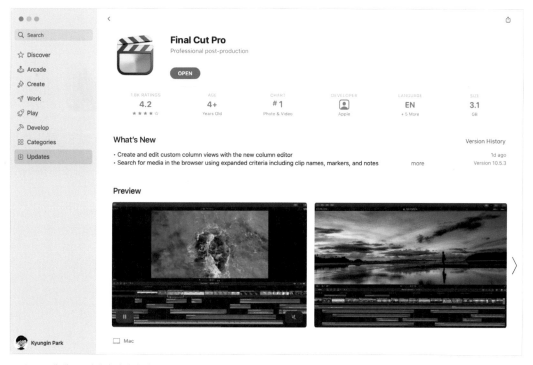

그림 1-2 맥 앱스토어에서 파이널 컷 프로 구매하기

교직원 또는 학생이라면 애플에서 제공하는 혜택을 이용해 애플 제품을 좀 더 저렴하게 구매할 수 있습니다. 애플 홈페이지에서 별도의 교육용 스토어를 운영하고 있으며 가격 역시 할인된 가격으로 제공합니다. 그중 교육용 프로 앱 번들이 있습니다. 이것은 애플의 프로 앱인 파이널 컷 프로, 모션, 로직, 컴프레서, 메인 스테이지 5개를 하나로 묶어 판매하는 패키지 상품입니다. 가격은 249,000원으로 매우 저렴합니다. 심지어 파이널 컷 프로 단품을 구매하는 것보다 더 저렴하면서 다른 프로그램들까지 이용할 수 있습니다.

그림 1-3 교육용 프로 앱 번들 구매 페이지

교육용 프로 앱 번들은 맥 앱스토어가 아닌 애플 공식 홈페이지의 교육용 프로 앱 번들 구매 페이지(https://www.apple.com/kr-k12/shop/product/BMGE2Z/A/교육용-프로-앱-번들)에서 먼저 결제를 해야 합니다. 결제를 하면 여러분의 이메일로 맥 앱스토어의 바우처(Voucher)라고 볼 수 있는 리딤 코드(Redeem Code)가 1~3일 이내로 도착합니다. 이 리딤 코드를 맥 앱스토에서 입력하면 해당 프로그램들을 내려받을 수 있는 권한이 생깁니다. 자세한 방법은 필자의 블로그에 올려놓은 구입기 포스팅(https://parkpictures.tistory.com/381)을 참조하세요.

마그네틱 타임라인 편집 방식

파이널 컷 프로는 마그네틱 타임라인[1](Magnetic Timeline)이라는 독특한 편집 방식을 지원합니다. 각 클립이 마치 자석을 붙여넣은 것처럼 착착 달라붙어 빈 곳을 허용하지 않습니다. 영상 편집을 하던 중 미처 보지 못한 영상 클립 사이의 빈 곳 때문에 검은 화면이 등장해 난감한 경험이 있던 분들에게 유용한 기능입니다. 또한 편집 도중 영상을 추가로 삽입했을 때도 기존에 결합한 오디오 싱크가 분리되지 않고 비디오와 오디오 클립이 함께 유기적으로 움직입니다.

영상 강좌의 5분 51초 참고해주세요.

https://youtu.be/wh7N7p-hajA?t=351

그림 1-4 마그네틱 타임라인

스토리라인 기반의 편집 방식 지원

파이널 컷 프로는 스토리라인(Storyline) 기반의 편집 방식을 지원합니다. 스토리라인 기반의 편집 방식을 이해하려면 트랙 편집 방식을 알아두어야 합니다.

트랙 방식은 낯선 개념이 아닙니다. 프리미어 프로, 베가스, 스마트폰용 영상 편집 애플리케이션, 심지어 파이널 컷 프로의 이전 버전인 파이널 컷 프로 7을 비롯한 많은 영상 편집 프로그램들이 트랙(Track) 방식을 사용합니다. 트랙 방식은 비디오 트랙과 오디오 트랙이 각각 따로 존재하는 형태입니다. 그리고 다양한 트랙을 추가해 비디오 1, 비디오 2, 비디오 3 등 다중 트랙으로 편집할 수 있습니다.

트랙 방식으로 비춰본다면 파이널 컷 프로는 단 하나의 트랙만 존재합니다. 바로 스토리라인(Storyline)입니다. 파이널 컷 프로의 타임라인은 한 개의 큰 이야기 덩어리만 남아 있습니다. 이 스토리라인은 마치 나무의 줄기와 같습니다. 줄기를 중심으로 나무의 가지가 뻗어 나가듯이 파이널 컷 프로는 하나의 큰 이야기를 중심으로 영상을 편집합니다. 자막이나 음악, 효과음 등을 마치 나무줄기에 가지가 붙어 있는 형태로 연결하고 배열하면서 한 편의 영상을 편집합니다.

---

1 타임라인(Timeline) : 영상 편집용 비디오, 오디오 클립 등을 추가하고 배열해서 편집 작업을 수행하는 공간을 말합니다.

그림 1-5 스토리라인 기반의 영상 편집 방식 (파이널 컷 프로)

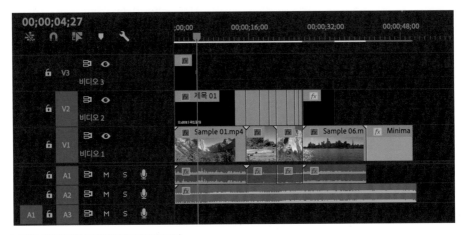

그림 1-6 트랙 기반의 영상 편집 방식 (프리미어 프로)

애플의 ProRes 코덱을 활용

파이널 컷 프로는 애플에서 개발한 ProRes 코덱을 활용하는 영상 편집 프로그램입니다. 애플에서 개발한 ProRes 코덱은 맥에서 기본으로 제공하는 코덱이지만 그 어떤 코덱보다 성능이 뛰어납니다.

그림 1-7 애플의 ProRes 코덱

파이널 컷 프로에서 ProRes 코덱은 매개 코덱으로 주로 사용됩니다. 보통 동영상 편집을 할 때 영상에 자막이나 이펙트 등을 적용합니다. 편집자는 이런 자막이나 이펙트가 잘 적용됐는지 살펴보기 위해 프로그램 내에서 영상을 재생해 보며 미리 보기를 합니다. 이때 프로그램 내부적으로 렌더링(Rendering)이라는 과정을 거쳐서 기존의 영상에 자막이나 이펙트 등을 합성한 결과물을 사용자에게 미리 보여줍니다. 이 렌더링 과정에서 필요한 것이 매개 코덱입니다. 파이널 컷 프로는 기본적으로 ProRes 코덱을 매개 코덱으로 사용해 영상 편집 과정에서 자동으로 렌더링을 합니다. ProRes 코덱 자체가 애플에서 개발한 코덱이고, 맥에 최적화 돼 있어서 빠른 속도로 렌더링을 해줍니다. 그래서 파이널 컷 프로에서 실시간으로 합성한 결과물을 확인해 보며 편집 작업을 진행할 수 있습니다. 코덱 자체가 기본 원본 화질의 해상도를 최대한 유지하기 때문에 편집한 것을 최종 파일로 출력했을 때도 만족스러운 화질을 기대할 수 있습니다.

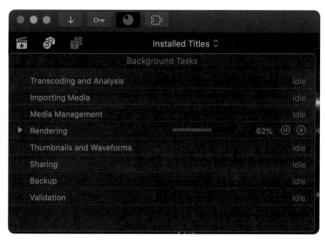

그림 1-8 ProRes 코덱을 활용해 중간 렌더링을 하는 모습

지금까지 파이널 컷 프로의 다섯 가지 주요 특징을 살펴봤습니다. 파이널 컷 프로와 기존 동영상 편집 프로그램의 차이점도 함께 살펴봤습니다. 기존 프로그램들과 다르게 파이널 컷 프로만의 특징과 장점이 있습니다. 이 책과 유튜브에 올라온 파이널 컷 프로 온라인 클래스 강좌를 통해 파이널 컷 프로를 쉽게 익혀보세요. 누구나 쉽게 동영상 편집 작업을 할 수 있는 사용자 인터페이스와 맥에 최적화된 빠른 성능을 자랑하는 동영상 편집 프로그램은 파이널 컷 프로입니다. 이제 본격적으로 파이널 컷 프로를 설치해 보겠습니다.

이번 시간에는 파이널 컷 프로의 무료 체험판 버전을 내려받는 방법을 살펴보겠습니다. 우선 파이널 컷 프로를 실행할 수 있는지 시스템의 최소 사양을 확인해야 합니다. 더욱 자세한 사항은 애플의 파이널 컷 프로 공식 스펙 홈페이지(https://www.apple.com/final-cut-pro/specs/)에서 확인할 수 있습니다.

표 1-2 파이널 컷 프로의 최소 시스템 사양

OS 버전	OS X 11.5.1 이후 (코드명 빅 서, 2021년 7월 27일 배포) 이상[2]
램	최소 4GB 이상 (4K 편집과 3D 자막, 360도 비디오 편집이 필요할 경우 8GB 이상 추천)
그래픽 카드	Metal 지원 그래픽 카드 및 1GB의 VRAM 추천
저장 용량	3.8GB의 여유 디스크 용량

맥의 시스템 사양을 확인하는 방법은 다음과 같습니다. 마우스를 맥의 위쪽으로 가져가면 상단 메뉴 바가 있습니다. 가장 왼쪽에 있는 [애플 로고]를 클릭한 다음 [이 Mac에 관하여] 메뉴를 클릭합니다.

그림 1-9 맥의 시스템 사양 확인하기

메뉴를 클릭하면 그림과 같은 화면이 나타나며 이를 통해 현재 맥의 시스템 사양을 확인할 수 있습니다. 상단에는 OS 버전이 표시되며 하단에는 시스템 사양을 확인할 수 있습니다.

---

2 애플은 OS를 매년 배포하는데 2019년 하반기에는 카탈리나(Catalina), 2020년 하반기에는 빅 서(Big Sur)라는 이름을 붙였습니다. 2021년 하반기에는 몬테레이(Monterey)가 출시됐습니다.

그림 1-10 현재 맥의 시스템 사양

파이널 컷 프로를 실행하기에 적합한 시스템 사양을 확인했습니다. 이제 애플의 공식 홈페이지에서 파이널 컷 프로 체험판을 내려받아 보겠습니다. 인터넷 브라우저를 열고 구글에서 '파이널컷프로 체험판'으로 검색하거나 직접 브라우저 주소 표시줄에 주소(https://www.apple.com/kr/final-cut-pro/trial/)를 직접 입력해 애플의 파이널 컷 프로 공식 홈페이지로 이동합니다.

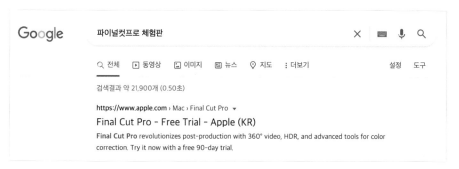

그림 1-11 구글에서 '파이널컷프로 체험판' 검색 후 공식 사이트로 이동하기

애플에서 코로나 19 이후 파이널 컷 프로 체험판의 사용 기한을 기존 30일에서 90일로 늘려 제공하고 있습니다. 애플의 정책상 변동이 될 수 있는 부분이지만 현재 시점에서는 90일 동안 무료 체험판을 이용해 볼 수 있기 때문에 무료 체험판으로도 파이널 컷 프로의 기본 기능을 습득하기에 부족함이 없습니다.

무료 체험판을 내려받기 위해 [Download now] 버튼을 클릭합니다.

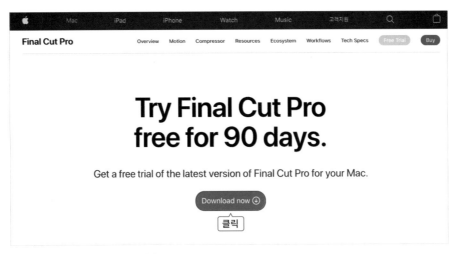

그림 1-12 파이널 컷 프로 무료 체험판 내려받기

다운로드 버튼을 클릭하면 dmg 파일 형식의 디스크 이미지가 다운로드됩니다. 디스크 이미지의 용량은 약 3.11GB인데 인터넷 환경에 따라 내려받는 데 걸리는 시간이 달라집니다.

파이널 컷 프로 체험판 설치하기

1. 다음 그림과 같이 '다운로드' 폴더에 내려받은 dmg 파일을 더블 클릭해 설치를 시작합니다.

그림 1-13 파이널 컷 프로 체험판의 설치 파일(FinalCutProTrial.dmg) 더블 클릭

2. 디스크 이미지 검사 후 디스크 이미지에 있는 FinalCutProTrial.pkg 설치 파일이 나타납니다. FinalCutProTrial.
   pkg 설치 파일을 더블 클릭해 다음 단계로 진행합니다.

그림 1-14 디스크 이미지 내 FinalCutProTrial.pkg 파일 더블 클릭

3. 파이널 컷 프로 체험판의 설치 창이 나타납니다. 설치 과정은 '소개' – '사용권 계약' – '대상 디스크 선택' – '설
   치 유형' – '설치' – '요약'의 단계로 진행됩니다. 왼쪽에 설치 단계가 표시돼 있어 어렵지 않게 설치할 수 있습니
   다. 오른쪽 아래에 있는 [계속] 버튼을 클릭해 설치를 진행합니다.

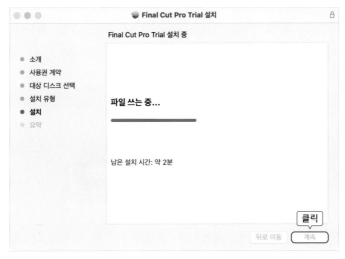

그림 1-15 파이널 컷 프로 체험판 설치 창

4. 설치가 끝나면 설치가 완료됐다는 메시지가 나타납니다. 이로써 파이널 컷 프로 체험판 설치를 완료[3]했습니다.

---

3   체험판은 최초 실행 이후 90일의 기간 동안만 사용할 수 있습니다. 또한 90일 기간 이후에는 같은 버전의 체험판은 다시 설치하여 실행할 수 없으므로 이 부분에 유의하여 사
    용하기 바랍니다.

파이널 컷 프로 실행하기

파이널 컷 프로를 실행하는 방법은 크게 두 가지가 있습니다.

아이콘을 클릭해 실행하기

먼저 아이콘을 클릭하여 실행하는 방법입니다. 맥의 응용 프로그램들은 런치패드(Launchpad)에서 선택해 실행할 수 있습니다. 맥의 화면 아래쪽에 있는 독(Dock)에서 런치패드(Launchpad)를 클릭해 실행합니다.

그림 1-16 독(Dock)에서 런치패드(Launchpad) 실행하기

런치패드에서 파이널 컷 프로 아이콘을 찾아 더블 클릭해 실행합니다. 아이콘의 위치는 사용자의 환경에 따라 다를 수 있습니다.

그림 1-17 파이널 컷 프로 아이콘

스포트라이트에서 검색해 실행하기

이어서 맥의 스포트라이트(Spotlight) 검색 기능을 이용해 실행하는 방법입니다. 맥의 상단 메뉴 막대에서 돋보기 모양 아이콘을 클릭하거나 단축키 command + space 키를 누르면 스포트라이트가 실행됩니다.

그림 1-18 맥의 상단 메뉴 막대 (돋보기 모양 아이콘 – Spotlight 검색 기능 실행)

스포트라이트에 검색어로 'final cut pro'를 입력하면 가장 상단에 파이널 컷 프로 응용프로그램이 표시됩니다. 해당 부분을 클릭하면 파이널 컷 프로가 실행됩니다.

그림 1-19 스포트라이트 검색 창에 'final cut pro' 입력하기

독(Dock)에 파이널 컷 프로 아이콘 유지하기

파이널 컷 프로를 실행하면 아래쪽 독(Dock)에 파이널 컷 프로 아이콘이 표시됩니다. 아이콘을 마우스 오른쪽 버튼으로 클릭한 후 [옵션] – [Dock에 유지]를 클릭하면 다음번에 바로 독(Dock)에서 실행할 수 있습니다.

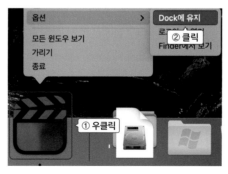

그림 1-20 파이널 컷 프로 아이콘을 독(Dock)에 유지하기

파이널 컷 프로를 실행하면 다음과 같은 초기 화면을 볼 수 있습니다. 파이널 컷 프로는 별도의 시작 화면이나 프로젝트 창이 나타나지 않고 이전에 사용자가 작업한 화면부터 바로 보여줍니다. 현재는 처음 실행한 상태이기 때문에 표시되는 화면이 제한적입니다.

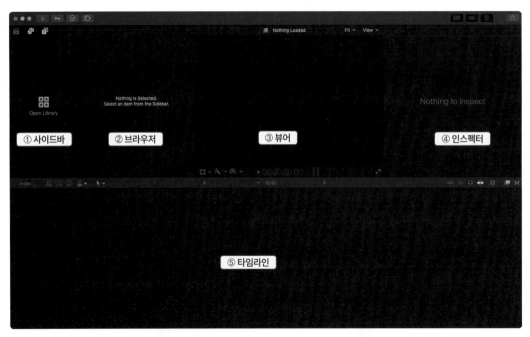

그림 1-21 파이널 컷 프로 실행 시 초기화면

파이널 컷 프로의 인터페이스

주요 패널을 중심으로 파이널 컷 프로의 인터페이스를 살펴보겠습니다.

사이드바(Side Bar) 패널

사이드바 패널에는 상단에 3개의 탭이 있습니다. 각 탭을 누를 때마다 라이브러리(Library) / 포토&오디오(Photo and Audio) / 타이틀&제네레이터 (Title and Generator) 중에서 한 가지를 선택해 나타낼 수 있습니다. 사이드바에서 선택한 내용은 바로 옆에 위치한 브라우저 패널에서 구체적으로 볼 수 있습니다.

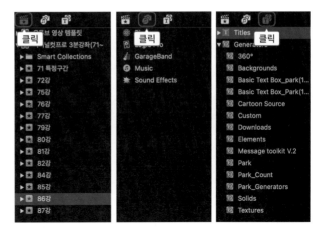

라이브러리 사이드바 　 포토&오디오 사이드바 　 타이틀&제너레이터 사이드바

그림 1-22 사이드바

브라우저(Browser) 패널

브라우저 패널에서는 편집하는 데 필요한 모든 동영상이나 음악, 타이틀 자막 등을 탐색하고 관리할 수 있습니다.

그림 1-23 브라우저 패널

뷰어(Viewer) 패널

영상 클립이나 이미지 그리고 프로젝트의 주요 내용을 보여주는 화면입니다. 화면 미리 보기 기능을 제공하고 있어서 편집 작업을 할 때 많이 이용하는 패널이기도 합니다. 뷰어 아래쪽에는 타임 코드가 있으며, 시간을 표시해줍니다.

그림 1-24 뷰어 패널

인스펙터(Inspector) 패널

편집에 사용되는 클립들의 세부적인 정보를 볼 수 있으며 설정도 가능합니다. 예를 들어 자막 타이틀의 글꼴이나 색상 변경은 인스펙터 패널에서 합니다.

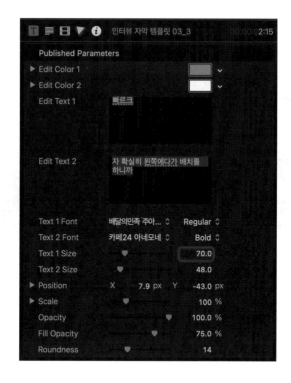

그림 1-25 인스펙터 패널

타임라인 패널

영상 편집에 사용되는 미디어 클립들을 타임라인에 추가하고 배치하면서 영상 편집이 이뤄지는 공간입니다. 붉은색의 긴 실선(플레이헤드, Play Head)을 옮겨 영상의 특정 지점에 자유롭게 접근해 편집할 수 있습니다. 이펙트 필터 창을 활성화하면 타임라인 오른쪽에 위치한 인스펙터 패널에 나타납니다.

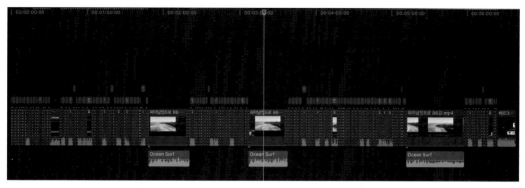

그림 1-26 타임라인 패널

작업 화면 설정하기

파이널 컷 프로에서는 작업 화면을 사용자가 자유롭게 설정할 수 있습니다. 따라서 독자분의 파이널 컷
프로 실행 환경과 책에서 설명하는 환경이 다를 수도 있는데, 책과 같은 환경에서 실습을 진행하고 싶
다면 다음 그림과 같이 [Window] → [Show in Workspace] 메뉴에서 사이드바(Sidebar), 브라우저
(Browser), 인스펙터(Inspector), 타임라인(Timeline)을 선택합니다.

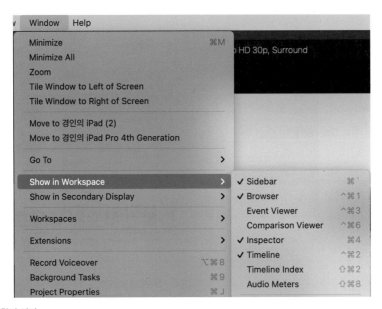

그림 1-27 작업 환경 설정

04 일차 | 10분 안에 살펴보는 파이널 컷 프로 유튜브 영상 편집

▶ https://youtu.be/j6y8AZ3GoAc (12분 24초)

이번 시간에는 파이널 컷 프로를 이용해 유튜브 영상을 편집하는 과정을 살펴보겠습니다. 영상 강좌에서는 10분 안에 전체적인 흐름을 살펴볼 수 있으니 영상과 함께 보면 더욱더 좋습니다. 제가 올리는 유튜브 영상은 대부분이 프로그램의 사용법을 다룬 튜토리얼 영상입니다. 따라서 제가 만드는 영상을 기준으로 설명했습니다.

파이널 컷 프로의 작업 흐름

영상의 장르나 편집하는 사람의 스타일에 따라 다소 차이가 있을 수 있지만, 기본적인 편집의 흐름이 있습니다. 이 책의 구성 또한 다음과 같은 흐름으로 정리했습니다.

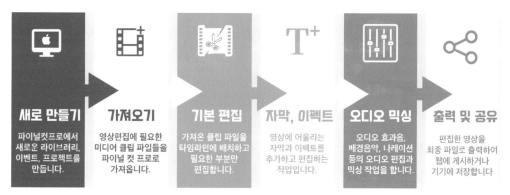

새로 만들기	가져오기	기본 편집	자막, 이펙트	오디오 믹싱	출력 및 공유
파이널컷프로에서 새로운 라이브러리, 이벤트, 프로젝트를 만듭니다.	영상편집에 필요한 미디어 클립 파일들을 파이널 컷 프로로 가져옵니다.	가져온 클립 파일을 타임라인에 배치하고 필요한 부분만 편집합니다.	영상에 어울리는 자막과 이펙트를 추가하고 편집하는 작업입니다.	오디오 효과음, 배경음악, 나레이션 등의 오디오 편집과 믹싱 작업을 합니다.	편집한 영상을 최종 파일로 출력하여 웹에 게시하거나 기기에 저장합니다

그림 1-28 파이널 컷 프로 작업흐름도

1단계. 새로 만들기

1단계에서는 새로운 라이브러리, 이벤트, 프로젝트를 만듭니다. 라이브러리는 파이널 컷 프로에서 영상 편집에 필요한 모든 소스 파일을 저장하고 관리하는 패키지 파일입니다. 먼저 라이브러리를 생성한 다음 이벤트 폴더를 생성하고 프로젝트를 만듭니다. 새로운 라이브러리와 이벤트, 프로젝트를 생성하는 방법은 그렇게 어렵지는 않습니다. 다만 파이널 컷 프로의 파일 관리 시스템이 조금은 낯선 부분도 있어서 처음에 이해하고 적응하는 시간이 필요합니다. 이 부분은 이 책의 2장에서 자세히 다루겠습니다.

2단계. 가져오기

2단계에서는 영상 편집에 필요한 파일을 파이널 컷 프로로 가져옵니다. 클립 파일을 가져오는 과정을 임포트(Import)라고 합니다. 가져온 미디어 클립 파일은 이벤트 폴더에 저장됩니다. 파이널 컷 프로는 대부분의 미디어 포맷을 지원하고 있습니다. 다만 AVI나 WMV 등의 일부 파일 포맷은 지원하지 않기 때문에 파이널 컷 프로에서 임포트가 안되는 점 참고하기 바랍니다.

3단계. 기본 편집

3단계에서는 미디어 클립 파일을 프로젝트의 타임라인에 배치하고 정렬하며 기본적인 편집을 합니다. 프로젝트 타임라인에서 미디어 클립의 필요한 부분만 남기고 불필요한 부분은 잘라냅니다. 이야기의 순서를 대략 배치한다고 해서 컷편집 단계라고 부르기도 합니다. 영화나 다큐멘터리를 편집할 때, 이 단계에서 이야기의 큰 흐름만 전체적으로 보기 위해 가편집을 한 후에 세부적인 편집으로 들어가는 본편집을 진행하기도 합니다.

4단계. 자막, 이펙트

4단계에서는 자막이나 이펙트 등을 추가해 배치된 영상과 합성합니다. 영상의 오프닝 타이틀이나 엔딩 크레딧 등을 추가할 수도 있습니다. 유튜브 영상의 경우 정보를 제공해주는 자막이나 인물의 대사를 자막으로 표현하기도 합니다. 또한 영상을 더욱 특색있게 표현해주는 이펙트나 트랜지션을 적용합니다. 파이널 컷 프로는 기본직으로 제공해주는 자막 템플릿과 외부에서 제공해주는 파일을 설치할 수 있어서 쉽게 영상 편집을 할 수 있습니다. 반복되는 자막의 경우 option + 드래그 기능을 이용해 복사한 후 내용을 수정하면 좀 더 작업 시간을 줄일 수 있습니다. 이 부분은 이 책의 3장에서 자세히 다루겠습니다.

5단계. 오디오 믹싱

5단계에서는 오디오 효과음, 음악, 내레이션 등의 오디오 편집을 합니다. 좋은 영상만큼 중요한 것이 오디오 품질입니다. 파이널 컷 프로는 오디오 믹싱과 마스터링을 쉽게 할 수 있도록 기능을 제공합니다. 유튜브 영상을 편집하면서 필수적으로 알아야 할 오디오 이펙트가 있습니다. 이 부분은 이 책의 4장에서 자세히 다루겠습니다.

6단계. 출력 및 공유

6단계에서는 영상을 최종 출력한 다음 공유합니다. 파이널 컷 프로에서 영상을 유튜브에 맞게 출력하는 방법과 바로 유튜브에 업로드하는 방법은 이 책의 5장에서 자세히 다루겠습니다. 또한 영상의 내용을 바탕으로 유튜브용 썸네일을 만드는 과정도 함께 살펴보겠습니다.

05
일차
파이널 컷 프로 템플릿 설치하기

▶ https://youtu.be/aJLipGdrDCk (10분 26초)

파이널 컷 프로를 이용해 영상 편집을 처음 시작하는 분들이 늘 이야기하는 파이널 컷 프로의 큰 장점은 '이미 파이널 컷 프로에 쓸만한 자막이나 효과가 많아서 간단하게 드래그해서 영상을 만들 수 있다'는 것입니다. 즉, 프로그램에 이미 자막과 다양한 효과가 템플릿 형태로 제공되고 있습니다. 따라서 초보자라고 해도 드래그 앤드 드롭으로 간단하게 자막과 효과를 적용하고, 글자나 몇몇 옵션 값을 수정해 충분히 고퀄리티 영상을 제작할 수 있습니다.

그림 1-29 자막 템플릿 파일을 사용해 만든 예제 영상

파이널 컷 프로 템플릿 파일의 종류

파이널 컷 프로에서 사용할 수 있는 템플릿 파일의 종류는 크게 4가지로 나눌 수 있습니다.

이펙트(Effects)

파이널 컷 프로 타임라인에 배치된 영상 클립에 적용할 수 있습니다. 영상 클립에 효과를 주고자 할 때 사용합니다(단축키: command + 5). 크게 [VIDEO]와 [AUDIO] 이펙트로 구분합니다.

그림 1-30 이펙트(Effects) 템플릿

트랜지션(Transitions)

두 개의 클립을 서로 이어줄 때 사용합니다. 한 장면에서 다음 장면으로 자연스럽게 넘어가는 디졸브(Dissolve)는 물론 클립을 회전해서 빠르게 전환하는 효과도 트랜지션에서 적용할 수 있습니다(단축키: shift + command + 5).

그림 1-31 트랜지션(Transitions) 템플릿

타이틀(Titles)

영상에 자막을 넣고자 할 때 사용합니다. 모션이 들어간 자막, 3D 자막 등 다양한 효과가 적용된 자막이
있습니다.

그림 1-32 타이틀(Titles) 템플릿

제너레이터(Generators)

도형이나 배경 등의 그래픽 콘텐츠 등을 파이널 컷 프로에서는 제너레이터라고 부릅니다. 색깔이 들어간
배경처럼 움직이지 않는 정적인 콘텐츠도 있지만 움직이는 동적인 콘텐츠도 있습니다.

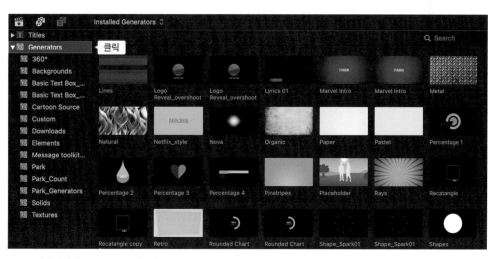

그림 1-33 제너레이터(Generators) 템플릿

제 유튜브 채널 '빠르크의 3분 강좌(www.youtube.com/c/park3min)'를 통해 파이널 컷 프로에서 사용할 수 있는 무료 템플릿을 나눔 하고 있습니다. 자막 템플릿을 비롯해 제네레이터(그래픽 템플릿), 트랜지션, 이펙트 등 다양한 템플릿을 제공하고 있습니다.

유튜브에서 '빠르크의 3분 강좌 템플릿'으로 검색하면 아래 그림과 같은 재생목록으로 쉽게 접근할 수 있습니다.

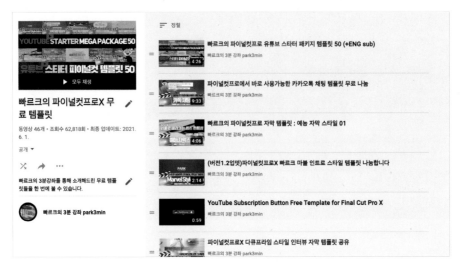

그림 1-34 빠르크의 3분 강좌 채널을 통해 제공하는 파이널 컷 프로 무료 템플릿

"빠르크의 파이널 컷 프로 10.6 자막 템플릿 108"은 그동안 작업했던 템플릿을 모아서 이 책을 구매한 독자들에게 증정하는 템플릿입니다. 이 템플릿을 이용하면 파이널 컷 프로를 이용한 영상 편집 작업이 좀 더 수월해집니다.

그림 1-35 빠르크의 파이널 컷 프로 유튜브 스타터 패키지 템플릿 50

템플릿 파일은 다음 링크 주소 또는 위키북스 도서 홈페이지에서 내려받을 수 있습니다. 첨부된 파일 안에 설치 방법이 담긴 PDF 파일이 있으니 PDF 파일을 먼저 열어본 후 설치를 진행하길 바랍니다.

- 빠르크의 파이널 컷 프로 10.6 자막 템플릿 108 내려받기: https://www.wikibook.co.kr/fcp106 → [관련자료] 탭

파이널 컷 프로 템플릿 파일 설치 방법

파이널 컷 프로 템플릿 파일은 '동영상' 폴더에 있는 'Motion Templates' 폴더에서 각 템플릿 파일 종류에 맞는 폴더 안으로 템플릿 파일을 넣으면 설치가 완료됩니다.

1. 화면 아래쪽 독(Dock)에서 가장 왼쪽에 있는 파인더(Finder)를 클릭해 실행합니다.

그림 1-36 파인더 아이콘

2. 파인더를 실행한 후 상단 메뉴에서 [Finder] - [환경설정]을 클릭합니다.

그림 1-37 파인더의 환경설정 클릭

3. ① [사이드바] 탭을 클릭한 후 ② '동영상'에 체크합니다. 체크한 후 ③ [닫기] 버튼을 클릭해 환경설정 창을 닫습니다.

그림 1-38 파인더 환경설정의 사이드바에서 동영상 폴더에 체크하기

4. 파인더의 왼쪽 사이드바에 '동영상' 폴더로 이동할 수 있는 바로 가기가 생성됐습니다. '동영상'을 선택합니다.

그림 1-39 파인더의 사이드바에서 동영상 선택

5. 동영상 폴더에 'Motion Templates' 폴더가 있어야 합니다. 사용자가 추가하는 템플릿은 'Motion Templates' 폴더에 넣어야 파이널 컷 프로에서 인식합니다. 이 폴더가 존재한다면 그대로 사용하고, 폴더가 없으면 새로 생성합니다. 폴더를 새로 생성하는 경우 파인더의 빈 곳을 마우스 오른쪽 버튼으로 클릭한 다음 [새로운 폴더]를 선택해 폴더를 생성합니다. 이때 폴더의 확장자를 반드시 '.localized'로 설정해야 합니다. 즉, 파일명을 'Motion Templates.localized'로 지정합니다.

그림 1-40 생성된 'Motion Templates' 폴더

6. 폴더를 더블 클릭해 'Motion Templates' 폴더 내부로 들어가 보면 4개의 폴더가 있습니다.

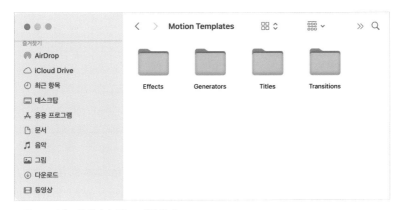

그림 1-41 반드시 있어야 하는 4개의 폴더

7. 홈페이지에서 내려받은 템플릿 파일을 ① 마우스 오른쪽 버튼으로 클릭한 다음 ② [정보 가져오기]를 선택합니다.
   정보 창에 있는 ③ 이름 및 확장자를 통해 파일의 확장자를 알 수 있습니다.

그림 1-42 템플릿 파일의 확장자 확인하기

TIP **확장자에 따라 파일을 넣을 폴더가 다릅니다**

템플릿 폴더는 템플릿 파일(확장자가 moti, motr, moef, motn 중 하나)과 썸네일 역할을 하는 large.png 및 small.
png 파일 그리고 Media 폴더로 구성돼 있습니다. 이렇게 4개를 한 구성으로 하여 템플릿이 됩니다.

템플릿 폴더
 ㄴ 템플릿 파일 (확장자가 moti, motr, moef, motn 중 하나)
 ㄴ large.png (썸네일 역할)
 ㄴ small.png (썸네일 역할)
 ㄴ Media 폴더

이때 템플릿 파일의 확장자에 따라 템플릿을 알맞은 폴더에 넣어야 합니다. 확장자의 종류는 크게 4가지가 있습니다.

moti (**mo**tion **Ti**tles) – Titles 폴더

motr (**mo**tion **Tr**anisitions) – Transitions 폴더

moef (**mo**tion **Ef**fects) – Effects 폴더

motn (motion Generators) – Generators 폴더

8. 추가하려는 템플릿 폴더를 확장자에 따라 4개의 폴더(Titles, Generators, Effects, Transitions) 중 하나에 통째로 복사합니다. 예를 들어 Basic Text Box 01.moti 자막 템플릿 파일의 확장자가 moti라면 이것은 타이틀에 속합니다. 따라서 파일이 속해 있는 폴더(Basic Text Box 01)를 통째로 그림과 같이 Titles 폴더 안으로 배치하면 템플릿 파일의 설치가 완료됩니다.

그림 1-43 템플릿 파일의 폴더 배치

9. 파이널 컷 프로를 실행한 후 타이틀/제네레이터(Titles/Generators) 사이드바에서 템플릿 파일을 설치한 폴더 이름을 클릭하면 해당 템플릿을 확인할 수 있습니다.

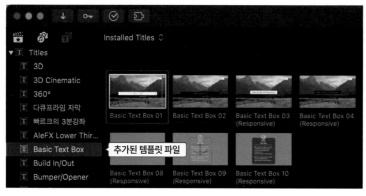

그림 1-44 파이널 컷 프로에 설치된 템플릿 파일

파이널 컷 프로 템플릿에서 붉은색 스크린 에러를 해결하는 2가지 방법

파이널 컷 프로 템플릿을 설치했는데 템플릿 파일의 미리 보기 이미지가 붉은색 오류 화면으로 표시되는 경우가 있습니다.

그림 1-45 파이널 컷 프로 템플릿 오류 화면

보통 2가지 원인으로 이런 화면이 나타나고, 원인에 따라 해결책 역시 달라집니다.

첫 번째는 사용자의 파이널 컷 프로 버전과 템플릿 파일이 지원하는 버전이 다르기 때문입니다. 대부분은 사용자의 파이널 컷 프로 버전이 낮아서 템플릿 파일이 해당 버전을 지원하지 않아 메시지가 나타날 때가 많습니다. 따라서 이 경우에는 사용자의 파이널 컷 프로 버전을 최신 버전으로 업데이트해야 합니다. macOS를 업데이트해야만 파이널 컷 프로 버전을 업데이트 할 수 있는 경우도 있으니 사용하고 있는 macOS와 파이널 컷 프로를 가능한 한 최신 버전으로 업데이트하기 바랍니다.

두 번째는 모션 템플릿 폴더의 이름을 정확하게 입력하지 않아서 발생하는 경우입니다. 'Motion Templates', 'Titles', 'Generators', 'Transitions', 'Effects' 이렇게 끝에 모두 s가 붙습니다. 폴더명에 이상이 없다면 폴더의 확장자가 '.localized'로 돼 있는지 확인해야 합니다(그림 1-46 참조). 기본이 되는 'Motion Templates' 폴더와 그 안에 있는 4개의 폴더 모두 확장자가 '.localized'로 돼 있는지 살펴봐야 합니다.

그림 1-46 폴더의 확장자 확인하기

06 일차

파이널 컷 프로 단축키 BEST 36

▶ https://youtu.be/CnfKW9dMeXE (11분 55초) ○

파이널 컷 프로에서 자주 사용하는 단축키들을 모았습니다. 이 책을 순차적으로 공부한다면 파이널 컷 프로의 전체적인 기능을 조망하는 느낌으로 보면 좋습니다. 그리고 전체적인 기능 실습을 모두 마쳤다면 다시 한번 단축키를 살펴보면서 파이널 컷 프로에서 실습했던 기능들을 되새겨보는 복습 차원으로 활용하길 바랍니다.

프로젝트 만들기	command + N	새로운 프로젝트를 생성합니다.
가져오기(Import)	command + I	비디오, 오디오, 스틸 이미지 등을 가져옵니다.
덧붙이기(Append)	E	선택한 클립을 타임라인의 마지막 클립으로 배치합니다.
화면 배율 확대	command + =	타임라인의 화면 배율을 확대합니다.
화면 배율 축소	command + -	타임라인의 화면 배율을 축소합니다.
화면 배율 맞춤	shift + z	타임라인이 모두 표시되도록 화면 배율을 자동으로 조정하여 표시합니다.
스내핑(Snapping)	N	플레이헤드나 마커를 기준으로 클립 배치를 쉽게 도와주는 기능입니다.
스키밍(Skimming)	S	비디오를 빠르게 훑어 보고 미리 볼 수 있습니다.
오디오 스키밍	shift + S	오디오를 빠르게 훑어 듣고 미리 들을 수 있습니다.
블레이드(Blade)	B	컷편집을 쉽게 도와주는 도구입니다.
선택(Select)	A	클립을 선택하거나 이동할 수 있습니다.
자르기	command + B	플레이헤드를 기준으로 클립을 분리합니다.
앞부분 자르기	option + [	플레이헤드를 기준으로 클립의 앞부분을 잘라냅니다.
뒷부분 자르기	option +]	플레이헤드를 기준으로 클립의 뒷부분을 잘라냅니다.
이전 프레임으로 밀기	,	선택한 클립을 1프레임 이전으로 이동합니다.
다음 프레임으로 밀기	.	선택한 클립을 1프레임 이후로 이동합니다.
연결하기(Connect)	Q	선택한 클립을 플레이헤드가 있는 지점의 클립과 연결합니다.

클립 비활성화(Disabled)	V	클립이 비활성화된 상태로 전환됩니다. 비디오와 오디오가 표시되지 않습니다. 두 번 누르면 다시 원상태로 돌아갑니다.
복제하기	option + 드래그	선택한 클립을 복제합니다.
길이 조정하기	control + D	선택한 클립의 길이(duration)를 조정할 수 있습니다.
속도 조정하기	command + R	클립의 속도를 조정할 수 있는 메뉴가 표시됩니다.
속도 리셋하기	option + command + R	클립의 속도가 Normal(100%)로 다시 설정됩니다.
홀드(Hold)	shift + H	클립을 일시적으로 멈추는 구간을 생성합니다.
프리즈 프레임(Freeze Frame)	option + F	클립을 캡처한 별도의 클립을 따로 생성합니다.
재생하기(playback)	Space	플레이백 기능으로 영상을 재생합니다.
역재생, 일시 정지, 재생	J, K, L	역재생, 일시 정지, 재생의 기능을 통해 영상 내용을 확인합니다.
오디오 볼륨 1dB up	control + =	선택한 클립의 오디오 볼륨을 1dB 높입니다.
오디오 볼륨 1dB down	control + -	선택한 클립의 오디오 볼륨을 1dB 낮춥니다.
오디오 레벨 설정	control + option + L	선택한 클립의 오디오 볼륨을 숫자 값을 입력해 높이거나 낮춥니다.
오디오 추출하기	control + shift + S	선택한 클립의 오디오를 별도로 추출합니다.
영역 설정하기	R	선택한 클립의 구간을 설정합니다.
컴파운드 클립 만들기	option + G	일종의 그룹 기능을 제공하는 컴파운드 클립으로 다수의 클립을 구성합니다.
다중 선택	shift + 클릭	여러 클립을 한꺼번에 선택합니다.
특정 클립만 선택	option + 클릭	특정 클립만 선택합니다.
캡션 자막 추가하기	option + C	캡션 자막을 추가해 외국어 자막을 추가합니다.
영상 출력하기	command + E	편집한 영상을 파일로 출력합니다.

02

시작이 반이다!
기초 컷편집하기

2장에서는 파이널 컷 프로에서 기초 컷편집을 위한 방법들을 살펴보겠습니다. 가장 먼저 라이브러리와 이벤트, 프로젝트를 만들고 위계를 파악합니다. 파이널 컷 프로의 파일 관리를 위해 꼭 알아둬야 하는 개념입니다. 그다음 영상을 불러와서 타임라인에 배치하는 방법을 배워봅니다. 배치한 영상에서 필요한 부분은 살리고 필요하지 않은 부분을 잘라내는 컷편집 방법을 배우고, 좀 더 응용하여 편집할 수 있는 3점 편집 및 구간 선택 편집 방법을 알아보겠습니다.

하나의 영상을 만들기 위해서는 여러 개의 비디오 파일과 음악 파일, 이미지 등이 필요합니다. 파이널 컷 프로에서는 수많은 영상 편집 파일을 효율적으로 관리하기 위해서 라이브러리(Library)라는 개념을 도입했습니다. 파이널 컷 프로만의 특징적인 부분이라고 할 수 있습니다. 특히 라이브러리와 이벤트, 프로젝트의 위계를 파악하는 것이 중요합니다. 파이널 컷 프로의 아이콘 모양과 함께 새로운 개념들의 위계를 파악해 보겠습니다.

그림 2-1 라이브러리 아이콘

라이브러리의 아이콘을 살펴보면 보라색 배경에 4개의 사각형이 있습니다. 그 안에는 별 모양의 아이콘이 있습니다. 무엇을 의미하는 것일까요? 다음 이벤트 아이콘을 보면 이해될 것입니다.

그림 2-2 이벤트 아이콘

이벤트 아이콘은 사각형에 별이 있는 모양입니다. 아이콘 모양을 통해 라이브러리와 이벤트의 관계를 짐작해 볼 수 있습니다. 즉, 라이브러리는 이벤트들이 모여 만든 하나의 큰 파일입니다. 아이콘 모양을 통해 라이브러리와 이벤트의 관계를 직관적으로 파악할 수 있습니다. 하나의 라이브러리 안에는 여러 개의 이벤트가 들어갈 수 있습니다.

라이브러리
(Library)

이벤트 1   이벤트 2   이벤트 3   이벤트 4
(Event)   (Event)   (Event)   (Event)

그림 2-3 라이브러리와 이벤트의 관계

직접 실습을 통해 라이브러리와 이벤트, 프로젝트를 만들어 보겠습니다.

1. 파이널 컷 프로를 실행한 후 먼저 라이브러리를 만들어야 합니다. 상단 메뉴에서 [File] → [New] → [Library]를
   클릭합니다.

그림 2-4 새로운 라이브러리 만들기

2. 어느 폴더에 이 라이브러리를 저장할지 지정할 수 있습니다. 보통은 '동영상(Movies)' 폴더에 라이브러리를 저장
   합니다. 펼침 버튼을 클릭하면 세부적인 저장 위치를 지정할 수 있습니다. 이 책에서는 동영상(Movies) 폴더를 선
   택했습니다.

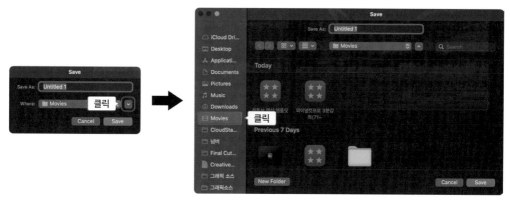

그림 2-5 라이브러리 저장 위치 지정하기

3. 라이브러리의 이름을 지정합니다. '브이로그'라고 라이브러리의 이름을 변경하겠습니다.

그림 2-6 라이브러리의 이름 변경하기

4. 오른쪽 아래에 있는 [Save] 버튼을 클릭합니다.

그림 2-7 라이브러리 저장하기

5. '브이로그'라는 이름의 라이브러리가 생성됐습니다. 또한, 라이브러리의 하위 폴더로 '2021-07-31'이라는 이름의 이벤트 폴더[1]가 자동으로 생성됐습니다. '2021-07-31'은 라이브러리가 생성된 날짜이며, 생성한 시점에 따라 이름이 바뀝니다.

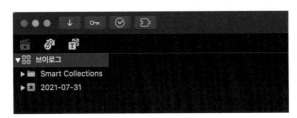

그림 2-8 라이브러리 안에 자동으로 생성된 이벤트 폴더

6. 상단 메뉴에서 [File] – [Import] – [Media]를 순서대로 클릭해 이벤트 폴더에 미디어 파일들을 가져오겠습니다.

그림 2-9 미디어 가져오기(Media Import)

---

1   영상을 만들기 위한 비디오 클립, 오디오 클립, 사진, 그림 등의 파일을 모두 저장하는 폴더입니다.

7. 내려받은 예제의 '2장' 폴더로 이동합니다. 미디어 가져오기 창 중앙에서 그림과 같이 ① 목록을 클릭해 폴더를 이동할 수 있습니다. ② '2-1 Video.mp4' 파일을 선택하고 ③ 오른쪽 아래에 있는 [Import Selected]를 클릭해 파일을 가져옵니다.

그림 2-10 선택한 미디어 파일 가져오기

예제 파일을 내려받지 않았다면 Ⅶ 페이지의 '예제 파일 및 예제 템플릿 내려받기'를 참고해 예제 파일을 내려받아 주세요.

8. 파일을 가져오면 이벤트 폴더 안으로 클립이 저장된 모습을 볼 수 있습니다. 파일 이름(2-1 Video)을 클릭하면 브라우저 패널의 상단에서 영상의 내용을 볼 수 있습니다.

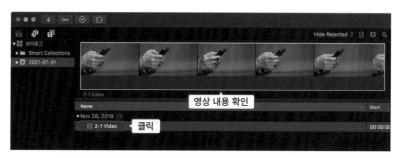

그림 2-11 브라우저 패널에서 영상 확인하기

저는 현재 브라우저 패널이 목록 보기로 되어 있는 상태입니다. 브라우저 패널에서 오른쪽 위에 있는 [스트립 보기/
목록 보기] 버튼을 클릭하면 브라우저 패널에서 미디어 파일의 표시 상태를 목록 보기 혹은 필름 스트립 보기로 변
경할 수 있습니다.

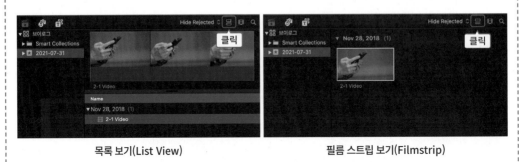

목록 보기(List View)   필름 스트립 보기(Filmstrip)

그림 2-12 목록 보기와 필름 스트립 보기

그런데 아래쪽 타임라인 패널에는 편집을 위한 타임라인이 나타나지 않고 있습니다. 아직 프로젝트를 생
성하지 않은 상태이기 때문입니다. 라이브러리를 만들었고 이벤트 폴더도 있지만, 아직 프로젝트는 없는
상태입니다. 그래서 편집을 위한 프로젝트를 생성해야 합니다.

9. 프로젝트를 만드는 방법은 두 가지가 있습니다. 우선 가장 아래쪽 타임라인 패널에서 [New Project]를 클릭합
니다.

그림 2-13 새로운 프로젝트 만들기(New Project)

10. 새로운 프로젝트를 생성하는 메뉴가 나타납니다. 현재 화면은 비디오의 코덱과 오디오의 속성이 자동으로 설정된 Automatic Settings라서 이름과 이벤트 폴더 설정만 변경할 수 있습니다.

- Project Name: 프로젝트의 이름을 지정합니다.

- In Event: 프로젝트를 어느 이벤트 폴더에 저장할지 지정합니다.

- Starting Timecode: 프로젝트의 타임코드 시작점을 지정합니다. 특별한 경우가 아니면 보통 기본값인 00:00:00:00으로 설정합니다.

- Video: 처음 프로젝트에 배치하는 영상 클립의 해상도와 프레임 레이트에 자동으로 맞춥니다.

- Audio and Rendering: 오디오의 속성과 영상 편집 중간중간 렌더링을 할 때 사용할 코덱을 표시합니다.

그림 2-14 프로젝트 만들기 (Automatic Settings)

11. 프로젝트 이름을 변경해 보겠습니다. '핸드폰'으로 프로젝트의 이름을 변경한 후 오른쪽 아래에 있는 [OK] 버튼을 클릭해 프로젝트를 생성합니다.

그림 2-15 프로젝트의 이름을 변경한 다음 프로젝트 생성하기

12. 어떤 변화가 생겼나요? 화면 상단 브라우저 패널에는 '핸드폰'이라고 하는 프로젝트가 생성됐습니다. 그리고 화면 하단 타임라인 패널에는 편집을 위한 타임라인이 생성됐습니다. 브라우저 패널에 앞서 가져온 '2-1 Video' 영상 클립이 있지만, 아직 타임라인에 배치하지 않은 상태입니다.

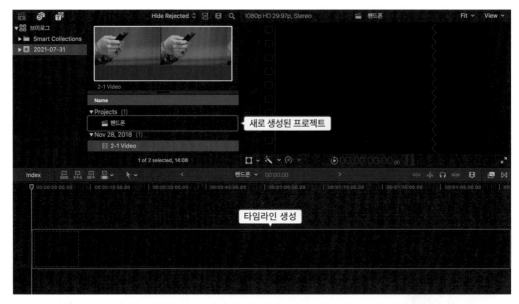

그림 2-16 새로 생성된 프로젝트

13. 또 다른 새로운 프로젝트를 생성해 보겠습니다. 이번에는 상단 메뉴에서 [File] – [New] – [Project]를 순서대로 클릭해 프로젝트를 만들어 보겠습니다.

그림 2-17 [File] 메뉴를 이용해 새로운 프로젝트 만들기

14. 이번에는 프로젝트의 이름을 '오전 출근'으로 변경한 다음 오른쪽 아래에 있는 [OK] 버튼을 클릭해 프로젝트를 생성하겠습니다.

그림 2-18 '오전 출근' 프로젝트 만들기

15. '오전 출근'이라는 프로젝트가 만들어졌습니다. 아직 영상을 배치하지 않은 상태이기 때문에 타임라인은 비어 있습니다.

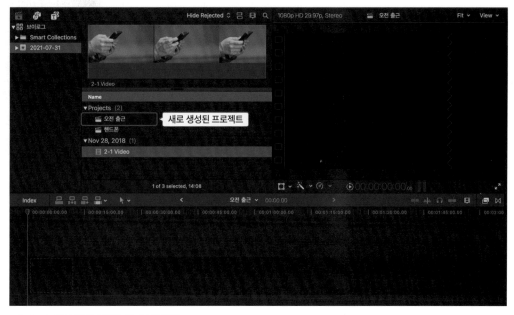

그림 2-19 새로 생성된 '오전 출근' 프로젝트

16. 브라우저 패널에서 '핸드폰' 프로젝트를 더블 클릭해 활성화합니다. 브라우저 패널과 타임라인 패널 사이에 프로젝트의 이름(핸드폰)이 나타납니다. 이 부분에는 현재 활성화된 프로젝트의 이름이 표시됩니다.

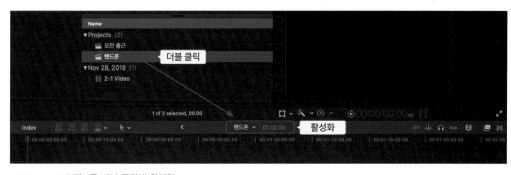

그림 2-20 프로젝트를 더블 클릭해 활성화

17. 기존에 가져온 '2-1 Video' 영상을 '핸드폰' 프로젝트로 드래그 앤드 드롭해 타임라인에 추가합니다.

그림 2-21 영상을 드래그 앤드 드롭해 타임라인에 배치하기

18. 두 개의 프로젝트를 각각 더블 클릭해 보겠습니다. '핸드폰' 프로젝트에는 우리가 배치한 영상이 나타나지만 '오전 출근' 프로젝트에는 아무것도 나타나지 않습니다.

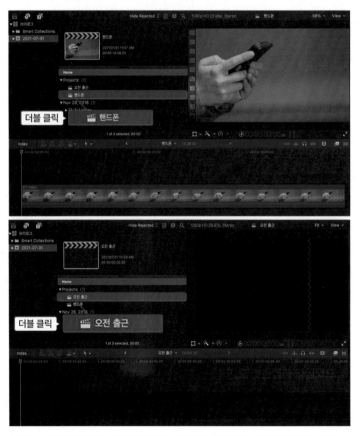

그림 2-22 영상이 배치된 '핸드폰' 프로젝트와 영상이 배치되지 않은 '오전 출근' 프로젝트

19. 다른 영상을 가져오겠습니다. 상단 메뉴에서 [File] – [Import] – [Media]를 클릭합니다.

그림 2-23 새로운 영상 가져오기

20. '2-2 Video.mp4' 파일을 클릭해 선택한 후 오른쪽 아래에 있는 [Import Selected] 버튼을 클릭합니다.

그림 2-24 영상 파일을 선택한 후 가져오기

21. 이번에는 '오전 출근'이라는 프로젝트 안에 영상을 넣어보겠습니다. '오전 출근' 프로젝트를 더블 클릭해 활성화한 후 '2-2 Video'를 타임라인으로 드래그 앤드 드롭해 배치합니다.

그림 2-25 프로젝트를 활성화한 후 영상 배치하기

22. 브라우저 패널을 필름 스트립 보기로 변경한 후 프로젝트에 배치된 영상을 확인합니다. '핸드폰'이라는 프로젝트에는 핸드폰을 만지는 '2-1 Video' 영상이 나타나고 '오전 출근' 프로젝트에는 '2-2 Video' 영상이 나타나는 것을 확인할 수 있습니다. 이처럼 프로젝트마다 이야기를 다르게 두고 만들 수 있습니다.

그림 2-26 각 프로젝트에 배치된 영상 파일(필름 스트립 보기)

새로운 프로젝트 생성과 영상 파일 배치하기

앞에서 활용한 방법을 바탕으로 새로운 프로젝트를 만들어 보세요. '오후 퇴근'이라는 이름으로 프로젝트를 생성한 후 '2-3 Video.mp4' 영상 파일을 배치해 봅니다.

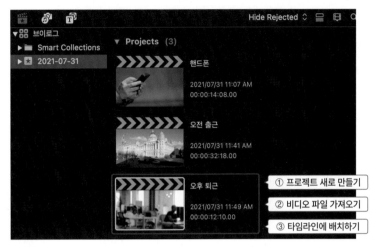

그림 2-27 새로운 프로젝트 생성 후 영상 파일 배치하기

실습을 통해 하나의 이벤트 폴더 안에 다양한 프로젝트를 만들었습니다. 파이널 컷 프로의 영상 편집 구조는 서로 다른 이야기들을 담은 프로젝트를 계속해서 만들 수 있습니다. 그리고 프로젝트 안에서 영상 파일을 배치해 이야기를 만들고 편집하는 구조로 돼 있습니다

23. 라이브러리에서 또 하나의 이벤트를 만들어 보겠습니다. 상단 메뉴에서 [File] - [New] - [Event]를 클릭합니다.

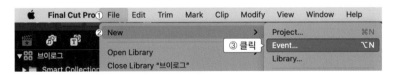

그림 2-28 새로운 이벤트 폴더 만들기

24. 이벤트 폴더의 이름을 다른 날짜로 만들어 보겠습니다. Event Name을 클릭한 후 이름을 수정합니다. 이름을 수정한 후 오른쪽 아래에 있는 [OK] 버튼을 클릭해 이벤트를 생성합니다.

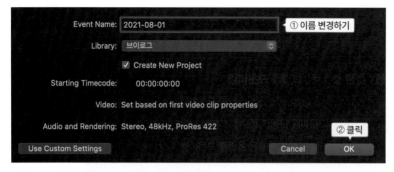

그림 2-29 이벤트 이름을 변경한 후 이벤트 만들기

25. 새로 생성된 이벤트 폴더를 클릭해 활성화합니다. 새로 생성한 이벤트 안에는 새로운 프로젝트(Untitled Project)가 자동으로 생성돼 있습니다.

그림 2-30 새로 생성된 이벤트 폴더 내 자동으로 생성된 프로젝트

TIP

라이브러리, 이벤트, 프로젝트의 이름 변경하기

라이브러리, 이벤트, 프로젝트의 이름은 편집하면서 언제든지 변경할 수 있습니다. 방법은 매우 간단합니다. 브라우저 패널에서 변경하고자 하는 이름 부분을 클릭하면 이름을 변경할 수 있습니다. 자동으로 생성된 프로젝트는 대부분 'Untitled Project', 'Untitled Project 1', 'Untitled Project 2'의 이름으로 생성됩니다. 따라서 프로젝트가 많아질 경우 어떤 프로젝트인지 식별하는 데 시간이 소요될 수 있습니다. 미리미리 프로젝트의 이름을 변경해 효율적으로 관리하는 것을 추천해 드립니다.

그림 2-31 라이브러리, 이벤트, 프로젝트의 이름 변경하기

지금까지 실습을 통해 라이브러리, 이벤트, 프로젝트를 생성하는 방법을 익혔습니다. 이를 통해 여러분이 이해해야 하는 개념은 라이브러리, 이벤트, 프로젝트라는 파이널 컷 프로의 독특한 파일 관리 개념입니다. 현재 '브이로그'라는 라이브러리에는 날짜를 이름으로 하는 두 개의 이벤트 폴더가 있습니다. '2021-07-31' 이벤트 폴더 안에는 '핸드폰', '오전 출근', '오후 퇴근'이란 프로젝트가 있습니다. 또한 프로젝트마다 서로 다른 영상을 배치했기 때문에 각각 다른 이야기라고 볼 수 있습니다.

이런 구조를 그림으로 나타내면 다음과 같습니다.

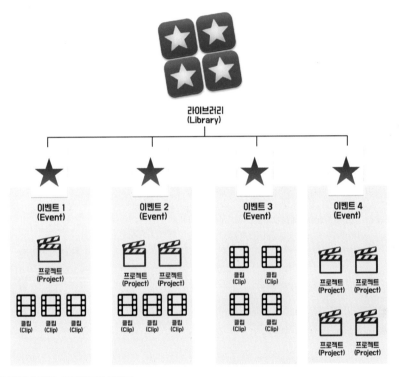

그림 2-32 라이브러리, 이벤트, 프로젝트의 개념도

라이브러리 안에는 다양한 이벤트들이 들어갈 수 있습니다. '브이로그'라는 라이브러리에는 다양한 이벤트들이 들어 있습니다. 그리고 이 이벤트 안에는 다양한 프로젝트들이 들어갈 수도 있고, 혹은 미디어 파일(클립)들이 여러 개 들어갈 수도 있습니다.

그림 2-33을 보면 하나의 이벤트 폴더('2021-07-31') 안에 3개의 프로젝트(핸드폰, 오전 출근, 오후 퇴근)가 이렇게 들어 있고, 3개의 영상 클립 파일들(2-1 Video.mp4, 2-2 Video.mp4, 2-3 Video.mp4)이 각각의 프로젝트로 들어 있는 형태를 볼 수 있습니다.

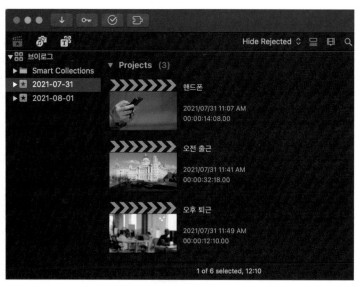

그림 2-33 하나의 이벤트 폴더 안에 있는 프로젝트들과 클립 파일들

정리하자면 파이널 컷 프로는 라이브러리가 가장 큰 개념이고 그다음에 이벤트가 있고 그다음에 프로젝트로 이어지는 위계로 여러 파일을 관리합니다.

왜 이런 방법으로 구성돼 있을까요? macOS에서는 보통 파일들을 관리할 때 라이브러리라고 하는 개념을 이용해 관리합니다. 파인더에서 '동영상' 폴더로 이동해 보면 앞서 저장했던 '브이로그'라는 라이브러리 파일이 있습니다. 이 라이브러리 파일을 마우스 오른쪽 버튼으로 클릭한 다음 [패키지 내용을 보기]를 클릭해 보겠습니다.

> 주의 _ 라이브러리 내에 파일을 옮기거나 삭제하지 않도록 합니다.

그림 2-34 라이브러리의 패키지 내용 보기

패키지 내용 보기를 통해 라이브러리 파일의 내부를 살펴볼 수 있습니다. 그중 우리가 만든 이벤트 폴더와 같은 이름의 폴더가 있는 것을 확인할 수 있습니다. 이벤트 폴더 안에는 프로젝트 폴더가 있습니다. 프로젝트 폴더 안에는 타임라인의 역할을 하는 파일이 저장돼 있습니다.

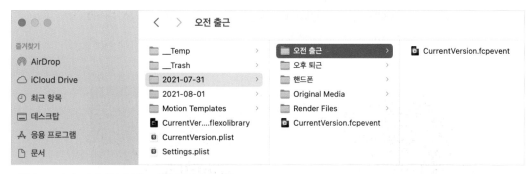

그림 2-35 라이브러리 내부에 있는 이벤트 폴더와 프로젝트

Original Media 폴더 안에는 원본 영상 파일들이 저장돼 있습니다.

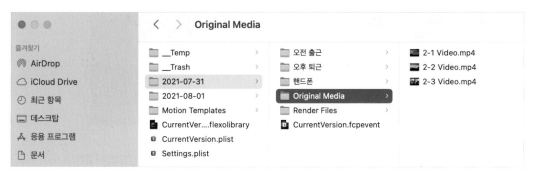

그림 2-36 Original Media 폴더 안에 저장된 원본 영상 파일

원본 영상 파일이 이미 라이브러리에 저장된 상태이기 때문에 백업을 하거나 공유를 하거나 다른 맥에서 작업할 때 라이브러리 파일 하나만 관리하면 됩니다. 이미 라이브러리 파일 안에 편집 작업에 필요한 모든 파일이 들어있기 때문입니다. 따라서 작업한 것을 백업할 때 이리저리 흩어져 있는 파일을 모아서 백업하는 것이 아니라 라이브러리 파일 하나만 백업하면 됩니다. 간편하죠?

그런데 이 라이브러리 파일은 조심해야 하는 부분이 있습니다. 지금은 용량이 크지 않지만, 나중에 보면 용량이 어마어마하게 커져서 여러분의 맥 용량을 굉장히 많이 잡아먹는 주범이 되기도 합니다. 편집 작업을 하면서 파이널 컷 프로 자체적으로 중간중간 렌더링 작업을 하는데, 그 과정에서 생성된 캐시 파일이 그만큼 많아지고 용량을 차지하기 때문입니다. 그래서 이런 경우에는 라이브러리의 용량을 정리하는 방법을 알아두면 좋습니다.

파이널 컷 프로의 브라우저 패널에서 라이브러리 파일을 클릭해 활성화합니다. 상단 메뉴에서 [File] - [Delete Generated Library Files]를 선택합니다.

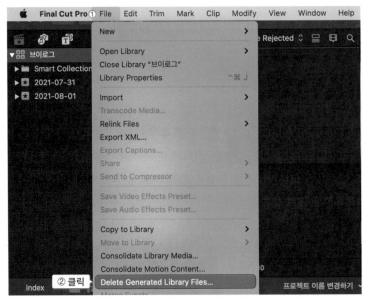

그림 2-37 생성된 라이브러리 파일 지우기

Delete Render Files에 체크한 후 All을 선택합니다. 그리고 오른쪽 아래에 있는 [OK] 버튼을 클릭합니다.

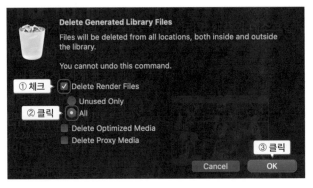

그림 2-38 지우고자 하는 파일 유형 선택하기

이렇게 하면 캐시 파일이 삭제되면서 라이브러리의 용량이 줄어듭니다. 지금은 용량이 크지 않아서 용량이 줄어든 것을 확인하기 어렵지만, 용량이 큰 라이브러리 파일은 확실히 용량이 많이 줄어드는 모습을 볼 수 있습니다.

프로젝트를 세부적으로 설정할 수 있는 Custom Settings

프로젝트를 생성할 때 Custom Settings를 이용하면 프로젝트를 세부적으로 설정할 수 있습니다. 프로젝트 생성 창에서 왼쪽 아래에 있는 [Use Custom Settings] 버튼을 클릭하면 아래 그림과 같은 생성 창으로 변합니다.

그림 2-39 Custom Settings를 이용한 프로젝트 생성하기

① Project Name: 프로젝트의 이름을 설정합니다.

② In Event: 프로젝트 파일을 어느 이벤트에 저장할지 정합니다.

③ Starting Timecode: 프로젝트의 타임라인에서 시작 지점을 설정할 수 있습니다. 대부분 기본값인 00:00:00:00(시:분:초:프레임)으로 둡니다.

④ Video: 비디오에서는 포맷(Format), 해상도(Resolution), 프레임 레이트(Frame Rate)를 설정합니다.

⑤ Rendering: 편집 중간에 파이널 컷 프로가 자동으로 영상을 렌더링하는 과정에서 필요한 코덱을 지정합니다. 파이널 컷 프로에 최적화된 ProRes 코덱을 사용할 수 있습니다. 기본값은 Apple ProRes 422 코덱입니다.

⑥ Audio: 오디오 채널(Stereo, Surround)과 샘플 레이트를 설정합니다.

영상, 사진, 클립아트와 같은 이미지 파일과 음악, 내레이션과 같은 오디오 파일 등 영상 편집에 쓰이는 파일을 미디어 클립 파일이라고 합니다. 이런 클립 파일을 파이널 컷 프로의 라이브러리로 가져오는 작업을 임포트(Import)라고 합니다.

영상 파일을 파이널 컷 프로로 가져오기

기본적으로 맥에 저장된 클립 파일을 파이널 컷 프로로 가져오는 방법은 5가지가 있습니다. 5가지 임포트 방법을 살펴보고 영상 파일을 프로젝트로 가져와 보겠습니다.

상단 [File] 메뉴를 이용해 가져오기

파이널 컷 프로 상단 메뉴에서 [File] → [Import] → [Media]를 선택해 Import 창을 실행하는 방법입니다.

그림 2-40 상단 [File] 메뉴를 이용해 [Import] 실행하기

사이드바에서 미디어 클립 파일 가져오기

사이드바의 빈 여백 부분을 마우스 오른쪽 버튼으로 클릭한 후 팝업 메뉴에서 [Import Media]를 실행하는 방법입니다.

그림 2-41 사이드바를 마우스 오른쪽 버튼으로 클릭한 후 미디어 임포트하기

툴 바의 아이콘을 이용해 미디어 클립 파일 가져오기

툴 바의 왼쪽에 위치한 [미디어 가져오기] 버튼을 클릭하면 좀 더 간편하게 미디어 클립 파일을 가져올 수 있습니다.

그림 2-42 툴 바의 미디어 가져오기 버튼

키보드 단축키를 이용해 미디어 클립 파일 가져오기

단축키를 이용하면 좀 더 간편하고 효율적으로 편집 작업을 할 수 있습니다. 맥의 command + I 키를 누르면 임포트가 실행됩니다. 미디어 클립 파일 가져오기는 자주 사용하는 기능이므로 단축키를 외워 둘 필요가 있습니다.

그림 2-43 임포트 단축키

파인더에서 파일을 드래그 앤드 드롭해 미디어 가져오기

파인더는 맥에 저장된 파일을 탐색할 수 있는 프로그램입니다. 파일을 탐색해 필요한 파일을 선택한 다음 파이널 컷 프로의 브라우저나 타임라인으로 드래그 앤드 드롭해 미디어를 가져올 수 있습니다.

그림 2-44 파인더에서 파일을 드래그 앤드 드롭해 미디어 가져오기

5가지 방법 모두 미디어 가져오기(Media Import) 창을 화면에 표시합니다. 미디어 가져오기 창은 미디어 클립 파일을 탐색하고 불러오는 기능을 제공합니다. 미디어 가져오기 창을 통해 실습에 필요한 미디어 클립 파일을 선택한 후 가져오겠습니다.

그림 2-45 미디어 가져오기(Media Import) 창

1. 불러오고자 하는 미디어 클립 파일이 저장된 폴더로 이동합니다. 미디어 가져오기 창 중앙에서 그림과 같이 목록을 클릭해 폴더를 이동할 수 있습니다.

그림 2-46 미디어 가져오기 창에서 폴더 이동하기

2. 가져오고자 하는 클립 파일을 선택합니다. command 키를 누른 채 클릭하면 여러 개의 파일을 선택할 수 있습니다.

그림 2-47 파일 선택하기

3. 오른쪽 아래에 있는 [Import Selected] 버튼을 클릭하면 미디어 클립 파일을 파이널 컷 프로의 라이브러리로 가져옵니다.

그림 2-48 선택한 파일 가져오기

파이널 컷 프로에서 가져오기를 실행하면 미디어 가져오기 창이 나타납니다. 이 미디어 가져오기 창의 왼쪽 사이드바에는 즐겨찾기(Favorite) 기능이 지원됩니다. 그림과 같이 폴더를 마우스 오른쪽 버튼으로 클릭한 다음 [Favorite]을 클릭하면 해당 폴더가 왼쪽 사이드바의 즐겨찾기 목록에 추가됩니다. 즐겨찾기에 추가해 두면 좀 더 빠르게 접근할 수 있기 때문에 자주 사용하는 폴더가 있다면 즐겨찾기에 추가하는 것을 추천해 드립니다.

그림 2-49 폴더를 마우스 오른쪽 버튼으로 클릭한 다음 즐겨찾기 목록에 추가하기

4. 10개의 영상을 가져왔습니다. 프로젝트를 새로 생성하고, 생성된 프로젝트의 이름을 클릭해 프로젝트의 이름을 '기본 편집 및 배치'로 변경합니다.

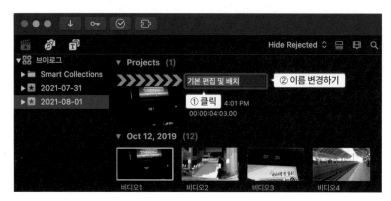

그림 2-50 프로젝트의 이름 변경하기

영상 파일을 타임라인에 배치하기

이제 실습을 통해 가져온 영상 파일을 타임라인으로 배치하는 방법을 익혀보겠습니다.

드래그 앤드 드롭으로 영상 배치하기

가장 간단하면서 직관적인 방법은 마우스나 트랙패드를 이용해 영상 파일을 선택한 다음 드래그 앤드 드롭으로 타임라인에 배치하는 방법입니다.

1. 브라우저 패널에서 '비디오 1'을 선택한 다음 타임라인으로 드래그 앤드 드롭해 배치합니다.

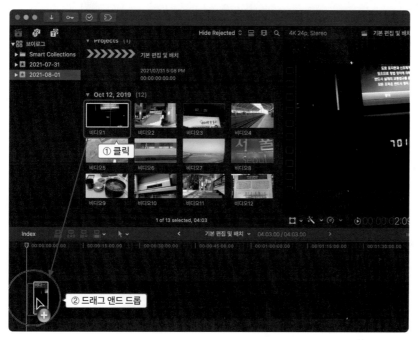

그림 2-51 드래그 앤드 드롭으로 영상 배치하기

덧붙이기(Append, 단축키: E)

덧붙이기는 선택된 클립 파일을 타임라인의 가장 마지막 부분에 배치하는 방법입니다. 타임라인의 배치 순서를 바꾸지 않으면서 새로운 클립을 추가합니다. 또한 플레이헤드가 가리키는 위치와 무관하게 무조건 타임라인의 마지막에 영상을 배치합니다. 클립을 빠르게 배치할 수 있어서 실제 작업에서 많이 사용하는 방법입니다. 특히 시간 순으로 진행되는 흐름의 영상을 편집하고자 할 때 유용하게 사용할 수 있습니다.

2. 브라우저 패널에서 '비디오 2'를 선택한 후 [덧붙이기] 버튼을 클릭하거나 단축키 E[2]를 입력해 덧붙이기 기능을 실행합니다. 영상 파일이 '비디오 1' 클립 뒤에 배치됩니다.

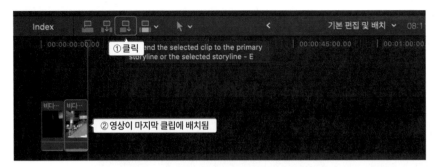

그림 2-52 덧붙이기(Append)

3. 이번에는 여러 개의 파일을 선택한 후 덧붙이기 기능을 실행하겠습니다. '비디오 4'부터 '비디오 8'까지 선택합니다(command 키를 누른 채로 클릭 또는 드래그하면 여러 개의 파일을 선택할 수 있습니다). 그리고 덧붙이기 기능을 실행하면 다음 그림과 같이 '비디오 2' 이후로 클립을 선택한 순서대로 영상이 배치됩니다.

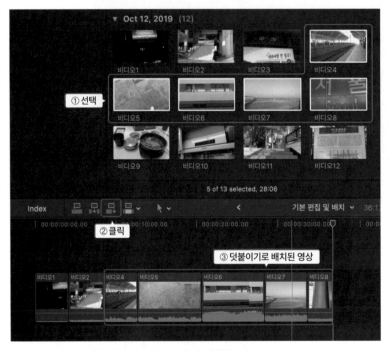

그림 2-53 여러 파일을 선택한 후 덧붙이기 기능을 실행한 모습

---

2 단축키가 입력이 안 된다면 한/영 키를 눌러 영어 입력 모드로 변경합니다.

삽입하기(Insert, 단축키 W)

삽입하기는 플레이헤드의 위치를 기준으로 영상 클립을 배치하는 기능입니다. 따라서 삽입하기 기능을 실행하기 전에 먼저 플레이헤드의 위치를 설정해야 합니다.

4. 타임라인에서 '비디오 2'와 '비디오 4' 사이를 클릭해 플레이헤드를 위치시킵니다.

그림 2-54 플레이헤드의 위치 설정하기

5. 삽입하고자 하는 영상 클립을 선택합니다. 브라우저 패널에서 '비디오 3'을 클릭해 선택합니다.

그림 2-55 브라우저 패널에서 삽입하고자 하는 영상 클립 선택하기

6. [삽입하기] 버튼을 클릭하거나 단축키 W 키를 입력해 삽입하기 기능을 실행합니다. 삽입하기 기능을 실행하면 플레이헤드의 위치를 기준으로 영상 클립이 그림과 같이 배치됩니다.

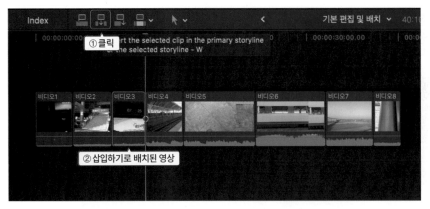

그림 2-56 삽입하기 기능을 실행한 모습

영상 클립과 영상 클립 사이에 플레이헤드를 위치시킨 다음 삽입하기를 실행하면 영상이 클립 사이로 들어갑니다. 하지만 하나의 영상 클립에서 클립 중간에 플레이헤드를 위치시킨 다음 삽입하기를 실행하면 어떻게 될까요? 실습을 통해 확인해 보겠습니다.

7. 그림과 같이 영상 클립 중간에 플레이헤드를 위치시킵니다.

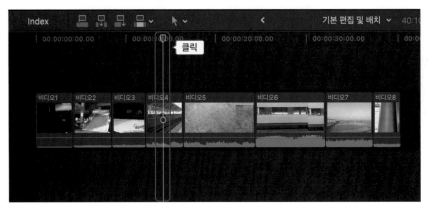

그림 2-57 영상 클립 중간에 플레이헤드 위치시키기

8. 브라우저 패널에서 삽입하고자 하는 영상(비디오 9)을 선택한 후 삽입하기 기능을 실행해 보겠습니다. 다음 그림과 같이 기존 영상 클립 사이에 영상이 삽입된 모습을 볼 수 있습니다.

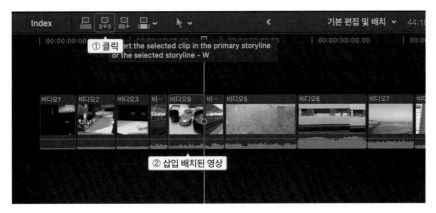

그림 2-58 영상 클립 중간에 삽입된 영상 클립

덮어쓰기(Overwrite, 단축키 D)

덮어쓰기는 기존에 배치된 클립을 새로 넣고자 하는 미디어 클립으로 덮어쓰면서 타임라인에 배치하는 방법입니다. 실행 취소(단축키 command + Z)를 하여 아래 그림과 같은 상태로 다시 돌아가겠습니다. 실행 취소를 하면 플레이헤드가 다시 '비디오 4'의 중간에 위치합니다.

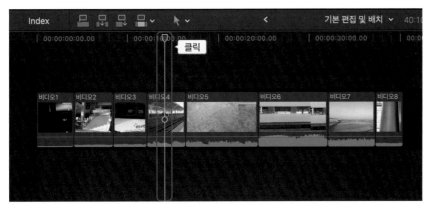

그림 2-59 비디오 클립 중간에 위치한 플레이헤드

9. 브라우저 패널에서 삽입하고자 하는 영상(비디오 9)을 선택한 후 덮어쓰기 기능을 실행해 보겠습니다. [덮어쓰기] 버튼을 클릭하거나 단축키 D를 입력해 덮어쓰기 기능을 실행합니다. 다음 그림과 같이 기존 영상 클립을 덮어쓴 모습으로 나타납니다.

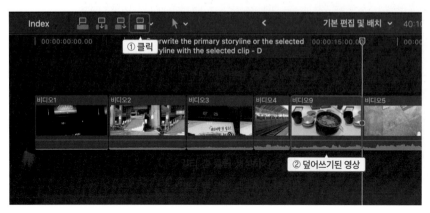

그림 2-60 덮어쓰기 기능을 실행한 모습

그림 2-58 삽입하기와 그림 2-60 덮어쓰기를 비교해 보면 두 기능의 차이점을 알 수 있습니다. 삽입하기(Insert)는 뒤쪽에 배치된 영상 클립의 내용을 보존해주지만 덮어쓰기(Overwrite)는 뒤쪽에 배치된 영상 클립의 내용을 그대로 덮어쓰기 때문에 영상 클립 내용이 지워질 수 있습니다. 다만 삽입하기는 새로 배치된 영상 클립만큼 프로젝트의 전체 재생 시간이 늘어나지만 덮어쓰기는 프로젝트의 재생 시간을 그대로 유지합니다.

스토리라인에 연결하기(Connect, 단축키 Q)

타임라인에서 쭉 이어진 영상 클립을 파이널 컷 프로에서는 스토리라인(Storyline)이라고 부릅니다. 그 중에서도 중심이 되는 기본 이야기를 기본 스토리라인(Primary Storyline)이라고 합니다. 스토리라인에 연결하기(Connect, 단축키 Q)는 추가하려는 미디어 클립을 스토리라인 위에 연결해서 배치하는 방법입니다. 보통 추가하려는 클립의 종류로 배경 음악이나 효과음, 자막, 추가 영상 클립 등이 있습니다. 이러한 클립들을 스토리라인에 연결하기 방법으로 기본 스토리라인에 연결하면서 영상 작업을 진행합니다.

10. 플레이헤드의 위치를 옮기겠습니다. '비디오 5'의 중간에 플레이헤드를 위치시킵니다.

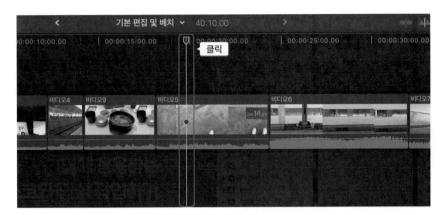

그림 2-61 플레이헤드의 위치 옮기기

11. 브라우저 패널에서 삽입하고자 하는 영상(비디오 9)을 선택한 후 연결하기 기능을 실행해 보겠습니다. [연결하기] 버튼을 클릭하거나 단축키 Q 키를 입력해 연결하기 기능을 실행합니다. 연결하기 기능을 실행하면 플레이헤드가 있던 위치를 기준으로 기존 영상 클립의 위쪽에 영상 클립이 배치됩니다.

그림 2-62 연결하기 기능을 실행한 모습

타임라인에서 연결된 클립의 앞부분을 자세히 살펴보면 기존 클립과 선으로 연결된 모습을 살펴볼 수 있습니다.

그림 2-63 선으로 연결된 클립

그리고 기존 스토리라인에 있던 클립을 드래그해 위치를 옮겨 보면 연결된 클립도 함께 따라가는 모습을 볼 수 있습니다. 이는 기존 영상의 배치를 바꿔도 싱크(Sync)를 계속 유지할 수 있다는 장점이 있습니다.

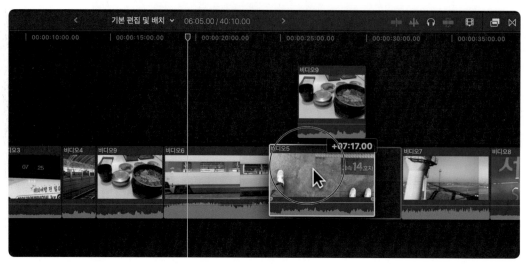

그림 2-64 스토리라인의 클립과 함께 움직이는 연결된 클립

연결하기 기능은 마우스 드래그를 이용해 직관적으로 조작할 수 있습니다. 새로운 클립을 드래그해 기존 스토리라인 클립 위에 올려놓기만 하면 됩니다. 클립 위에 올려놓으면 그림 2-63에서 살펴봤던 연결선이 생기면서 두 클립이 서로 연결됩니다. 음악을 넣거나 자막을 넣을 때도 기존 스토리라인에 배치된 클립에 드래그해서 넣곤 하는데, 배치 기능으로 본다면 연결하기 기능입니다. 의식하지 못하는 사이에 가장 빈번하게 사용하는 기능입니다. 따라서 파이널 컷 프로를 이용해 영상을 편집하는 것은 수많은 클립과 클립을 연결하는 과정이라고 이해해도 좋습니다.

한 편의 영상은 어떻게 만들어질까요?

파이널 컷 프로의 주요 개념인 프라이머리 스토리라인(Primary Storyline, 이하 스토리라인)을 이해하기 위해 꼭 필요한 질문입니다. 파이널 컷 프로를 제작한 개발진들은 하나의 큰 이야기 흐름을 중심으로 중간중간 자막이나 효과음, 삽입 영상 등이 들어가는 식으로 한 편의 영상이 만들어진다고 생각했습니다. 다음 그림에서 보는 바와 같이 붉은색으로 표시된 스토리라인을 중심으로 삽입 영상, 자막, 배경 음악, 효과음 등이 가지 형태로 들어갑니다. 즉, 파이널 컷 프로에서 편집은 스토리라인을 중심으로 진행됩니다.

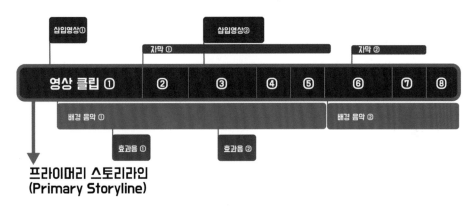

그림 2-65 스토리라인의 개요

스토리라인 편집 방식은 파이널 컷 프로의 이전 버전인 파이널 컷 7과 어도비 프리미어 프로 CC, 베가스 등에서 사용하는 트랙 편집 방식과 다릅니다. 트랙 편집 방식은 각각 독립된 비디오 트랙과 오디오 트랙이 모여서 하나의 영상을 만드는 방식이지만, 스토리라인 편집 방식은 하나의 큰 스토리라인에 각 클립이 유기적으로 배치되고 이를 결합해서 영상을 만드는 방식입니다. 이전에 못 보던 방식이라 파이널 컷 프로를 처음 사용하는 사용자는 이런 스토리라인 방식에 적잖이 당황해합니다.

스토리라인 방식의 장점으로는 영상의 싱크를 유지하기 좋다는 점이 있습니다. 앞서 미디어 클립 파일을 배치하는 세 가지 방법(삽입하기, 덧붙이기, 덮어쓰기)을 알아봤습니다. 트랙 편집 기반의 다른 영상 편집 소프트웨어도 이와 같은 방법으로 영상을 배치합니다. 그런데 트랙 편집 방식에서는 영상 편집을 다 한 상태에서 중간에 기존 영상을 삭제하거나 새로운 영상을 추가하면 미리 맞춰놓은 자막이나 배경 음악, 효과음 등의 싱크가 어긋날 수 있습니다. 트랙 편집 방식에서는 각 비디오 트랙이나 오디오 트랙이 독립적이기 때문입니다. 반면 스토리라인 기반의 파이널 컷 프로는 미디어 클립이 유기적으로 연결돼 있기 때문에 싱크를 걱정하지 않아도 됩니다. 중간에 위치한 어떤 영상을 삭제하거나 새로운 영상을 추가하더라도 기존에 추가한 자막, 음악, 효과음, 삽입된 영상 등이 스토리라인과 함께 움직입니다. 따라서 스토리라인에서는 싱크가 어긋나지 않습니다.

09 일차 | 기초 컷편집과 타임코드

▶ https://youtu.be/Cfyc02Ysdjs (08분 54초) ○

이번 시간에는 영상 편집의 핵심기술이라고 할 수 있는 기초 컷편집을 배워보겠습니다. 영상 편집을 할 때 반드시 알아둬야 할 것 중 하나는 영상에는 필요한 부분과 필요하지 않은 부분이 있다는 것입니다. 필요한 부분은 계속해서 이어나가고 필요하지 않은 부분은 잘라내는 것이 영상 편집의 가장 기본적인 원리입니다.

기초 컷편집

기초 컷편집을 다른 말로 트림(Trim)이라고 합니다. 파이널 컷 프로의 상단 메뉴에도 기초 컷편집 기능을 따로 모아 놓은 [Trim] 메뉴가 있습니다. 트림 메뉴에 있는 다양한 기초 컷편집 방법을 살펴보겠습니다.

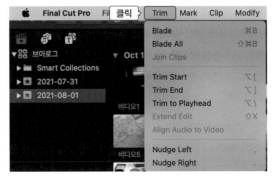

그림 2-66 파이널 컷 프로의 Trim 메뉴

가장자리 드래그를 이용한 컷편집

마우스나 매직패드를 이용해 드래그하는 것만으로 간단하게 컷편집을 할 수 있습니다. 가장 직관적으로 할 수 있는 컷편집 방법입니다. 영상 클립의 앞부분 또는 뒷부분 가장자리에 마우스 포인터를 갖다 대면 모양이 변하고, 이를 좌우로 드래그하면 영상의 길이를 조정할 수 있습니다. 이를 이용해 영상에서 필요하지 않은 부분이 있다면 가장자리를 드래그해서 필요한 부분만 나타내는 방법입니다. 파이널 컷 프로는 항상 영상이 서로 붙어 있기 때문에 왼쪽으로 드래그하면 뒤에 있는 영상들도 빈 공간 없이 함께 따라옵니다.

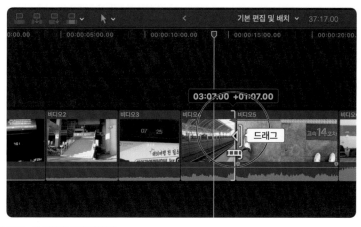

그림 2-67 가장자리 드래그를 이용한 컷편집 방법

블레이드(Blade) 도구를 이용한 컷편집(단축키 B)

툴 도구를 눌러보면 블레이드(Blade) 툴이 있습니다. 이 툴을 이용하면 하나의 영상 클립을 두 개의 영역으로 분리할 수 있습니다. 툴 도구에서 [블레이드(Blade)](단축키 B)를 선택합니다.

그림 2-68 블레이드(Blade) 툴

마우스 포인터 모양이 가위 모양으로 변합니다. 이 상태로 타임라인에서 영상 클립을 클릭하면 클릭한 부분을 기준으로 영상 클립이 두 개의 영역으로 분리됩니다.

그림 2-69 블레이드 툴 상태에서 클릭해 영역 나누기

블레이드 도구가 선택된 상태에서는 영상 클립을 클릭할 때마다 클립이 분리됩니다. 따라서 클립을 모두 분리했다면 툴 도구에서 선택(Select) 도구(단축키 A)를 선택해 이전의 상태로 돌아가야 합니다. 툴 도구를 클릭한 후 선택(Select) 도구를 클릭합니다.

그림 2-70 선택(Select) 도구를 클릭하기

마우스 포인터 모양이 기본 포인터 모양으로 변경됐습니다. 필요하지 않은 클립을 선택한 다음 키보드에서 delete(삭제) 키[3]를 눌러 지워줍니다.

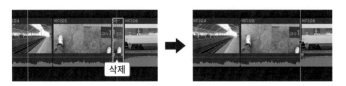

그림 2-71 선택 도구로 지우고자 하는 클립을 선택한 다음 삭제하기

---

3 맥의 delete 키는 윈도우의 백스페이스 키와 같습니다.

컷편집하는 방법이 생각보다 간단하죠?

블레이드 단축키를 이용하는 방법 (command + B)

블레이드 단축키(command + B)를 누르면 플레이헤드를 기준으로 한 개의 영상 클립이 두 개로 분리됩니다. 그리고 필요 없는 클립을 바로 선택해 delete 키를 누르면 삭제할 수 있습니다. 단축키를 이용하면 컷편집 작업 과정을 훨씬 간편하게 할 수 있습니다.

우선 자르고자 하는 부분에 플레이헤드를 놓습니다.

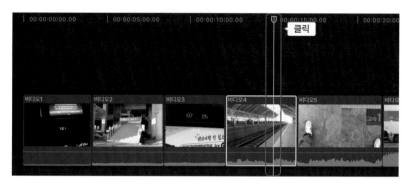

그림 2-72 자르고자 하는 부분에 플레이헤드 놓기

블레이드 단축키(command + B)[4]를 눌러보겠습니다. 단축키가 제대로 입력됐다면 영상 클립이 두 개로 나누어집니다. 그다음 지우고자 하는 클립을 선택하고 delete 키를 이용해 삭제합니다.

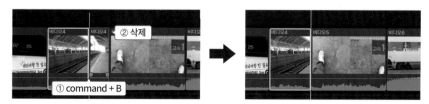

그림 2-73 블레이드 단축키를 이용한 컷편집

블레이드 단축키(command +B)를 이용하는 방법은 분리와 선택 과정이 간편해서 제가 자주 사용하는 방법이기도 합니다.

---

4 단축키 입력이 되지 않는다면 한/영 키 입력 상태를 영어로 해야 합니다.

블레이드 기능을 이용해 자른 두 개의 클립을 다시 이전처럼 붙이고자 할 때는 Join Clips 기능을 이용합니다. 이 기능은 상단 [Trim] 메뉴에 있습니다. 이 기능은 평소에는 비활성화된 상태입니다. 하지만 블레이드로 구간이 나누어진 두 영상 클립을 마우스 드래그 등으로 선택한 다음 상단 [Trim] 메뉴를 누르면 이 기능을 사용할 수 있습니다. 기능을 실행하면 블레이드를 실행하기 이전의 상태로 돌아갑니다. 즉, 하나의 클립으로 합쳐집니다.

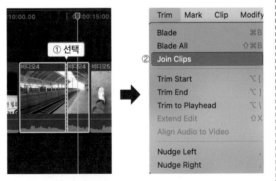

그림 2-74 다시 클립을 합쳐주는 Join Clips 기능

플레이헤드를 기준으로 컷편집하기(Trim Start, Trim End, Trim to Playhead)

클립의 길이가 길다면 플레이헤드를 기준으로 앞부분이나 뒷부분을 컷편집 할 수 있습니다. Trim Start 와 Trim End, Trim to Playhead 기능입니다. 상단 메뉴에서 [Trim]을 눌러보면 해당 기능을 확인할 수 있습니다.

Trim Start (단축키 option + [ )

Trim Start는 플레이헤드를 기준으로 앞쪽에 있는 영상 클립을 컷편집하여 잘라내는 기능입니다. '비디오 5' 클립은 걷는 장면을 촬영한 영상이라 길이가 다소 깁니다. 앞부분이 불필요하다고 생각된다면 앞부분을 Trim Start 기능으로 잘라낼 수 있습니다.

1. 플레이헤드를 우선 자르고자 하는 위치에 놓습니다.

그림 2-75 플레이헤드 위치시키기

2. 상단 메뉴에서 [Trim] – [Trim Start]를 클릭하거나
   단축키 option + [키를 눌러 Trim Start 기능을 실
   행합니다.

그림 2-76 Trim Start 기능 실행하기

3. Trim Start 기능을 실행하면 플레이헤드를 기준으
   로 클립의 앞부분(Start)부터 플레이헤드까지의 클
   립 내용이 잘립니다. 앞서 살펴본 Blade 툴 단축키
   (command + B)보다 더 간편하게 컷편집을 할 수
   있는 기능이 바로 Trim Start입니다.

그림 2-77 Trim Start 기능을 실행한 모습

Trim End (단축키 option +])

Trim End 기능을 실행하면 플레이헤드를 기준으로 플레이헤드부터 클립의 뒷부분(End)까지 클립 내용
이 잘립니다.

Trim Start와 마찬가지로 플레이헤드를 위치시킨 다음 상단 메뉴에서 [Trim] – [Trim End]를 실행하거
나 단축키를 이용해 해당 기능을 실행합니다. Trim End 기능을 실행하면 플레이헤드를 기준으로 클립
의 뒷부분을 잘라냅니다.

그림 2-78 Trim End 기능을 실행한 모습

이 기능은 배경 음악이 비디오 영상보다 더 길 때 효과적으로 사용할 수 있습니다. 배경 음악을 잘라낼 때 Trim End 기능을 이용하면 쉽게 배경 음악을 컷편집 하여 영상의 길이와 배경 음악의 길이를 맞출 수 있습니다.

Trim to Playhead (단축키 option + \)

Trim to Playhead는 플레이헤드가 어느 위치에 있느냐에 따라 앞부분이나 뒷부분을 잘라냅니다. 클립을 절반으로 나누었을 때 더 짧은 쪽의 영상 클립을 잘라냅니다. 즉, 플레이헤드가 상대적으로 왼쪽에 위치한 상태에서 Trim to Playhead 기능을 사용하면 앞부분을 잘라냅니다.

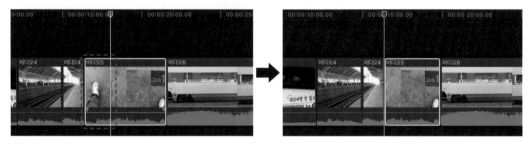

그림 2-79 플레이헤드가 왼쪽에 위치했을 때 Trim to Playhead 기능을 실행한 모습

반대로 플레이헤드가 상대적으로 오른쪽에 위치한 상태에서 Trim to Playhead 기능을 사용하면 뒷부분을 잘라냅니다.

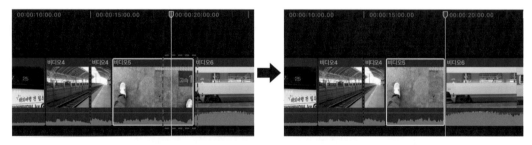

그림 2-80 플레이헤드가 오른쪽에 위치했을 때 Trim to Playhead 기능을 실행한 모습

타임라인 배율 확대/축소하기

컷편집을 할 때 타임라인의 배율을 확대하거나 축소하는 기능을 이용하면 작업을 더욱 효율적으로 할 수 있습니다. 클립의 내용을 좀 더 세세하게 보거나 전체적인 모습을 살펴볼 수 있기 때문에 컷편집 할 때 필수적으로 사용하는 기능이라고 볼 수 있습니다.

1. 상단 [View] 메뉴에서 Zoom In, Zoom Out, Zoom to Fit을 이용해 타임라인의 배율을 확대하거나 축소할 수 있습니다.

그림 2-81 상단 [View] 메뉴에서 타임라인의 배율 확대/축소하기

2. 타임라인 화면의 배율을 확대하는 단축키는 command + =입니다. 반대로 타임라인의 배율을 축소하는 단축키는 command + -입니다. 전체 배치된 클립을 한눈에 볼 수 있도록 맞추는 Zoom to Fit의 단축키는 shift + Z입니다.

3. 타임라인의 툴 도구에서도 타임라인의 배율을 조정할 수 있습니다. 아래 그림과 같이 타임라인 표시 조정 버튼을 클릭한 후 화면 배율을 조정합니다.

그림 2-82 타임라인의 배율을 조정할 수 있는 툴 도구

화면 배율을 확대하면 영상을 좀 더 세부적으로, 프레임 단위로 살펴볼 수 있습니다. 또한 방향키 단축키를 이용해 프레임을 이동할 수 있으며 뷰어 아래쪽에 위치한 타임코드에서 프레임을 확인할 수 있습니다.

그림 2-83 뷰어 아래쪽에서 확인할 수 있는 타임코드

타임코드(Timecode)

타임코드를 이해하면 컷편집 할 때 무척 도움이 됩니다. 타임코드의 맨 앞부분의 단위는 시(Hour)입니다. 그다음 단위는 분(Minute)이고, 그다음은 초(Second)입니다. 그리고 마지막에 붙는 단위는 프레임(Frame)입니다.

$$00: 00: 00: 00$$

시   분   초   프레임
Hour   Minute   Second   Frame

그림 2-84 타임코드의 구성

프레임은 영상의 정지된 한 장면을 뜻합니다. 영상은 기본적으로 1초에 여러 장의 프레임들이 모여서 움직이는 것처럼 보입니다. 일종의 착시 효과입니다. 영화는 1초에 24장의 프레임을 사용하고, TV 방송은 1초에 29.97장의 프레임을 사용합니다.

1초당 프레임의 수를 영어로 나타내면 Frame Per Second인데, 이를 줄여서 fps로 나타냅니다. 유튜브를 포함한 일반적인 영상의 프레임 레이트는 29.97fps로 설정합니다. 이는 1초당 29.97장의 프레임을 사용하겠다는 의미입니다. 프레임의 수가 많아질수록 더욱 자연스럽고 부드러운 이미지를 연출할 수 있습니다. 60fps는 1초당 60장의 프레임으로 나타내기 때문에 29.97fps와 비교해 보면 동작이 부드럽게 표현됩니다. 하지만 이미지가 늘어나는 만큼 용량도 늘어납니다.

예제 영상은 24프레임으로 촬영한 영상입니다. 그래서 24프레임이 됐을 때 타임코드가 1초로 표시됩니다. 한 번 실습을 통해 알아보겠습니다.

타임코드 실습하기

1. 뷰어의 아래쪽에 위치한 타임코드의 숫자 부분을 클릭합니다. 숫자를 클릭하면 기존에 표시된 타임코드가 사라지고 그림과 같이 아무것도 표시되지 않은 형태로 바뀝니다.

그림 2-85 타임코드의 숫자 부분 클릭하기

2. 20이라는 숫자를 입력하고 리턴(엔터) 키를 누릅니다.

그림 2-86 숫자를 입력해서 특정 프레임으로 이동하기

3. 플레이헤드가 타임라인의 20프레임으로 이동하고 뷰어에는 20프레임의 이미지가 표시됩니다.

그림 2-87 20을 입력하면 20프레임으로 이동

4. 다시 타임코드의 숫자 부분을 클릭한 후 이번에는 숫자 '200'을 입력하고 리턴(엔터) 키를 누릅니다.

그림 2-88 타임코드에 숫자 '200'을 입력

5. 숫자 '200'을 입력하면 2초로 이동합니다. 세 자리 이상의 숫자 값은 초와 프레임 단위로 인식하므로 2초 00프레임으로 인식합니다.

그림 2-89 200을 입력하면 2초 00프레임으로 이동

6. 다시 타임코드의 숫자 부분을 클릭한 후 숫자 '23'을 입력해 23프레임으로 이동해 보겠습니다.

그림 2-90 타입코드에 숫자 '23'을 입력해 23프레임으로 이동

7. 키보드의 오른쪽 방향키를 한 번 눌러보겠습니다. 24프레임이 표시되지 않고 1초 00프레임으로 표시됩니다. 그 이유는 현재 프로젝트의 프레임 레이트가 24fps로 되어 있기 때문입니다. 타임라인에 처음 배치한 영상에 따라 프로젝트의 해상도(Resolution)와 프레임 레이트(Rate)가 자동으로 결정됩니다. 이 프로젝트에서는 4K 해상도의 24프레임 레이트로 촬영한 영상을 타임라인에 배치했기 때문에 프로젝트 설정도 배치한 영상의 해상도와 프레임 레이트에 맞춰 4K, 24프레임 레이트로 설정됩니다. 만약 여러분의 타임코드가 1초 00프레임이 아닌 24프레임으로 표시된다면 프로젝트의 프레임 레이트가 24fps가 아니기 때문입니다.

그림 2-91 1초 0프레임으로 표시되는 24프레임

8. 키보드의 방향키를 이용해 한 프레임씩 이동할 수 있습니다. 타임라인에 배치된 플레이헤드를 클릭하거나 영상 클립을 선택한 다음 키보드의 화살표 방향키(←, →)를 누르면 한 프레임씩 이동할 수 있습니다. Shift 키와 화살표 방향키를 함께 누르면 10프레임씩 이동할 수 있습니다.

표 2-1 화살표 방향키를 이용한 프레임 이동

단축키	기능
←	1프레임 이전으로 이동
→	1프레임 이후로 이동
shift + ←	10프레임 이전으로 이동
shift + →	10프레임 이후로 이동

화살표 방향키를 이용해 프레임별로 이동하면 영상을 세부적으로 편집할 수 있습니다. 타임라인 화면 배율을 확대하면 더 좋습니다. 영상 편집은 '필요한 부분은 살리고 필요하지 않은 부분을 잘라낸다'라고 이해하고 이번 시간에 배운 컷편집 방법을 꼭 숙지하기 바랍니다.

10 일차 구간 선택 편집과 3점 편집

▶ https://youtu.be/UTg24qthKws (08분 15초) ◐

구간 선택 편집과 3점 편집은 아주 긴 영상에서 내가 원하는 부분만 타임라인에 넣어 편집하는 방법입니다.

앞서 살펴봤던 기초 컷편집 방법은 타임라인에 먼저 영상을 배치한 다음에 타임라인에서 영상을 보면서 길이를 줄이고 구간을 나누어서 불필요한 부분을 삭제하는 식으로 편집했습니다. 구간 선택 편집과 3점 편집은 타임라인에 배치하기 전에 미리 브라우저 패널에서 편집에 사용할 영역을 설정한 다음 타임라인에 배치하는 편집 방법입니다.

브라우저 패널에서 구간 선택 편집하기

브라우저 패널을 살펴보겠습니다. (브라우저 패널은 목록 보기로 설정합니다.)

1. 브라우저 패널의 목록에서 영상을 선택합니다. 미리 보기에서 영상이 나오는 부분을 클릭하면 그림과 같이 노란 색 테두리가 나타납니다.

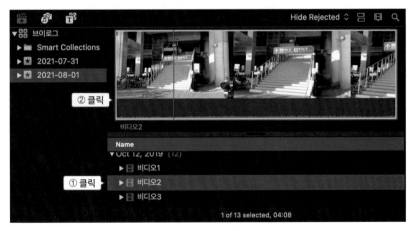

그림 2-92 브라우저에서 영상 클립 선택하기

2. 스페이스 키를 눌러 보면 플레이백(playback) 기능이 작동하고 바로 오른쪽 뷰어에서 영상의 내용을 확인할 수 있습니다.

그림 2-93 브라우저에서 플레이백

3. 브라우저 영역의 미리 보기에도 타임라인과 마찬가지로 플레이헤드가 있습니다. 영상의 각 부분을 클릭해 플레이헤드를 이동시킬 수 있고 그 부분의 내용 역시 오른쪽 뷰어에서 확인할 수 있습니다.

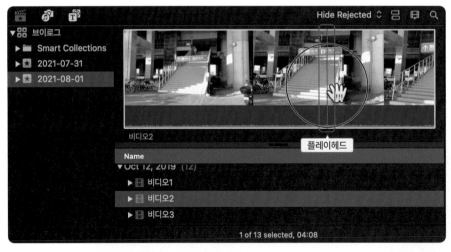

그림 2-94 브라우저 영역의 미리 보기에도 플레이헤드가 있음

4. 가장자리 쪽으로 마우스를 가져가면 포인터의 모양이 달라집니다. 오른쪽으로 마우스를 가져간 후 왼쪽으로 2초까지 드래그해 보겠습니다.

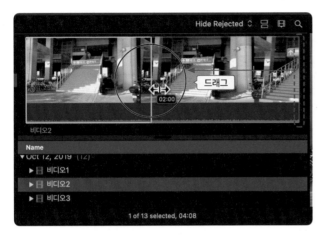

그림 2-95 오른쪽 가장자리에서 왼쪽으로 드래그

5. 영상을 배치하는 기능 중 덧붙이기(Append) 기능을 실행하겠습니다. 타임라인의 툴 바에서 [Append] 버튼을 클릭하거나 단축키 E 키를 입력합니다.

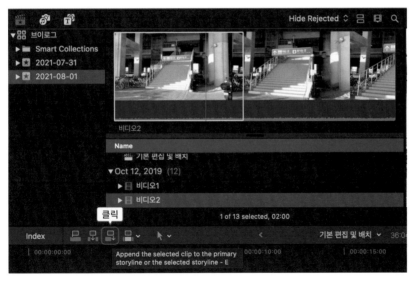

그림 2-96 덧붙이기 기능 실행하기

6. 덧붙이기 기능은 선택한 영상 클립을 타임라인의 마지막 클립으로 추가하는 기능입니다. 덧붙이기 기능을 실행하면 타임라인의 마지막 부분에 영상 클립이 배치됩니다. 이때 '비디오 2'의 전체 클립이 아닌 브라우저 영역에서 선택한 구간(처음~2초)만 배치됩니다.

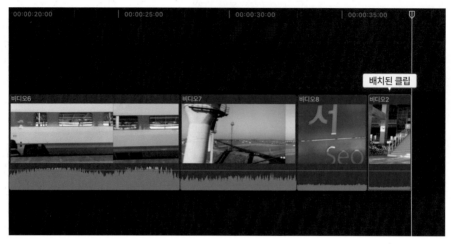

그림 2-97 영상 클립을 타임라인의 마지막 클립으로 추가하는 덧붙이기 기능

이처럼 영상의 전체 내용을 전부 배치하지 않고 미리 브라우저에서 구간을 설정한 뒤 일부분만 배치할 수 있습니다. 영상에서 구간을 설정할 때 알아둬야 할 점은 구간의 시작점(In Point)과 종료점(Out Point) 입니다.

예를 들어 10초 길이의 영상 클립이 있다면 보통 이 영상의 시작점은 처음 0초가 되고 종료점은 마지막 10초 부분이 됩니다.

구간 선택을 이용하면 시작점과 종료점을 다르게 설정할 수 있습니다. 10초 길이의 영상에서 3초 ~ 6초 구간만 영상 편집에 사용하고 싶다면 시작점을 3초, 종료점을 6초로 설정해 구간으로 선택할 수 있습니다. 보통 촬영한 영상에는 앞부분과 뒷부분에 필요하지 않은 준비 장면이나 '레디 액션', '컷' 등의 음성이 있기 때문에 구간 선택을 이용해 편집하는 것이 더 좋습니다.

3점 편집 실습하기

3점 편집(3-Point Edit)은 3개의 점이 필요합니다. 앞서 살펴본 시작점, 종료점 그리고 플레이헤드가 있으면 됩니다. 플레이헤드는 타임라인에서 클립을 배치할 위치를 지정합니다. 이렇게 3개의 점과 다음과 같은 배치 기능을 이용해 클립을 배치합니다.

1. 삽입하기(Insert, 단축키 W)

2. 덮어쓰기(Overwrite, 단축키 D)

3. 연결하기(Connect, 단축키 Q)

실습을 통해 3점 편집을 익혀보겠습니다.

1. 먼저 구간의 시작점(In Point)을 지정합니다. 브라우저 패널에서 시작점으로 지정할 곳에 플레이헤드를 위치시키고 상단 메뉴에서 [Mark] - [Set Range Start]를 클릭합니다. 또는 단축키 I 키를 눌러 시작점을 지정합니다. (단축키를 이용하는 방법을 추천해 드립니다.)

그림 2-98 구간의 시작점을 지정하는 Set Range Start 기능

2. 노란색 테두리가 그림과 같이 생겼습니다.

그림 2-99 구간의 시작점 설정

3. 구간의 종료점(Out Point)을 설정하기 위해 플레이헤드를 이동합니다. 플레이헤드는 마우스를 클릭해 영상의 특정 부분으로 이동하는 방법도 있지만, 타임코드를 이용해 특정 시간대로 이동할 수도 있습니다. 타임코드를 클릭한 후 숫자 값 '600'을 입력합니다. 브라우저 패널 미리 보기의 플레이헤드가 영상 클립의 6초 부분으로 이동했습니다.

그림 2-100 타임코드를 이용해 영상의 특정 부분으로 이동하기

4. 종료점 역시 상단 메뉴에서 [Mark] - [Set Range Out]을 클릭해 설정할 수 있지만, 단축키 O를 이용하는 방법을 추천합니다.

그림 2-101 종료점 설정하기

5. 구간이 선택됐습니다. 시작점과 종료점을 설정했으므로 이제 타임라인에서 플레이헤드를 이용해 영상이 들어갈 부분을 설정할 차례입니다. 그림과 같이 타임라인에서 플레이헤드의 위치를 옮겨봅니다.

그림 2-102 플레이헤드 위치 설정하기(영상이 들어갈 부분)

6. 연결하기(Connect) 기능을 실행해 보겠습니다. 툴 바에서 연결하기 버튼을 클릭하거나 단축키 Q를 이용해 연결하기 기능을 실행하면 시작점과 종료점이 설정된 클립이 플레이헤드를 기준으로 기존 프라이머리 스토리라인에 연결됩니다.

그림 2-103 연결하기 기능을 이용해 연결된 영상 클립

03

쉽고 간편하게
자막 편집하기

자막은 영상에서 정보를 담고 있는 중요한 요소입니다. 영화에서 제목과 엔딩 크레딧 등은 물론 영화 내의 시간과 장소를 알려주는 역할도 합니다. 또한, 다큐멘터리나 정보를 담고 있는 영상에서 주제와 제품에 대한 정보를 제공하기도 합니다. 언어의 장벽이 허물어지고 있다고 해도 언어가 다른 문화권에서 만들어진 영상을 시청하려면 자막이 꼭 필요합니다. 이번 장에서는 파이널 컷 프로에서 자막을 넣는 방법을 알아보겠습니다.

다른 영상 편집 프로그램과 다르게 파이널 컷 프로는 자막 템플릿을 이용해 자막을 추가합니다. 파이널 컷 프로의 왼쪽 위에 있는 타이틀&제네레이터 사이드바에서 자막 템플릿을 확인할 수 있습니다.

그림 3-1 타이틀&제네레이터 사이드바

카테고리별로 파이널 컷 프로에서 사용할 수 있는 자막 템플릿을 살펴볼 수 있습니다. 3D 자막을 비롯해 타이틀 자막, 로우어 써드(Lower Thirds), 크레딧(Credits) 등의 자막 템플릿이 기본적으로 제공됩니다. 카테고리의 특성을 알아두면 자막 템플릿을 좀 더 쉽게 찾아볼 수 있습니다.

표 3-1 파이널 컷 프로에 기본으로 내장된 자막 템플릿 카테고리

카테고리 명	특징
3D	3D 텍스트의 기본 형태를 제공한다.
3D Cinematic	영화에서 사용하는 3D 타이틀을 제공한다.
Build In/Out	제목으로 나타내기에 좋은 자막 프리셋이 많이 있다.
Bumper/Opener	범퍼는 챕터나 영상의 이야기 흐름을 전환할 때 사용한다.
Credits	크레딧은 영상을 제작한 사람들을 나타낼 때 사용한다.
Elements	영상에서 보조적 역할을 하는 자막이다(스코어보드, 카드, 말풍선 등).
Lower Thirds	사람이나 사물의 이름 또는 특성을 알려주기 위한 자막을 제공한다.

기본 타이틀(Basic Title) 추가하기

1. 기본 타이틀(Basic Title)은 애니메이션 없이 텍스트 문자만 나타나는 가장 기본이 되는 자막 타이틀입니다. 타이틀&제네레이터 사이드바의 [Bumper/Opener] 카테고리에서 드래그 앤드 드롭을 통해 타임라인에 추가할 수 있지만, 다음과 같이 상단 메뉴에서 [Edit] → [Connect Title] → [Basic Title]을 이용해 추가할 수도 있습니다.

그림 3-2 기본 타이틀 추가하기

2. 추가된 자막 클립의 길이는 가장자리를 드래그해 조정할 수 있습니다.

그림 3-3 자막 클립의 가장자리를 드래그해 길이 조정하기

3. 자막 클립을 드래그해 자막이 시작되는 위치를 조정할 수 있습니다.

그림 3-4 자막 클립을 드래그해 시작되는 위치 조정하기

4. 기본 타이틀(Basic Title)을 추가하면 뷰어 화면에 'Title' 글자가 표시됩니다. 'Title'을 클릭합니다.

그림 3-5 뷰어 화면에 표시된 'Title' 클릭하기

5. 텍스트 인스펙터 패널의 Text 입력 필드에서 자막의 내용을 수정할 수 있습니다. Text 입력 필드를 클릭한 다음 '오늘 기차를 타러 왔어요'라는 내용을 입력해 텍스트를 수정합니다.

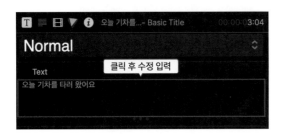

그림 3-6 텍스트 내용 수정하기

타이틀 자막의 기본적인 스타일 변경하기

1. 뷰어 화면에서 텍스트를 드래그하면 화면의 원하는 위치로 이동시킬 수 있습니다. 그림과 같이 화면 정중앙에 있던 자막을 드래그해 왼쪽 아래에 배치합니다.

그림 3-7 자막의 위치 변경하기

2. 폰트를 변경해 보겠습니다. 텍스트 인스펙터에서 Font 목록을 클릭해 원하는 폰트로 변경합니다.

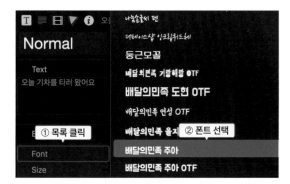

그림 3-8 폰트 변경하기

TIP

자막의 기본 스타일을 설정하는 Basic 패널

텍스트 인스펙터의 Basic 패널에는 폰트와 크기, 정렬, 자간 등의 자막의 기본 스타일을 설정할 수 있는 여러 옵션이 있습니다. 어떤 기능이 있는지 살펴보겠습니다.

그림 3-9 텍스트 인스펙터의 Basic 패널

❶ Size(크기)	텍스트의 포인트 크기를 설정하는 슬라이더입니다. 슬라이더를 왼쪽 또는 오른쪽으로 드래그해 값을 설정할 수 있습니다. 또는 오른쪽에 있는 숫자를 클릭해 직접 입력하거나 드래그해서 조절할 수도 있습니다. 참고로 슬라이드 바로 지정할 수 있는 최대 크기는 288입니다. 그 이상의 큰 크기로 지정하고 싶다면 오른쪽에서 숫자를 직접 입력하거나 숫자 값을 위로 드래그합니다.
❷ Alignment(정렬)	텍스트의 정렬을 설정하는 버튼입니다. 왼쪽/가운데/오른쪽 정렬과 왼쪽/가운데/오른쪽/양쪽 맞춤이 있습니다.

❸ Vertical Alignment(수직 정렬)	텍스트의 수직 정렬을 설정하는 버튼입니다.
❹ Line spacing(행간)	두 줄 이상의 텍스트 간격을 조절하는 슬라이더입니다. 숫자가 커질수록 텍스트 줄 사이의 간격이 넓어집니다.
❺ Tracking(자간)	텍스트 문자 사이의 간격을 균일하게 설정하는 슬라이더입니다. 0을 기준으로 음수로 설정하면 글자 사이의 간격이 좁아지고 양수로 설정하면 글자 간의 간격이 넓어집니다.
❻ Kerning(커닝)	커닝은 커서 위치를 기준으로 글자 사이의 간격을 설정하는 슬라이더입니다. 예시 그림은 'i'와 't' 사이에 커서를 위치시키고 커닝 값을 60%로 설정했을 때의 모습입니다.
❼ Baseline(기준선)	텍스트 문자의 기준선을 조정하는 슬라이더입니다. 기준선(Baseline)은 보이지 않는 수평선으로 문자의 아래쪽 정렬을 정의합니다.
❽ All caps(모두 대문자로)	영문자에만 적용할 수 있으며, 영어 텍스트 문자를 대문자로 만듭니다. 체크 표시에 체크하면 All Caps가 적용됩니다.
❾ All Caps Size(대문자 크기)	대문자로 표시되는 소문자의 크기를 설정할 수 있습니다. 기본값은 80%로 설정돼 있는데, 이 경우 소문자의 크기는 대문자와 비교했을 때 80%의 크기로 표시됩니다.

3. 글자의 색상을 변경해 보겠습니다. 텍스트 인스펙터의 아래쪽에 Face 패널이 있습니다. 마우스 포인터를 오른쪽으로 가져가면 [Show] 버튼이 나타납니다. [Show] 버튼을 클릭합니다.

그림 3-10 Face를 펼치는 Show 버튼

4. Fill with 속성은 Color(색상으로 채우기)가 기본값입니다. Color의 색상 영역을 클릭하면 색상을 변경할 수 있습니다.

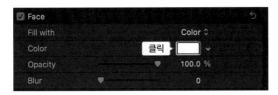

그림 3-11 색상 변경하기

5. 색상을 선택하는 창이 나타납니다. 5개의 탭 중에서 [색연필] 탭을 클릭한 후 그림과 같이 'Banana' 색상을 선택합니다.

그림 3-12 색연필 탭에서 색상 선택하기

6. 텍스트에 외곽선을 추가하면 텍스트의 가독성을 높일 수 있습니다. Outline의 체크 부분을 클릭해 외곽선을 추가합니다.

그림 3-13 외곽선(Outline) 추가하기

7. 오른쪽 [Show] 버튼을 클릭해 외곽선의 세부 설정을 표시합니다. 기본적으로 외곽선의 색상은 붉은색으로 들어갑니다. 색상을 선택한 후 검은색으로 변경해 보겠습니다.

그림 3-14 외곽선의 색상을 검은색으로 변경

8. 외곽선의 굵기는 Width의 슬라이더를 움직여 조정할 수 있습니다. 슬라이더를 오른쪽으로 드래그해 Width의 값을 2.0으로 변경합니다.

그림 3-15 외곽선(Outline)의 굵기 변경하기

9. Outline의 체크 부분을 클릭해 스타일을 적용하기 전과 후를 비교해볼 수 있습니다. 외곽선이 들어간 쪽의 텍스트가 좀 더 선명하게 보입니다.

그림 3-16 외곽선 적용 전과 적용 후 비교

10. 텍스트에 그림자를 넣는 방법 역시 외곽선을 넣는 방법과 비슷합니다. Drop Shadow의 체크 부분을 클릭해 그림자를 추가합니다.

그림 3-17 그림자(Drop Shadow) 추가하기

11. 오른쪽 [Show] 버튼을 클릭해 그림자의 세부 설정을 표시합니다. 그림자는 색상(Color), 불투명도(Opacity), 흐림(Blur) 효과와 더불어 원본 텍스트와 그림자의 거리(Distance), 그림자의 각도(Angle)를 설정할 수 있습니다. 그중에서 Distance의 값을 '10.0'으로 조정해 보겠습니다.

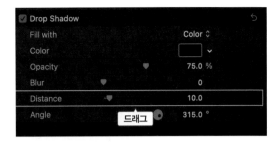

그림 3-18 그림자의 거리(Distance) 조정하기

12. Drop Shadow의 체크 부분을 클릭해 그림자를 적용하기 전과 후를 비교해 볼 수 있습니다. 그림자를 추가하면 텍스트에 입체감을 줄 수 있습니다.

그림 3-19 그림자 적용 전과 적용 후 비교하기

TIP   **불투명도(Opacity)와 흐림(Blur) 효과의 차이**

불투명도(Opacity)는 0에서 100 사이의 값으로 나타냅니다. 아래 그림을 보면 Opacity 값이 0%일 때는 글자가 완전히 투명해져서 안 보입니다. 입력된 값이 100%에 가까울수록 글자가 불투명해지면서 선명하게 보입니다. 0에 가까울수록 투명해지며 반대로 100에 가까울수록 원래의 이미지가 선명하게 보이는 특징이 있습니다. 텍스트나 이미지를 투명하게 보여줄 수 있는 특징 때문에 영상에 로고나 워터마크를 자연스럽게 넣고자 할 때 자주 사용됩니다.

그림 3-20 불투명도(Opacity) 값에 따른 이미지 비교

블러(Blur)는 흐림 효과입니다. Blur는 숫자 값이 커질수록 흐려집니다. 텍스트와 이미지를 좀 더 부드럽게 나타내는 특징이 있어서 외곽선과 그림자를 넣을 때 블러를 적절하게 넣으면 텍스트를 부드럽게 연출할 수 있습니다.

그림 3-21 흐림(Blur) 값에 따른 이미지 비교

텍스트 프리셋(Text Preset)으로 저장한 후 적용하기

텍스트의 폰트, 색상, 외곽선, 그림자 등의 스타일을 만든 후 텍스트 프리셋(Text Preset)으로 저장하면 얼마든지 클릭 몇 번만으로도 텍스트의 스타일을 그대로 재현할 수 있습니다.

그림 3-22 텍스트 프리셋(Text Preset)

1. 텍스트 인스펙터의 맨 위에 있는 텍스트 프리셋 목록을 클릭합니다. [Save All Format and Appearance Attributes]는 글자의 포맷(폰트, 사이즈, 정렬, 커닝 등)과 스타일(색상, 외곽선, 그림자 등)을 모두 저장할 수 있습니다. [Save All Format and Appearance Attributes]를 선택합니다.

그림 3-23 글자의 포맷과 스타일을 저장하는 Save All Format and Appearance Attributes

2. 자막 프리셋의 이름을 입력할 수 있는 창이 나타납니다. 그림과 같이 구별할 수 있는 제목을 붙여줍니다. [Save] 버튼을 클릭하면 프리셋이 저장됩니다.

그림 3-24 새로운 텍스트 프리셋 저장하기

3. 텍스트 프리셋 목록을 클릭하면 방금 저장한 프리셋이 보입니다. 그동안 저장해뒀던 프리셋이 있다면 그림과 같
   이 목록으로 표시됩니다.

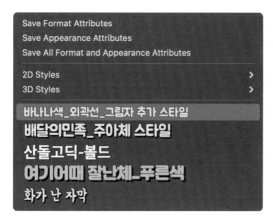

그림 3-25 저장이 완료된 텍스트 프리셋

4. 텍스트 프리셋은 클릭만 하면 지정해 둔 스타일로 텍스트의 형태를 변경할 수 있습니다. 자주 쓰는 자막 스타일은
   텍스트 프리셋을 만들어서 사용하는 것을 추천해 드립니다.

그림 3-26 다른 텍스트 프리셋을 적용한 예시

> **TIP** 　 단축키를 이용해 자막 작업 효율적으로 하기
>
> option 키를 누른 채로 클립을 드래그하면 클립을 복제할 수 있습니다. 이 기능을 활용해 스타일을 적용한 자막 클
> 립을 복제한 후 내용을 수정하는 방식으로 자막 작업을 할 수 있습니다. 복제한 자막 클립을 선택한 후 인스펙터의
> 텍스트 입력 창에서 내용을 수정합니다.
>
>
>
> 그림 3-27 option 키로 자막 복제하기

자막 클립을 길게 늘인 후 command + B 키로 구간을 분리해 작업하는 방법도 있습니다. 이 방법 역시 스타일을 그대로 유지한 채로 자막 내용만 수정해 작업할 수 있기 때문에 자막 작업의 효율을 높여줍니다.

그림 3-28 command + B 키를 활용한 자막 작업

반응형 자막 템플릿으로 자막 작업하기

검은색 배경에 흰색 텍스트가 전부인 구성이지만 그 단순함 때문에 오히려 많은 분이 유튜브 영상에 부담 없이 사용하는 자막 스타일입니다. 여기에 반응형 요소를 넣어 입력된 텍스트 길이만큼 자막 바의 길이가 조정됩니다. 특히 브이로그 등과 같은 일상을 공유하는 영상에 잘 어울립니다.

그림 3-29 반응형 자막 템플릿 예시

1. 반응형 자막 템플릿을 삽입하려면 관련 자막 템플릿 파일을 설치해야 합니다. 자막 템플릿 파일 설치 방법은 1장에 '5일 차 파이널 컷 프로 템플릿 설치하기'를 참고합니다. 템플릿 파일이 설치됐다면 [타이틀&제네레이터 사이드바] 아이콘을 클릭한 다음 [Titles] 카테고리에 위치한 [Park3min_Title]로 이동합니다. 그리고 '반응형 기본 자막 01' 템플릿을 찾습니다.

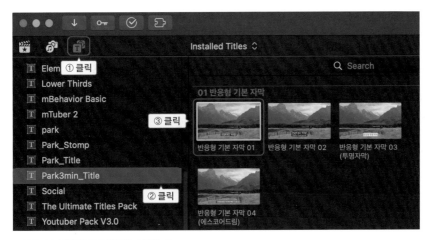

그림 3-30 반응형 자막 템플릿 선택하기

2. '반응형 자막'을 타임라인으로 드래그 앤드 드롭해 영상 위에 배치합니다.

그림 3-31 반응형 자막 템플릿을 드래그 앤드 드롭해 배치하기

3. 자막의 기본 길이는 10초입니다. 자막의 길이는 클립의 가장자리에 마우스 포인터를 가져간 다음 좌우로 드래그해 조정할 수 있습니다.

그림 3-32 가장자리를 드래그해 반응형 자막의 길이 조정하기

4. 자막 템플릿은 오른쪽의 타이틀 인스펙터에서 기본적인 사항들을 조정할 수 있습니다. 자막 템플릿을 선택한 후 [타이틀 인스펙터]를 선택합니다. 가장 먼저 텍스트를 수정할 수 있는 입력창이 나타납니다. 텍스트 입력창에서 글 자를 수정해 입력합니다.

그림 3-33 텍스트 수정 입력하기

5. Text 1.Font 목록을 클릭해 폰트를 변경할 수 있습니다. 설치된 폰트 중 영상과 어울리는 폰트를 선택합니다.

그림 3-34 타이틀 인스펙터에서 폰트 선택하기

TIP 상업용으로도 무료로 사용할 수 있는 폰트 내려받기

눈누 웹 페이지에서는 상업용으로도 무료로 사용할 수 있는 폰트를 쉽게 검색하고, 다운로드 링크를 통해 폰트를 내려받을 수 있습니다. 필요한 폰트는 이곳에서 검색한 후 미리 내려받습니다.

눈누 - 상업용 무료한글폰트 사이트: https://noonnu.cc

6. Text 1.Size의 슬라이더를 좌우로 드래그해 글자의 크기를 크게 키우거나 작게 줄일 수 있습니다. 슬라이더를 드래그하는 방법 이외에도 숫자를 클릭해 숫자 값을 입력할 수도 있습니다. Text 1.Color의 색상을 클릭하면 글자의 색상을 변경할 수 있습니다.

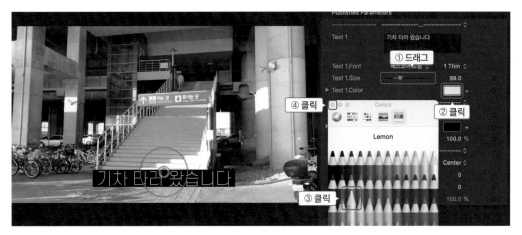

그림 3-35 글자의 크기와 색상 변경하기

7. Box Color의 색상 부분을 클릭하면 자막 바의 배경 색을 변경할 수 있습니다. 텍스트의 색상을 고려해 자막 바의 배경 색을 선택합니다.

그림 3-36 박스의 배경 색상 변경하기

8. Box Roundness 슬라이더를 드래그해 자막 바의 모서리를 둥글게 만들 수 있습니다. 값이 '0'일 경우 모서리가 각진 형태로 표시되지만, 값이 증가할 수록 둥근 모서리 형태로 표시됩니다.

그림 3-37 박스 모서리 조정하기

9. 자막 내부의 여백은 Margin X와 Margin Y로 조정할 수 있습니다. Margin X는 좌우 여백을 조정합니다. 슬라이더를 오른쪽으로 드래그하면 좌우 여백이 넓어집니다. Margin Y는 상하 여백을 조정합니다. 역시 슬라이더를 드래그해 여백을 조정할 수 있습니다.

그림 3-38 텍스트 인스펙터에서 폰트 목록 선택하기

10. 뷰어에서 핸들을 드래그하면 위치를 조정할 수 있습니다. 또한 원을 드래그해 글자의 크기 또한 조정할 수 있습니다[1]. 입력한 글자의 내용에 맞춰 박스의 길이가 자동으로 결정되기 때문에 반응형 자막을 통해 훨씬 간편하게 자막 편집 작업을 할 수 있습니다. 이처럼 반응형 자막 템플릿을 이용해 다양한 자막 스타일을 쉽게 연출할 수 있습니다.

그림 3-39 자막의 위치와 크기를 조정할 수 있는 핸들

---

1 핸들을 이용해 위치를 조정했을 때 글자와 자막 바 박스가 분리되는 현상이 일어난다면 무시해도 됩니다. 글자의 위치를 자막 박스가 따라가기 때문에 잠시 플레이헤드를 다른 프레임으로 옮기면 정상적으로 표시됩니다.

12 일차 3D 텍스트 자막 넣기

▶ https://youtu.be/dbjbHGHK9XM (8분 34초) ◑

3D 텍스트는 기존의 2D 텍스트에 깊이(Depth)가 추가된 형태입니다. 깊이에 따라 글자의 느낌이 달라지는 것은 물론 다양한 질감(Texture)을 표현할 수 있습니다. 파이널 컷 프로에서는 3D 텍스트를 손쉽게 적용할 수 있습니다. 앞서 살펴본 텍스트 인스펙터에서 3D Text에 체크하거나 기본적으로 제공되는 3D 자막 템플릿을 적용하면 됩니다. 별도의 프로그램을 설치하거나 실행할 필요 없이 매우 간편하게 3D 텍스트를 영상에 추가할 수 있습니다.

그림 3-40 3D 텍스트 자막 넣기

기본 자막을 3D 텍스트로 전환하기

1. 베이직 타이틀을 3D 텍스트로 전환하면 간편하게 3D 텍스트로 나타낼 수 있습니다. 상단 메뉴에서 [Edit] → [Connect Title] → [Basic Title]을 선택해 베이직 타이틀을 추가합니다.

그림 3-41 베이직 타이틀 추가하기

2. 텍스트 입력 창에 'Platform'을 입력합니다.

그림 3-42 텍스트 내용 입력하기

3. 3D Text에 있는 체크 박스를 클릭합니다. 기존의 2D 텍스트에서 3D 텍스트로 전환됩니다.

그림 3-43 3D 텍스트로 전환하기

4. 3D 텍스트로 전환되면서 Depth 값을 입력할 수 있습니다. 슬라이더를 드래그해 Depth를 '100'으로 설정합니다. (Depth는 3D Text 오른쪽에 있는 [Show] 버튼을 클릭해야 보입니다.)

그림 3-44 Depth 값 변경하기

5. 뷰어 화면에서 3D 텍스트를 클릭하면 위치와 회전을 변경할 수 있는 컨트롤 핸들이 나타납니다. 위치와 회전을 조정해 3D 텍스트의 다양한 모습을 보여줄 수 있습니다.

그림 3-45 뷰어에서 3D 텍스트를 클릭했을 때 나타나는 컨트롤 핸들

파이널 컷 프로의 3D 좌표계

파이널 컷 프로의 3D 좌표계는 3개의 축인 X, Y, Z 축으로 구성돼 있으며 정해진 색상이 있습니다.

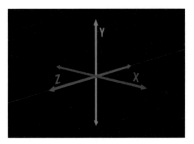

그림 3-46 파이널 컷 프로의 3D 좌표계

가로축인 X축은 붉은색 화살표, 세로축인 Y축은 녹색 화살표, Z축은 파란색 화살표입니다. 뷰어에서 3D 텍스트를 클릭했을 때 각 화살표 끝이 가리키는 동그란 영역을 드래그해서 3D 텍스트를 회전하거나 위치를 변경할 수 있습니다.

6. 왼쪽 핸들(녹색)을 오른쪽으로 드래그해 Y축을 회전시킵니다. Y축을 회전시키면 적용된 Depth가 잘 보입니다.

그림 3-47 왼쪽 핸들(녹색)을 드래그해 Y축 회전하기

7. 위치를 옮기고자 할 때는 드래그해 위치를 옮깁니다. 특별히 화살표를 드래그하면 각 화살표의 축을 이용해 위치를 옮길 수 있습니다. 예를 들어 녹색 화살표는 Y축을 가리키는데, 녹색 화살표를 아래로 드래그하면 3D 텍스트를 아래쪽으로 옮길 수 있습니다.

그림 3-48 3D 텍스트를 드래그해 위치 옮기기

8. 오른쪽 핸들(파란색)을 위쪽으로 살짝 드래그해 철로와 3D 텍스트의 기울기가 일치하도록 조정합니다.

그림 3-49 오른쪽 핸들(파란색)을 드래그해 Z축 회전하기

9. 인스펙터에서 Size를 조정해 3D 텍스트의 크기를 키웁니다. Size의 슬라이더를 드래그해 3D 텍스트의 크기를 키울 수 있습니다. 사이즈를 '244.0'으로 설정해 3D 텍스트를 그림과 같이 크게 연출합니다.

그림 3-50 인스펙터에서 텍스트 크기 조정하기

10. 3D 텍스트의 질감을 변경해 보겠습니다. [Material]에서 [ALL FACETS]를 클릭하면 질감을 선택할 수 있는 드롭박스가 나타납니다. 콘크리트(Concrete), 섬유(Fabric), 금속(Metal), 종이(Paper), 플라스틱(Plastic), 돌(Stone), 나무(Wood) 등 다양한 질감을 선택할 수 있습니다.

그림 3-51 3D 텍스트의 질감 변경하기

11. [Concrete] → [Brown Concrete]를 선택해 보겠습니다. 미리 보기 기능을 통해 질감의 재질을 보여주기 때문에 3D 텍스트가 어떻게 나타날지 미리 생각해 볼 수 있습니다.

그림 3-52 Brown Concrete 재질 적용하기

12. 3D 텍스트에 [Brown Concrete] 재질이 적용됐습니다. 이런 방법을 이용해 다양한 재질로 3D 텍스트를 연출할 수 있습니다.

그림 3-53 Brown Concrete 재질을 적용한 3D 텍스트

텍스트 프리셋에서 적용한 후 수정하기

1. 3D 텍스트 역시 텍스트 프리셋(Text Preset)을 지원합니다. 텍스트 프리셋 목록을 클릭하고 [3D Styles]에 마우스를 가져다 놓으면 바로 적용할 수 있는 3D 텍스트 프리셋들이 나타납니다. [3D Styles] → [GOLDEN]을 선택해 보겠습니다.

그림 3-54 3D 텍스트 프리셋 적용하기

2. 사전에 설정한 스타일로 3D 텍스트의 스타일이 변경됩니다.

그림 3-55 GOLDEN 스타일의 3D 텍스트

3. 텍스트 프리셋을 선택한 뒤 인스펙터에서 살짝 수정하는 방식으로 3D 텍스트를 연출하면 좋습니다. 가장 먼
저 변경할 속성은 Lighting의 Lighting Style입니다.[2] 영상에서 빛이 오른쪽 상단에서 비추고 있습니다. 그래서
Lighting Style 목록을 클릭해 Diagonal Right로 변경합니다.

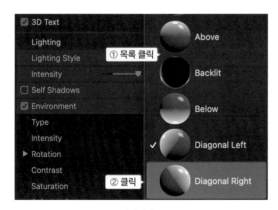

그림 3-56 Lighting Style 변경하기

---

2 3D 텍스트의 'Lighting' 패널에 있는 [Show] 버튼을 클릭해야 해당 속성이 보입니다.

4. Environment의 Type을 변경해 보겠습니다[3]. 현재는 Field로 돼 있습니다. 이 부분의 목록을 클릭한 다음 Parking Lot으로 변경합니다.

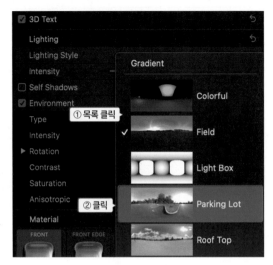

그림 3-57 Environment의 Type 변경하기

5. 화면에서 위치와 기울기를 조정해 3D 텍스트가 철로 위에 있는 느낌으로 연출할 수 있습니다.

그림 3-58 위치와 기울기 조정하기

3D 텍스트 템플릿에서 적용하기

3D 텍스트 역시 자막 템플릿을 지원합니다. 자막 템플릿을 이용하면 애니메이션이 적용된 3D 텍스트를 좀 더 쉽게 구현할 수 있습니다.

---

3 3D 텍스트의 'Environment' 패널에 있는 [Show] 버튼을 클릭해야 해당 속성이 보입니다.

1. 타이틀&제네레이터 사이드바로 이동한 후 [3D] 카테고리를 클릭하면 3D 텍스트 자막 템플릿을 확인할 수 있습니다. 사이드바의 템플릿 위로 마우스를 가져가면 어떤 형태의 애니메이션이 있는지 확인해볼 수 있습니다. 그중에서 'Tumble 3D'를 선택한 후 적용해 보겠습니다.

그림 3-59 3D 텍스트 자막 템플릿

2. Tumble 3D는 밖에서 날아오는 듯한 느낌의 자막입니다. 자막 템플릿을 적용한 후 재생해 보면 자막의 애니메이션을 확인할 수 있습니다.

그림 3-60 밖에서 날아오는 듯한 느낌의 Tumble 3D 자막 템플릿

3. 인스펙터의 텍스트 입력 창에서 원하는 글자를 입력해 수정합니다. 입력한 글자에 따라 간편하게 애니메이션이 있는 3D 텍스트로 수정할 수 있습니다. 'VLOG'를 입력했더니 화면에 'VLOG'가 3D 텍스트로 표현된 모습을 볼 수 있습니다.

그림 3-61 텍스트 입력 창에 'VLOG'를 입력해 텍스트 수정하기

4. 인스펙터의 Font 목록에서 폰트를 선택해 글자의 스타일을 변경할 수 있습니다. 이처럼 폰트를 선택하는 것만으로도 다양한 스타일의 3D 텍스트를 연출할 수 있습니다.

그림 3-62 폰트를 수정한 3D 텍스트

5. 텍스트 프리셋을 이용해 3D 텍스트의 스타일을 쉽게 연출할 수 있습니다. 텍스트 프리셋 목록을 선택한 후 [3D Styles] → [Flat Graphics]를 선택했더니 그림과 같이 3D 텍스트의 스타일이 바뀌었습니다. 재생해 보면 겉으로 보이는 스타일은 바뀌었지만, 애니메이션은 그대로 재생되는 모습을 볼 수 있습니다.

그림 3-63 텍스트 프리셋 목록에서 스타일 선택하기

6. 일부 스타일은 색상을 변경할 수 있습니다. 그림과 같이 Substance의 Color에서 색상을 변경해 다른 스타일로 연출해 볼 수 있습니다.

그림 3-64 Substance → Color를 설정해 색상 변경하기

3D 텍스트를 적용하는 3가지 방법을 살펴봤습니다. 어떠셨나요? 생각보다 직관적이고, 쉽고 간편하게 3D 텍스트를 만들어 볼 수 있습니다. 무에서 유를 창조하기보다는 이미 잘 만들어진 자막과 프리셋 등을 이용해 나의 스타일에 맞게끔 수정해서 사용하면 시간과 노력을 줄이면서 좋은 퀄리티의 결과물을 얻을 수 있습니다. 여러분만의 스타일을 만들어보고 텍스트 프리셋으로 저장해 보세요.

13 오프닝 타이틀 만들기

일차

▶ https://youtu.be/pZFPhZ-e4-M (10분 50초)

자막 템플릿을 이용해 영상의 앞부분에 사용할 오프닝 타이틀을 만들어 보겠습니다. 모션 그래픽 제작 기술이 없어도 이미 만들어진 자막 템플릿들을 이용해 쉽게 오프닝 타이틀을 만들 수 있습니다. 여러분은 글자 내용을 수정하거나 색상을 변경하기만 하면 됩니다. 이번 시간에는 오프닝 타이틀을 만들어 보겠습니다.

잉크가 퍼지는 듯한 느낌의 오프닝 타이틀

1. 타이틀&제네레이터 사이드바에서 [Bumper /Opener] 카테고리를 클릭한 후 'Ink' 템플릿을 클릭합니다.

그림 3-65 Bumper/Opener 카테고리의 Ink 템플릿

2. Ink 템플릿을 타임라인으로 드래그 앤드 드롭한 다음 영상의 앞부분으로 드래그해 배치합니다.

그림 3-66 Ink 자막 템플릿을 영상의 앞부분으로 드래그 앤드 드롭

3. 플레이헤드를 자막 템플릿의 앞부분에 위치시킵니다. 그리고 스페이스 바를 눌러 영상을 재생해봅니다. Ink 자막 템플릿은 잉크가 퍼지면서 글자가 나오는 영상입니다.

그림 3-67 Ink 자막 템플릿 영상 재생해 보기

4. 플레이헤드를 Ink 자막 템플릿의 중간쯤에 위치시킵니다.

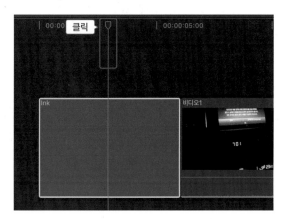

그림 3-68 플레이헤드의 위치 이동하기

5. 뷰어에 나오는 'TITLE'이란 글자를 클릭합니다.

그림 3-69 'TITLE' 글자 클릭하기

6. 화면 오른쪽에 텍스트 인스펙터가 활성화됩니다. 텍스트(Text) 입력 창에서 글자를 'VLOG'로 수정해 보겠습니다.

그림 3-70 텍스트 인스펙터에서 글자 수정하기

7. 텍스트를 한글로 입력해 보면 어떨까요? 아무래도 기본적으로 설정된 폰트가 영문 폰트(Gaz)이기 때문에 한글을 입력하면 기본 폰트로 대체돼 나타납니다. 이럴 때는 폰트에서 한글을 지원하는 폰트로 변경하면 됩니다.

그림 3-71 한글을 입력했을 때는 한글이 지원되는 폰트로 변경

8. 글자를 많이 입력하면 일부분이 누락될 수 있습니다. 이럴 때는 텍스트의 크기를 줄이면 됩니다. Size를 조정해 글자가 모두 표시될 수 있게 합니다.

그림 3-72 글자의 크기 조정하기

9. 뷰어에서도 텍스트를 드래그해 위치를 조정할 수 있습니다. 아래 그림과 같이 텍스트를 중심으로 노란색의 가로 선과 세로 선이 나타나면 텍스트가 화면의 정중앙에 위치한 것입니다. 이러한 가이드 선을 이용해 쉽게 중앙 정렬을 할 수 있습니다.

그림 3-73 정중앙에 텍스트 위치시키기

10. 이번에는 인스펙터 중에서 가장 왼쪽에 위치한 [타이틀 인스펙터]를 클릭해 보겠습니다. 템플릿의 속성을 쉽게 변경할 수 있게 타이틀 인스펙터에 관련 속성들을 모아놓은 템플릿들이 있습니다. Ink 템플릿의 타이틀 인스펙터에 있는 속성들을 이용해 간편하게 스타일을 연출할 수 있습니다.

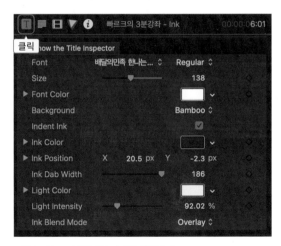

그림 3-74 Ink 템플릿의 타이틀 인스펙터

11. 폰트의 색상을 변경해 보겠습니다. 타이틀 인스펙터의 Font Color에서 간편하게 폰트의 색상을 변경할 수 있습니다.

그림 3-75 폰트의 색상 변경하기

12. Ink 템플릿은 배경을 변경할 수 있습니다. 현재는 대나무 배경으로 돼 있지만, Background의 목록을 클릭해 다른 형태의 배경으로 변경할 수 있습니다.

그림 3-76 Canvas 배경의 Ink 템플릿

자연스럽게 포커스를 조정하는 Pull Focus 템플릿

[Bumper/Opener] 카테고리에 있는 'Pull Focus' 템플릿은 뒤에 있는 영상을 흐리게 한 다음 타이틀을 선명하게 보여주고, 다시 영상이 선명해지면서 타이틀이 사라지는 형태의 템플릿입니다. 이런 특징으로 영상이 시작하는 앞부분에 연결하기 기능을 이용해 함께 사용하면 좋습니다.

1. 타이틀&제네레이터 사이드 바에서 [Bumper/Opener] 카테고리에 있는 'Pull Focus' 템플릿을 클릭해 선택합니다.

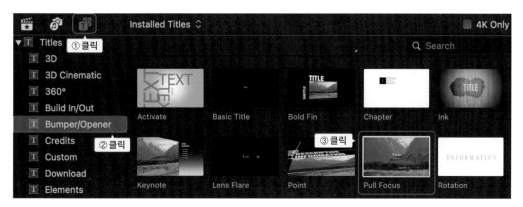

그림 3-77 Pull Focus 템플릿 선택

2. 가장 먼저 시작하는 비디오 영상 클립(비디오 1)의 위쪽으로 자막 템플릿을 드래그 앤드 드롭해 배치합니다. 이런
식의 배치를 연결하기(Connect)라고 합니다. 대부분의 자막 템플릿은 비디오 클립 위에 배치합니다.

그림 3-78 Pull Focus 자막 템플릿을 연결하여 배치하기

3. 플레이헤드를 Pull Focus의 앞부분으로
위치시킨 다음 스페이스 바를 눌러 재생해
보겠습니다. 타이틀이 나타나면서 뒷부분
의 영상이 흐려졌다가 다시 타이틀이 사라
지면서 영상이 선명해지는 스타일입니다.

그림 3-79 영상을 재생해 자막 타이틀 확인하기

4. 인스펙터에서 글자 내용을 수정해 보겠습니다. 가장 먼저 Title을 수정해 보겠습니다. 뷰어에서 'Title' 글자를 클릭하면 화면 오른쪽에 텍스트 인스펙터가 나타납니다.

그림 3-80 'Title' 글자를 클릭하면 텍스트 인스펙터가 나타남

5. 텍스트 입력 창에서 글자의 내용을 수정합니다. 글자의 내용으로 'VLOG #01'을 입력했습니다.

그림 3-81 텍스트 입력 창에서 글자의 내용 수정하기

6. 텍스트의 색상은 Face의 Color를 클릭해 변경할 수 있습니다.

그림 3-82 텍스트의 색상 변경하기

7. 텍스트의 폰트는 Font에서 변경할 수 있습니다. 만약 한글을 입력하고자 한다면 한글이 지원되는 폰트를 선택합니다.

그림 3-83 폰트 변경하기

8. 아래쪽 'Subtitle'을 클릭합니다. 앞서 살펴본 방법과 같이 인스펙터에서 텍스트의 내용을 수정하거나 스타일을 변경할 수 있습니다.

그림 3-84 아래쪽 'Subtitle' 수정하기

9. 텍스트 입력 창에 있는 내용을 빈칸으로 두면 그림과 같이 아래쪽에 텍스트가 표시되지 않으므로 첫 줄만 사용할 수 있습니다.

그림 3-85 텍스트 입력 창을 빈칸으로 둘 때의 모습

영상이 아닌 특정 색상을 배경으로 타이틀 템플릿 연출하기

보통 영상을 배경으로 타이틀 템플릿을 연출하지만, 특정 색상을 배경으로 타이틀 템플릿을 넣고자 할 때도 있습니다. 파이널 컷 프로는 [Generators]에서 영상에 넣을 수 있는 배경을 제공하고 있습니다. 그중에서 [Solids]에는 단색 배경이 모여 있습니다. 여러 단색 배경이 있지만 'Custom' 배경을 이용해 단색 배경을 만드는 것을 추천해 드립니다.

1. 타이틀&제네레이터 사이드바에서 [Generators] → [Solids] 카테고리에 있는 'Custom'을 선택합니다.

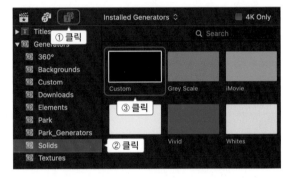

그림 3-86 Custom 템플릿

2. 타임라인으로 드래그 앤드 드롭해 Custom 템플릿을 배치합니다.

그림 3-87 타임라인에 Custom 템플릿 배치하기

3. 제네레이터 인스펙터에서 Color의 색상 영역을 클릭합니다. 선택한 색상으로 단색 배경을 만들 수 있습니다. 흰색 배경을 만들기 위해 그림과 같이 흰색으로 선택합니다.

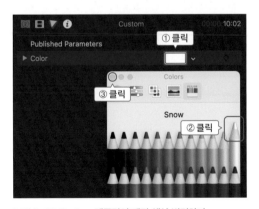

그림 3-88 Custom 템플릿의 배경 색상 변경하기

4. 타임라인에서 'Custom' 클립 위로 자막 템플릿을 배치합니다.

그림 3-89 Custom 클립 위로 자막 템플릿 배치하기

5. 흰색 배경 위로 자막 템플릿이 표시됩니다. Custom 템플릿의 Color를 변경해 다양한 색상으로 단색 배경을 만들 수 있습니다.

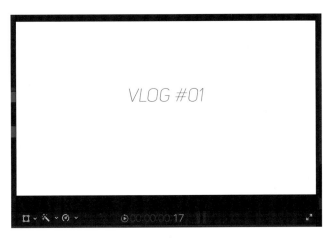

그림 3-90 흰색 단색 배경의 자막 템플릿

캡션 자막은 우리가 영상에 포함(embed)시키는 자막과 달리 사용자가 자막 시청 여부를 선택할 수 있는 자막입니다. 캡션 자막은 크게 외국 문화권에서 만든 영화 및 TV 프로그램의 대화나 대사를 번역한 것과 청각 장애인이 영상의 내용을 잘 이해할 수 있도록 프로그램의 내용을 스크립트로 표현한 것으로 나누어 볼 수 있습니다.

그림 3-91 유튜브 캡션 자막의 예시

캡션 자막과 우리가 일반적으로 사용하는 자막(타이틀)은 다음과 같은 차이점이 있습니다.

1. 캡션 자막은 영상 속에서 다른 요소들보다 항상 눈에 띄게 표시된다.

2. 캡션 자막은 시청자가 직접 자막을 켜거나 끌 수 있다. 이에 비해 타이틀 자막은 영상에 포함돼 있어서 시청자가 직접 자막을 켜거나 끌 수 있는 선택권이 없다.

3. 캡션 자막은 업계 표준 파일과 포맷이 있어 캡션 자막 파일을 전송하거나 교환할 수 있다.

캡션 자막 추가하기

1. 캡션 자막은 상단 메뉴의 [Edit] → [Captions] → [Add Caption]을 통해 추가할 수 있습니다. 단축키는 option + C입니다. 캡션 자막은 별도로 추가할 수 있는 아이콘이 없기 때문에 이렇게 상단 메뉴나 단축키를 이용해 입력해야 합니다.

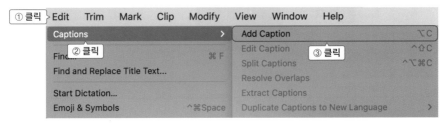

그림 3-92 캡션 자막 추가하기

2. 캡션 자막을 추가하면 타임라인 상단에 연보라색의 캡션 자막 바가 생기면서 내용을 입력할 수 있는 창이 나타납니다. 창에는 캡션 자막의 형식과 언어가 표시됩니다. 현재는 iTT 방식의 영어 자막입니다.

그림 3-93 캡션 자막 입력 창

3. 캡션 자막 입력 창에 자막의 내용을 입력해 보겠습니다. 자막의 내용은 "Today I came to catch a train"으로 하겠습니다.

그림 3-94 캡션 자막 입력 창에서 자막 텍스트 입력하기

4. 자막을 입력한 후에 타임라인의 빈 곳을 클릭하면 입력 창이 닫힙니다. 자막을 입력한 후 타임라인에 위치한 캡션 자막 바에는 자막 내용이 표시됩니다. 또한 영상에서 검은색 배경의 캡션 자막을 확인할 수 있습니다.

그림 3-95 영상에 삽입된 캡션 자막

5. 캡션 자막 역시 option 키를 누른 채로 드래그하면 복사할 수 있습니다. 그리고 이렇게 복사한 자막의 내용을 수정하는 식으로 작업하면 매번 상단 메뉴를 클릭한 다음 캡션 자막을 추가하지 않아도 되므로 작업의 효율성을 높일 수 있습니다. 기존 캡션 자막을 선택한 후 option + 드래그로 캡션 자막을 복사합니다.

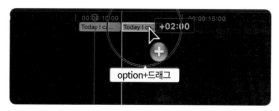

그림 3-96 option 키를 이용한 캡션 자막 복제하기

6. 캡션 자막을 더블 클릭하면 다시 입력창이 나타납니다. 기존에 입력된 내용을 삭제하고 새로운 내용을 넣어 캡션 자막을 수정할 수 있습니다. 그림과 같이 'I'm going to Seoul by train'이라고 수정합니다.

그림 3-97 캡션 자막 내용 수정하기

7. 캡션 자막은 타이틀 자막처럼 드래그해서 길이를 늘이거나 줄일 수 있습니다. 하지만 타이틀 자막과 차이가 있는데 같은 형식과 언어의 자막이 겹쳐지는 것을 원천적으로 차단합니다. 다음 그림에서 두 개의 캡션 자막은 서로 맞물려 있습니다. 이때 다른 한쪽의 캡션 자막 길이를 늘이면 겹쳐지지 않고 다른 캡션 자막의 길이가 줄어듭니다.

그림 3-98 캡션 자막의 특성

8. 캡션 자막의 스타일은 인스펙터에서 수정할 수 있습니다. 현재 캡션 자막 형식은 iTT(iTunes Text) 방식이라서 진하게, 이탤릭 밑줄과 같은 ①기본 형식(Formatting)과 ②색상(Text Color), ③캡션 자막의 위치(Placement)를 설정할 수 있습니다.

그림 3-99 캡션 자막의 스타일을 설정하는 인스펙터

캡션 자막이 입력된 상태에서 다른 캡션 자막 추가하기

기존에 캡션 자막을 입력한 상태에서 다른 외국어 캡션 자막을 복제해 추가할 수 있습니다. [일본어] 캡션 자막을 추가해 보겠습니다.

1. 기존에 추가한 캡션 자막을 마우스 오른쪽 버튼으로 클릭한 다음 팝업 메뉴에서 [Duplicate Captions to New Language]를 선택합니다.

그림 3-100 Duplicate Captions to New Language(새로운 언어로 캡션 자막 복제하기)

2. 다양한 나라의 언어가 나오는데 이 중에서 [Japanese]를 클릭합니다.

그림 3-101 언어 선택하기

3. 다른 나라 언어로 새로운 캡션 자막을 추가하면 기존 캡션 자막 아래에 새로운 캡션 자막이 추가됩니다. 현재 예제에서는 [영어]와 [일본어] 이렇게 2개의 트랙이 있습니다. 캡션 자막은 트랙 방식으로 배치된다고 생각하면 됩니다.

그림 3-102 일본어로 복제된 캡션 자막

4. 자동 번역이 되지 않기 때문에 일일이 내용을 수정해야 합니다. 캡션 자막을 더블 클릭해 자막 입력창을 활성화한 다음 내용을 입력합니다. 구글 번역이나 파파고 번역과 같은 번역 서비스를 활용해 외국어 캡션 자막을 추가할 수 있습니다.

그림 3-103 일본어 캡션 자막 입력하기

캡션 자막의 형식 변경하기

파이널 컷 프로에서는 3가지 형식의 캡션 자막을 지원합니다. 바로 CEA-608 , iTT(iTunes Timed Text), SRT(SubRip Text) 형식입니다. 형식마다 호환성, 지원되는 스타일 및 언어가 다릅니다. 각 캡션 자막의 형식을 정리해 보면 다음과 같습니다.

	CEA-608	iTT	SRT
한글 지원	X	O	O
유튜브 호환	O	O	O
mov 영상 파일 출력 시 캡션 지원	O	X	X
캡션 자막 애니메이션	O (팝업, 페인트 온, 롤업 등의 애니메이션 지원)	X	X

CEA-608(=EIA-608)

방송 및 웹 비디오 캡션 자막의 표준 규격입니다. 캡션 자막의 위치 및 스타일을 다양하게 설정할 수 있습니다. MOV 파일로 영상 파일을 출력할 때 영상 파일에 캡션 자막을 포함하고자 한다면 이 형식을 선택해야 합니다. 지원하는 언어는 영어, 스페인어, 프랑스어, 포르투갈어, 이태리어, 독일어, 네덜란드어입니다(알파벳으로 이뤄진 문자만 지원). 지원하는 언어에서 볼 수 있듯이 한글 지원이 불안정하여 입력 과정에서 오류가 납니다. 따라서 한글 CC 자막 입력을 하고자 한다면 CEA-608 형식이 아닌 다른 형식을 사용해야 합니다.

iTT(iTunes Timed Text)

애플의 iTunes Store에 자막 콘텐츠를 전송하기 위한 형식입니다. CEA-608처럼 다양한 캡션 자막 스타일을 지원합니다. 또한 iTT 형식은 한글 캡션 자막도 지원합니다. iTT 캡션 자막은 개별 파일로 가져오거나 내보낼 수 있습니다.

SRT 형식

SRT 캡션 자막 파일 형식은 SubRip이라는 윈도우용 자막 입력 소프트웨어 프로그램에서 유래된 형식입니다. 무료 소프트웨어라 널리 사용되며 광범위한 호환성을 특징으로 합니다. 호환성이 좋은 장점 덕분에 페이스북, 유튜브 등 다양한 웹사이트에서 사용하는 동영상 파일에서 캡션 자막을 업로드하는 데 가장 무난하게 사용되는 형식입니다.

1. 캡션 자막의 형식을 변경해 보겠습니다. 타임라인의 왼쪽 상단에 위치한 [Index] 버튼을 클릭한 다음 [Roles] 탭을 클릭하고 [Edit Roles]를 클릭합니다.

그림 3-104 Index – Edit Roles 클릭

2. [Captions] 탭을 클릭해 보면 현재 프로젝트에서는 iTT 형식의 캡션 자막이 추가된 상태입니다. 마우스를 오른쪽으로 가져간 다음 [Expand]를 클릭하면 iTT 형식으로 추가된 자막 언어를 확인할 수 있습니다.

그림 3-105 캡션 자막의 형식 확인하기

3. Caption Roles 오른쪽에 있는 [+ Caption Role]을 클릭하면 파이널 컷 프로에서 지원하는 3가지 캡션 자막 형식이 나옵니다. 이 중에서 추가하고자 하는 형식을 선택해 캡션 자막 형식을 추가할 수 있습니다.

그림 3-106 캡션 자막 형식 추가하기

4. CEA-608 형식을 선택해 추가해 보겠습니다. 새로운 형식을 추가할 때 기본적으로 언어는 영어(English)로 설정됩니다.

그림 3-107 CEA-608 형식 추가하기

5. [Apply] 버튼을 클릭해 적용합니다.

그림 3-108 캡션 자막 형식 적용하기

6. 기존에 입력한 iTT 형식의 영어 자막을 마우스 오른쪽 버튼으로 클릭한 다음 [Assign Caption Roles] → [CEA-608] → [English]를 선택합니다.

그림 3-109 캡션 자막 배정하기

7. 그림과 같은 메시지 창이 나타납니다. 다른 형식의 캡션 자막으로 바꾸려고 하는데 이 작업이 확실한지 물어보는 내용입니다. 형식을 변경할 경우 텍스트나 스타일이 누락될 수 있기 때문입니다. [Continue]를 클릭합니다.

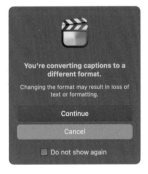

그림 3-110 캡션 자막 형식 변경 시 주의 메시지

8. iTT 형식의 캡션 자막을 CEA-608 형식으로 변경했습니다. 형식이 변경됨에 따라 영상에 표시되는 캡션 자막의 스타일도 달라집니다. 기존에 iTT – English에 있던 자막은 CEA-608 – English로 이동했습니다.

그림 3-111 CEA-608 형식 캡션 자막

실습을 통해 알아보는 CEA-608 형식 자막

1. 캡션 자막은 오른쪽 인스펙터에서 스타일을 설정할 수 있습니다. 캡션 자막의 형식에 따라 설정할 수 있는 스타일이 조금씩 차이는 있습니다. CEA-608 형식의 캡션 자막 역시 오른쪽 인스펙터를 통해 스타일을 설정할 수 있습니다.

그림 3-112 캡션 자막 인스펙터

2. Placement에 위치한 버튼들을 이용해 캡션 자막의 위치를 조정할 수 있습니다. 상단 이동, 하단 이동 버튼을 이용해 영상의 상단 혹은 하단에 바로 위치시킬 수 있고, 세부적인 위치 조정 역시 왼쪽에 배치된 4개의 버튼을 클릭해 할 수 있습니다.

그림 3-113 캡션 자막의 위치를 조정할 수 있는 Placement

3. 캡션 자막은 기본적으로 검은색 바탕에 흰색 자막으로 표시됩니다. 색상 부분에서 ①배경(Text Background Color)과 ②자막(Text Color)의 색상을 변경할 수 있습니다. 또한 ③캡션 자막 배경의 투명도(Text Background Opacity)를 투명, 반투명, 불투명 중에 하나로 설정할 수 있습니다.

그림 3-114 캡션 텍스트의 색상과 불투명도 조정하기

4. CEA-608 형식의 캡션 자막이 표시되는 방법은 Display Style에서 설정할 수 있습니다. 기본값은 Pop-On으로 설정돼 있습니다. Paint-On은 캡션 자막이 흐르듯이 나타납니다. Roll-Up은 2줄 이상의 캡션 자막을 나타낼 때 사용할 수 있습니다.

그림 3-115 캡션 자막의 표시 방법을 설정하는 Display Style

5. 캡션 자막은 복제한 다음 수정해 입력할 수 있습니다. ① option+드래그를 이용해 캡션 자막을 복제합니다. ② 복제한 캡션 자막을 더블 클릭한 후 ③ 내용을 수정해 입력합니다.

그림 3-116 캡션 자막을 복제한 다음 수정해 입력하기

6. 한글을 입력해 보겠습니다. 한글을 입력하면 그림과 같이 캡션 자막의 색상이 붉은색으로 표시되며 인스펙터에 에러 메시지가 나타납니다. CEA-608 형식의 캡션 자막은 알파벳으로 이뤄진 영어, 스페인어, 프랑스어, 포르투 갈어, 이탈리아, 독일어, 네덜란드어만 지원합니다. 따라서 해당 언어가 아닌 한국어나 일본어, 중국어 등을 CEA-608 형식으로 입력할 경우 오류가 나옵니다.

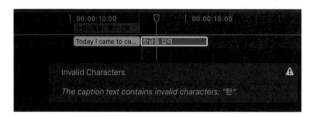

그림 3-117 CEA-608은 한글을 지원하지 않아서 오류 메시지가 표시됨

7. CEA-608 캡션 자막은 mov 영상 파일에 캡션 자막으로 포함(Embed)시키거나 기본 자막 타이틀처럼 새겨 (Burn in) 넣을 수 있습니다. 상단 메뉴에서 [File] → [Share] → [Export File]을 순서대로 클릭해 선택합니다.

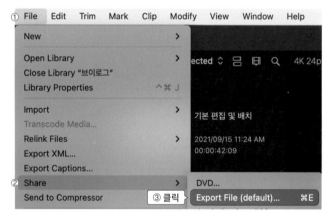

그림 3-118 익스포트 파일로 출력하기

8. 익스포트 파일의 출력 창이 나타납니다. 출력 창의 상단에 있는 [Roles] 탭을 클릭한 후 video track에서 Captions를 클릭합니다.

그림 3-119 익스포트 파일의 출력 창

9. Embed CEA-608 옵션과 Burn in captions 옵션에서 각각 캡션 자막을 선택할 수 있습니다. 그중에서 Embed CEA-608 옵션은 입력된 캡션 자막이 CEA-608 형태일 때만 활성화됩니다.

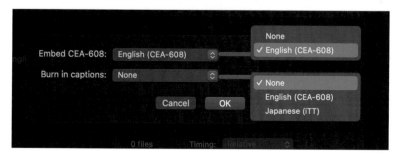

그림 3-120 Embed CEA-608 옵션과 Burn in captions 옵션

10. 둘의 차이점은 캡션 자막을 표시하는 방법이 다릅니다. Embed CEA-608 옵션은 캡션 자막을 원할 때 켜거나 끌 수 있습니다. 반면에 Burn in captions 옵션은 영상에 캡션 자막을 타이틀 자막처럼 새겨 넣는 방식이라서 따로 캡션 자막을 끌 수 없습니다.

Embed CEA-608

Burn in Captions

그림 3-121 캡션 자막의 Embed CEA-608 옵션과 Burn in Captions의 차이

11. Export each … language as a separate file 옵션에 체크하면 캡션 자막을 별도의 파일로 출력할 수 있습니다. 이렇게 별도로 출력한 캡션 자막 파일은 유튜브 영상에 추가해 업로드 할 수 있습니다.

그림 3-122 자막 파일 별도로 출력하기

출력한 캡션 자막 파일을 유튜브 영상에 추가하기

별도의 파일로 출력한 캡션 자막은 유튜브의 크리에이터 스튜디오를 이용해 동영상에 캡션 자막으로 추가할 수 있습니다.

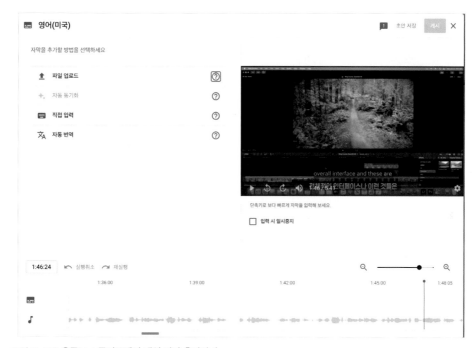

그림 3-123 유튜브 스튜디오에서 캡션 자막 추가하기

1. 유튜브(youtube.com)에 접속한 다음 오른쪽 위에 있는 프로필을 클릭하고 [YouTube 스튜디오]를 클릭합니다.

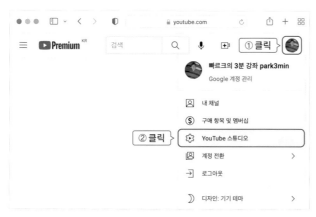

그림 3-124 YouTube 스튜디오 클릭

2. 왼쪽 사이드 메뉴에서 [자막] 메뉴를 선택합니다. 오른쪽 채널 자막 화면에 동영상들이 표시됩니다. 동영상의 제목 부분 텍스트를 클릭하면 해당 동영상의 자막을 추가하는 화면으로 이동합니다.

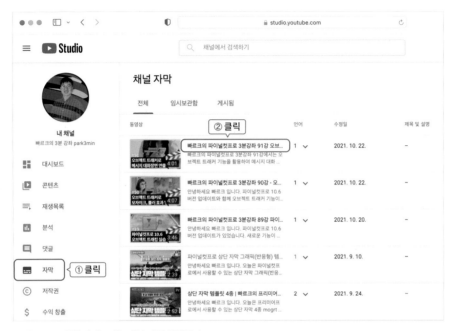

그림 3-125 왼쪽 사이드 메뉴에서 자막 선택하기

3. [언어 추가] 버튼을 클릭한 후 추가하고자 하는 언어를 선택합니다.

그림 3-126 언어 추가 버튼 클릭

4. 영어 캡션 자막의 틀이 생겼습니다. 현재는 틀만 생성된 상태라 안의 내용은 채워 넣어야 합니다. 가장 먼저 제목 및 설명 아래에 있는 [추가] 버튼을 클릭합니다.

언어	수정일	제목 및 설명	자막	
한국어 (동영상 언어)	2021. 10. 22.	게시됨 작성: 크리에이터	게시됨 작성: 크리에이터	수정
영어	–	추가 ⟨ **클릭**	추가	

그림 3-127 영어 자막의 제목 및 설명 추가 버튼 클릭하기

5. 기존에 한글로 입력한 제목 및 설명이 왼쪽에 표시됩니다. 오른쪽에는 이를 영어로 옮긴 제목 및 설명을 입력해야 합니다. 입력이 완료되면 아래쪽 [게시] 버튼을 클릭합니다.

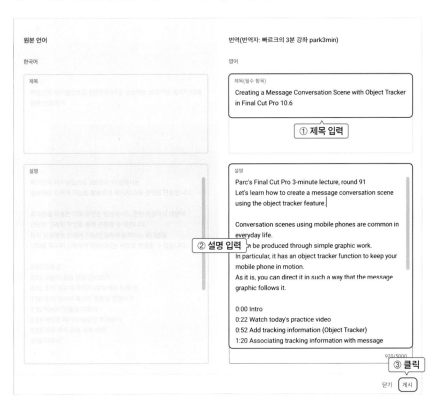

그림 3-128 제목 및 설명 입력 후 게시하기

6. 제목 및 설명에 정보가 추가됐음(게시됨)을 확인할 수 있습니다. 마지막으로 자막 아래에 있는 [추가] 버튼을 클릭해 자막 파일을 업로드하겠습니다.

그림 3-129 자막 추가하기

7. [파일 업로드]를 클릭해 출력한 자막 파일을 업로드(타이밍 포함) 하면 캡션 자막 파일이 해당 영상에 등록됩니다.

그림 3-130 캡션 자막 파일 업로드

TIP
유튜브의 자동 번역 기능을 사용하려면?

유튜브에서 캡션 자막을 활용하면 외국어 자막을 표시할 수 있습니다. 이는 언어의 장벽을 낮춰서 시청자들의 유입을 많이 늘릴 수 있습니다. 하지만 일일이 자막을 번역한 후 자막 파일을 유튜브에 업로드 하는 것보다 자동 번역기능을 사용하면 더욱더 효율적입니다. 방법은 간단한데 바로 모국어로 된 캡션 자막 파일을 업로드하는 것입니다. 예를 들어 한국어로 제작된 유튜브 영상에 한국어 캡션 자막 파일을 업로드하면 유튜브의 자동 번역 기능을 사용할 수 있습니다.

그림 3–131 유튜브 플레이어에서 제공하는 자동 번역 기능

사용자가 한국어 캡션 자막 파일을 업로드하면 외국 시청자들은 유튜브에서 제공되는 자동 번역 기능을 활용해 본인이 이해할 수 있는 언어를 선택한 다음 영상을 시청할 수 있습니다.

그림 3–132 한국어 캡션 자막 추가 시 사용할 수 있는 자동 번역 기능

04

영상의 퀄리티를 높이는
오디오 편집하기

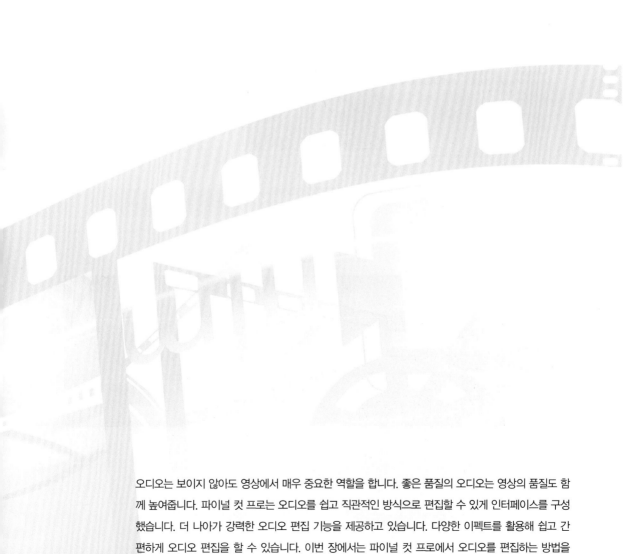

오디오는 보이지 않아도 영상에서 매우 중요한 역할을 합니다. 좋은 품질의 오디오는 영상의 품질도 함께 높여줍니다. 파이널 컷 프로는 오디오를 쉽고 직관적인 방식으로 편집할 수 있게 인터페이스를 구성했습니다. 더 나아가 강력한 오디오 편집 기능을 제공하고 있습니다. 다양한 이펙트를 활용해 쉽고 간편하게 오디오 편집을 할 수 있습니다. 이번 장에서는 파이널 컷 프로에서 오디오를 편집하는 방법을 알아보겠습니다.

15
일차

기초 오디오 편집하기

▶ https://youtu.be/N_BfwSn7AGM (11분 17초) ●

오디오 파일 가져오고 배치하기

1. 편집을 위해 오디오 파일을 라이브러리로 가져오겠습니다. 상단 메뉴에서 [File] → [Import] → [Media]를 클릭해
   임포트 기능을 실행합니다.

그림 4-1 임포트(Import) 기능 실행하기

2. 가져오고자 하는 오디오 파일을 선택한 후 [Import Selected] 버튼을 클릭합니다.

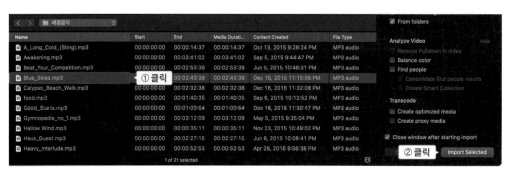

그림 4-2 오디오 파일 선택하기

3. 오디오 파일이 브라우저에 추가됐습니다.

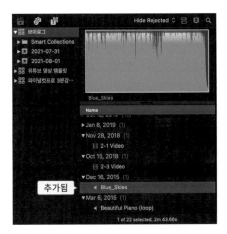

그림 4-3 브라우저에 추가된 오디오 파일

4. 플레이헤드를 타임라인의 맨 처음으로 이동시킵니다. 그리고 오디오 파일은 단축키 Q를 이용해 기존에 배치된 클립에 연결합니다.

그림 4-4 오디오 파일을 타임라인에 배치하기 (연결하기)

5. 오디오 클립이 배치됐습니다. 오디오 클립을 듣기 위해 상단 메뉴에서 [View] → [Playback] → [Play]를 실행하거나 단축키 스페이스 키를 눌러 재생해볼 수 있습니다.

그림 4-5 재생하기

오디오 파형을 좀 더 자세히 보면서 편집해요

단축키 control + option + 위쪽 방향키를 이용해 타임라인에 표시되는 파형을 더 크게 확대할 수 있습니다. 반대로 control + option + 아래쪽 방향키는 파형을 축소해 표시합니다. 또한, control + option + 1~6 사이 숫자 중 하나를 눌러 비디오와 오디오 클립이 표시되는 크기를 설정할 수 있습니다. control + option + 1을 누르면 오디오 파형만 표시됩니다.

그림 4-6 오디오 파형 확대/축소하기

파형의 선과 오디오 미터를 활용해 오디오 편집하기

1. 파형을 가로지르는 하얀색 선이 있습니다. 하얀색 선에 마우스를 가져다 대면 포인터의 모양이 그림과 같이 변합니다.

그림 4-7 오디오 파형의 선을 드래그해 볼륨 조정하기

2. 파형의 선을 최대한 위로 드래그합니다. 오디오 볼륨이 +12.0dB까지 높아지며 파형의 크기 또한 커집니다.

그림 4-8 오디오의 볼륨을 최대로 높였을 때의 모습

3. 오디오 미터(Audio Meters)를 활성화
해 보겠습니다. 상단 메뉴에서 [Window]
→ [Show in Workspace] → [Audio
Meters]를 클릭합니다.

그림 4-9 오디오 미터(Audio Meters) 표시하기

4. 재생해 보면 소리를 최대한 높인 오디오 클립의 오디오 미터에서 붉은색 피크(Peak)를 볼 수 있습니다. 이런 경
우 영상을 출력했을 때 찢어지는 소리가 날 수 있습니다.

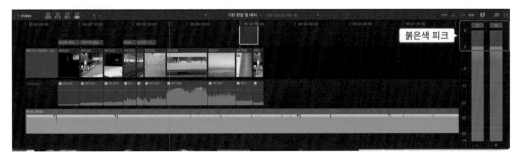

그림 4-10 오디오 미터에 표시된 붉은색 피크

5. 파형의 선을 다시 아래쪽으로 드래그해 붉은색 파형이 표시되지 않는 선에서 조정해 봅니다.

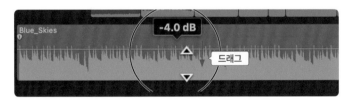

그림 4-11 파형의 선을 드래그해 볼륨 조정하기

6. 다시 재생해 보면 오디오 미터에 붉은색 부분이 표시되지 않는 것을 확인할 수 있습니다. 오디오 편집은 붉은색
부분이 나타나지 않도록 적당한 선에서 조정하면 됩니다.

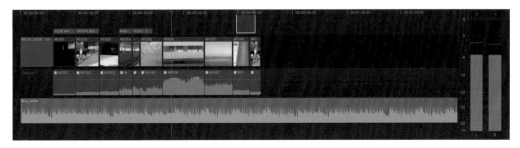

그림 4-12 적정하게 맞춰진 오디오 볼륨

오디오 페이드 인과 페이드 아웃을 간편하게 드래그로 연출하기

1. 오디오 클립의 왼쪽 가장자리로 마우
   스를 가져가 보면 그림과 같이 핸들이
   나타납니다.

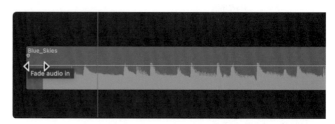

그림 4-13 오디오 클립의 왼쪽 가장자리 쪽 핸들

2. 핸들을 오른쪽으로 드래그합니다.

그림 4-14 핸들을 드래그해 오디오 페이드 인(Fade In)을 연출

3. 재생해 보면 핸들을 드래그한 만큼 오디오가 페이드 인 되어 오디오가 자연스럽게 재생되는 것을 확인할 수 있습
   니다.

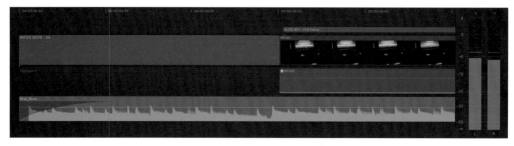

그림 4-15 오디오를 재생해 오디오 페이드 인 확인하기

4. 이번에는 오디오 클립의 오른쪽 가장자리로 마우스를 가져가 봅니다.

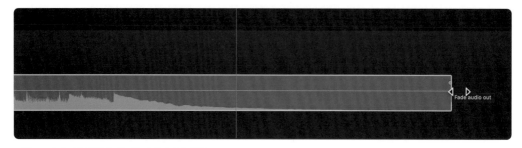

그림 4-16 오디오 클립의 오른쪽 가장자리 쪽 핸들

5. 핸들을 왼쪽으로 드래그합니다.

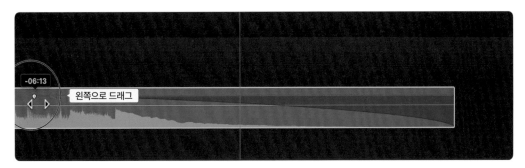

그림 4-17 핸들을 드래그해 오디오 페이드 아웃(Fade Out)을 연출

6. 재생해 보면 오디오가 페이드 아웃되어 자연스럽게 끝나는 것을 확인할 수 있습니다.

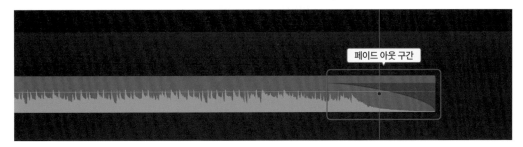

그림 4-18 오디오를 재생해 오디오 페이드 아웃 확인하기

7. 오디오 클립의 길이가 길다면 Trim End 기능을 활용해 간편하게 정리할 수 있습니다. 오디오 클립을 자르고자 하는 곳에 플레이헤드를 위치시킵니다. 상단 메뉴에서 [Trim] → [Trim End]를 선택하면 오디오 클립의 뒷부분이 삭제됩니다.

그림 4-19 Trim End 기능을 이용해 오디오 클립 정리하기

인스펙터를 이용해 세부적으로 오디오 클립 편집하기

1. 오디오 클립 역시 화면의 오른쪽 영역에 위치한 오디오 인스펙터를 이용해 세부적으로 조정할 수 있습니다.

그림 4-20 오디오 인스펙터

2. 슬라이더를 드래그해 볼륨을 조정합니다. 0dB을 기준으로 좌우로 드래그해 오디오 클립의 볼륨[1]을 조정합니다.

그림 4-21 슬라이더로 드래그해 볼륨 조정하기

3. 오디오 볼륨의 숫자를 클릭한 다음 원하는 수치를 입력해 조정할 수도 있습니다.

그림 4-22 숫자 값을 입력해 볼륨 조정하기

4. 또한 여러 개의 오디오 클립을 선택한 다음 볼륨을 일괄적으로 조정할 수도 있습니다.

그림 4-23 다중 클립 선택 후 오디오 볼륨 일괄 조정하기

---

1 볼륨의 단위는 dB(데시벨)이며 기본값은 0.0dB입니다. 슬라이더를 드래그하거나 숫자 값을 입력해 볼륨을 설정할 수 있습니다. 입력 및 조절 가능한 값의 범위는 최저 ∞에서 최대 +12dB까지입니다.

5. Audio Enhancements의 오른쪽 부분에 마우스를 가져간 다음 [Show] 버튼을 클릭하면 세부적인 옵션이 표시됩니다.

그림 4-24 Audio Enhancements의 옵션 보이기(Show)

6. Equalization에는 이퀄라이저 기능이 제공됩니다. 목록에서 적용하고자 하는 이퀄라이저를 선택해 간편하게 오디오 클립의 이퀄라이저를 설정할 수 있습니다.

그림 4-25 이퀄라이저 목록

종류	설명
Flat	저음부터 고음까지 모두 같음
Voice Enhance	음성과 관련된 주파수 영역의 소리를 강조합니다.
Music Enhance	음악과 관련된 주파수 영역의 소리를 강조합니다.
Loudness	고음과 저음을 강조합니다.
Hum Reduction	교류 전압으로 발생한 잡음을 제거합니다.
Bass Boost	저음역을 강조합니다.
Bass Reduce	저음역을 감소시킵니다.
Treble Boost	고음역을 강조합니다.
Treble Reduce	고음역을 감소시킵니다.
Match	다른 클립에 적용된 EQ를 동일하게 맞춰 적용할 때 사용합니다.

7. 세부적인 이퀄라이저 조정을 위해 [그래픽 이퀄라이저 UI] 버튼을 클릭합니다.

그림 4-26 그래픽 이퀄라이저 UI 버튼

8. 주파수에 따라 음량을 세부적으로 조정할 수 있습니다. 목록에서 사전에 설정된 이퀄라이저를 선택한 후 슬라이더를 드래그해 수정하면 목록에 (edited)가 표시됩니다.

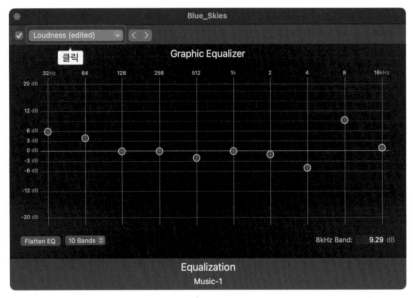

그림 4-27 그래픽 이퀄라이저에서 조정하기

9. 기본값은 10개의 주파수가 표시되지만, 왼쪽 아래에 있는 목록에서 [31band]를 선택하면 31개의 주파수가 표시되며 이를 조정할 수 있습니다.

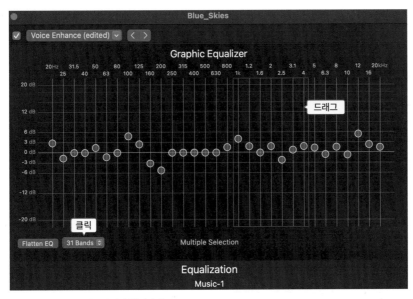

그림 4-28 그래픽 이퀄라이저 확장하기 – 31Band

10. [Flatten EQ] 버튼을 클릭하면 모든 주파수의 음량이 0dB로 돌아갑니다.

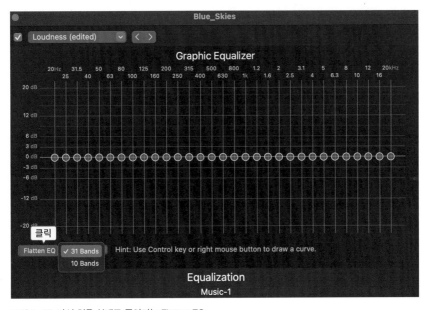

그림 4-29 다시 처음 상태로 돌아가는 Flatten EQ

11. 오디오 분석을 위한 Audio Analysis에서 마우스를 오른쪽으로 가져간 다음 [Show] 버튼을 클릭하면 세부적인 옵션이 표시됩니다.

① Loudness: 라우드니스(Loudness)는 일반적인 음향 믹싱에서 자주 쓰이는 용어입니다. 보통 적은 음량으로 오디오를 듣게 되면 저음 영역과 고음 영역이 잘 들리지 않는 문제가 생깁니다. 그래서 이런 문제를 해결하고자 저음과 고음 영역대를 높인 음향 설정이 라우드니스 EQ 설정입니다. EQ 프리셋에서 라우드니스를 지원하는 것과 별개로 이 부분에서는 라우드니스의 Amount(양)와 Uniformity(균일성)를 설정할 수 있습니다. Amount는 클립의 전체 음량(압축)을 높이거나 낮추고, Uniformity(균일성)는 영향을 받는 범위를 늘이거나 줄입니다.

② Noise Removal: 클립의 배경 오디오에 녹음된 소음(Noise)을 제거하는 기능입니다. Amount 값을 조절해 제거 비율을 변경할 수 있습니다.

③ Hum Removal: 험(Hum) 잡음은 교류 전원(220V 콘센트 등)을 이용하는 시스템에서 교류 전원의 주파수(60Hz, 50Hz) 또는 배음(overtone)이 출력돼 들리는 잡음입니다. 주로 오디오 장비와 조명 장비를 같은 전원에서 사용할 때 발생합니다. 험 잡음의 주파수 소리(50~60Hz)를 제거합니다.

그림 4-30 오디오 분석 기능을 제공하는 Audio Analysis

12. Audio Analysis에는 자동으로 오디오 분석을 해주는 버튼이 있습니다. 오디오를 분석한 후 자동으로 Loudness, Noise Removal, Hum Removal 설정을 합니다.

그림 4-31 자동으로 오디오 분석하기

13. 오디오를 입체적으로 표현할 수 있는 Pan에서 마우스를 오른쪽으로 가져간 다음 [Show] 버튼을 클릭하면 세부적인 옵션을 선택할 수 있는 Mode가 나타납니다.

그림 4-32 Pan 옵션 나타내기

14. Mode를 클릭해 보면 스테레오와 서라운드를 구현할 수 있는 사전 설정된 프리셋이 표시됩니다.

그림 4-33 Pan의 모드(Mode) 목록

16
일차
내레이션, 음악, 효과음 넣기

▶ https://youtu.be/orXlpU4xfZ8 (13분 22초) ◐

앞서 기본적인 오디오 편집 방법을 살펴봤습니다. 이번에는 영상 편집에 사용되는 오디오 클립 중에서 내레이션과 효과음 그리고 음악들을 분류하고 관리하는 방법을 살펴보겠습니다.

파이널 컷 프로에는 약 1,300개의 무료 효과음이 기본적으로 내장돼 있습니다[2]. 효과음은 브라우저 패널의 Photos/Audio 사이드바에서 확인할 수 있습니다.

1. Photos/Audio 사이드바 아이콘을 클릭한 다음 [Sound Effects] 카테고리를 클릭합니다. 파이널 컷 프로에서 사용할 수 있는 효과음들이 나타납니다.

그림 4-34 사운드 효과음

---

2 파이널 컷 프로 체험판은 효과음을 제공하지 않습니다.

2. 오른쪽 위에 있는 목록을 클릭하면 효과음 카테고리가 모두 표시됩니다.

그림 4-35 사운드 효과음 목록

3. 카테고리 중 [iLife Sound Effects]를 선택합니다.

그림 4-36 목록에서 특정 카테고리 선택하기

4. 사운드 파일 중 'Computer Data 01'을 클릭해 보겠습니다. 파일 왼쪽에 미리 듣기 버튼이 표시되며 버튼을 클릭하면 소리가 재생됩니다.

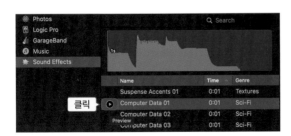

그림 4-37 사운드 미리 듣기 기능

5. 효과음은 드래그 앤드 드롭해 타임라인에 배치할 수 있습니다.

그림 4-38 사운드 파일을 타임라인에 배치하기

6. 하나의 효과음을 여러 번 반복해서 사용할 수도 있습니다. option + 드래그로 효과음을 복제해 다른 영상 클립에
배치합니다.

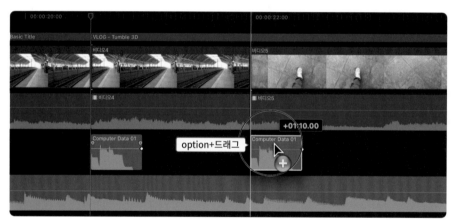

그림 4-39 사운드 클립을 복제하기

7. 효과음 역시 오디오 파일이기 때문에 마우스 드래그로 볼륨을 조정할 수 있습니다.

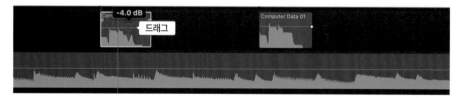

그림 4-40 사운드 클립의 볼륨 조정하기

8. 가장자리 쪽 핸들을 이용하면 페이드 인과 페이드 아웃을 손쉽게 연출할 수 있습니다.

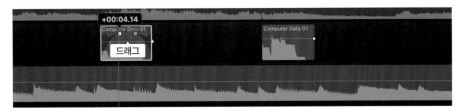

그림 4-41 사운드 클립의 페이드 인과 페이드 아웃

TIP **파이널 컷 프로의 추가 콘텐츠 내려받기 기능**

보통 정식 버전의 파이널 컷 프로를 설치하면 효과음도 함께 설치되어 어렵지 않게 효과음을 사용할 수 있습니다. 간혹 효과음이 설치되지 않았다고 질문하는 분도 있는데 상단 메뉴에서 [Final Cut Pro] → [Download Additional Content]를 클릭해 추가 콘텐츠를 내려받을 수 있습니다. 또한 사운드 효과뿐만 아니라 프로 비디오 포맷(Pro Video Format)도 소프트웨어 업데이트 기능을 통해 내려받을 수 있으니 체크해 보기 바랍니다.

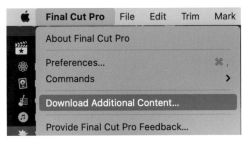

그림 4-42 파이널 컷 프로 추가 콘텐츠 내려받기 기능

음악 앱을 이용해 효과음 추가하기

파인더(Finder)에서 음악 파일을 더블 클릭하면 맥에 기본적으로 설치된 음악 앱을 이용해 파일을 재생하게 됩니다. 이렇게 음악 앱으로 재생된 음원 파일은 자동으로 보관함에 추가됩니다. 이 보관함은 파이널 컷 프로와 함께 공유하며 사용할 수 있습니다. 즉, 음원 파일이 보관함에 들어가면 파이널 컷 프로에서도 바로 가져와 사용할 수 있습니다.

1. 파인더(Finder)에서 음원 파일을 더블 클릭합니다.

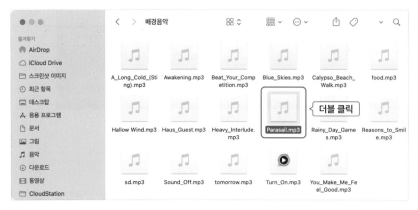

그림 4-43 파인더에서 음원 파일 더블 클릭하기

2. 음악 앱이 실행되면서 음원 파일이 재생됩니다.

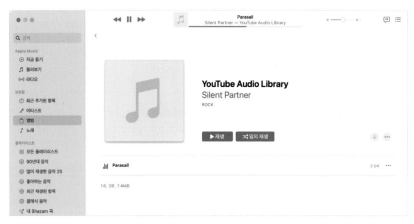

그림 4-44 음악 앱으로 음원 파일 재생하기

3. 음원 파일을 마우스 오른쪽 버튼으로 클릭한 다음 [보관함에 추가]를 누르면 음원 파일이 보관함에 추가됩니다.

그림 4-45 보관함에 음원 파일 추가하기

4. 이렇게 보관함에 추가된 음원은 파이널 컷 프로에서 확인할 수 있습니다. 왼쪽 사이드바에서 [Music]을 클릭합니다.

그림 4-46 파이널 컷 프로의 음악 보관함

5. 방금 음악 앱으로 재생했던 음원이 파이널 컷 프로의 브라우저에 나타납니다.

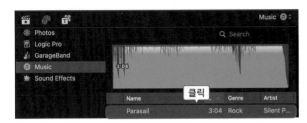

그림 4-47 음악 앱의 보관함을 공유하는 파이널 컷 프로

6. 음원 파일을 드래그 앤드 드롭해 음원 파일을 타임라인에 배치합니다.

그림 4-48 음원 파일을 드래그 앤드 드롭해 타임라인에 배치하기

효과음 검색한 후 배치하기

1. 왼쪽 사이드바에서 [Audio&Photo] 탭을 클릭한 후 효과음 카테고리인 [Sound Effects]를 클릭합니다.

그림 4-49 효과음 카테고리 클릭하기

2. 범위를 상위 폴더로 지정합니다. 오른쪽 위에 있는 목록을 클릭한 다음 가장 상위에 있는 [Effects] 폴더를 선택합니다.

그림 4-50 범위 선택하기

3. 'Search'라고 되어 있는 검색 창 부분을 클릭한 다음 'train'을 입력해 검색합니다. 기차와 관련된 효과음들이 모두 표시됩니다.

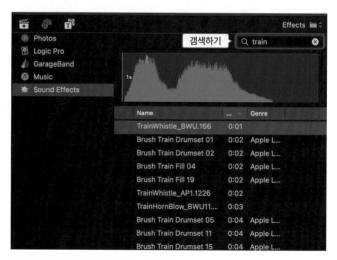

그림 4-51 기차와 관련된 효과음 검색하기

4. 브라우저에서 미리 듣기를 통해 효과음의 소리를 바로 들어볼 수 있습니다.

그림 4-52 효과음 소리 미리 듣기

5. 효과음을 드래그 앤드 드롭해 바로 타임라인으로 추가할 수 있습니다. 효과음을 이용하면 더욱더 실감 나는 영상
을 만들 수 있습니다.

그림 4-53 효과음 추가하기

6. 재생했을 때 오디오 미터에 붉은색 피크가 나타난다면 소리를 조금 낮춰줍니다. 보통 배경 음악 소리와 효과음 소리의 볼륨을 조정하면 해결할 수 있습니다.

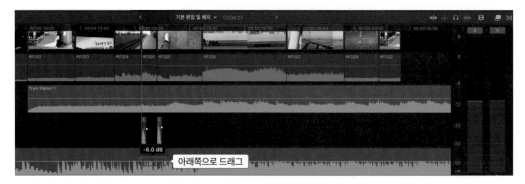

그림 4-54 볼륨 조정하기

내레이션 추가하기

파이널 컷 프로에서 바로 내레이션을 추가할 수 있습니다. 마이크 선택, 카운트다운, 테이크 버전 기록 등 내레이션 녹음에 필요한 기능을 제공합니다. 내레이션을 녹음하다 보면 다시 녹음하는 경우도 있는데 오디션 기능을 이용해 마음에 드는 버전을 선택해 추가할 수 있습니다.

1. 내레이션을 녹음하는 기능은 Record Voiceover입니다. 상단 메뉴에서 [Window] → [Record Voiceover]를 선택합니다.

그림 4-55 상단 메뉴에서 Record Voiceover 선택하기

2. Record Voiceover 창이 나타납니다.

그림 4-56 Record Voiceover 창

① 녹음을 시작하고 정지하는 버튼입니다.

② Input Gain: 녹음 시 입력되는 소리의 크기를 조정할 수 있습니다.

③ Name: 녹음 파일의 이름을 설정합니다.

④ Input: 녹음에 사용할 디바이스(마이크)를 선택합니다.

⑤ Monitor: 녹음 시 목소리를 모니터 할 수 있는 옵션입니다.

⑥ Countdown to record: 녹음을 하기 전 카운트다운을 합니다.

⑦ Mute project while recording: 녹음이 진행되는 동안 프로젝트의 소리를 음소거합니다.

⑧ Create Audition from takes: 녹음을 할 때마다 오디션 기능을 활용해 버전을 만듭니다.

⑨ Event: 녹음 파일을 어느 이벤트에 넣을지 설정합니다.

⑩ Role: 녹음 파일의 역할(Role)을 설정합니다.

3. 녹음을 시작하겠습니다. 현재 Countdown to record 옵션이 체크된 상태이기 때문에 녹음 시작 버튼을 누르면 카운트다운 후에 녹음에 들어갑니다.

그림 4-57 녹음 시작 버튼과 카운트다운

4. 내레이션 녹음을 종료하려면 정지 버튼을 누릅니다. 그러면 하나의 내레이션 음원 파일이 생성됩니다. 녹음을 다시 하고자 한다면 녹음 시작 버튼을 누르면 되고, 다시 새로운 파일로 생성됩니다. 그리고 가장 마지막에 녹음한 버전이 타임라인에 삽입됩니다.

그림 4-58 타임라인에 삽입된 내레이션 음원 파일 (가장 마지막에 녹음한 버전)

5. 오디션(Audition) 기능을 이용해 녹음한 버전 중에서 가장 마음에 드는 버전을 선택해 삽입할 수 있습니다. 내레이션 음원 파일을 마우스 오른쪽 버튼으로 클릭한 다음 [Audition] → [Open Audition]을 클릭합니다.

그림 4-59 오디션 기능 실행하기

6. 오디션 창이 나타납니다. 생성된 버전에 따라 음원 파일을 들어볼 수 있습니다. 마음에 드는 버전을 선택한 후 [Done] 버튼을 클릭하면 신택한 버전이 타임라인에 삽입됩니다.

그림 4-60 오디션 창에서 마음에 드는 버전을 선택

7. 오디션 기능은 클립 왼쪽 상단에 오디션 아이콘이 있는 클립만 사용할 수 있습니다. 오디션 기능을 마무리하려면 다시 오디오 클립을 마우스 오른쪽 버튼으로 클릭한 다음 [Audition] → [Finalize Audition]을 클릭합니다. 오디션 아이콘이 사라지며 오디션 기능이 종료됩니다.

그림 4-61 오디션 기능 종료하기

내레이션이 들어간 부분만 배경음악 소리 줄이기

1. 내레이션과 배경음악이 함께 들어가면 보통 배경음악의 볼륨 크기 때문에 내레이션 소리가 잘 들리지 않습니다. 이럴 때 내레이션이 들어간 부분만 배경음악의 볼륨을 낮추면 이 문제를 해결할 수 있습니다. 그중에서 범위 선택 (Range Selection) 도구를 활용하면 좀 더 간편하게 작업할 수 있습니다. 단축키 R을 누르거나 범위 선택(Range Selection) 도구를 선택합니다.

그림 4-62 범위 선택(Range Selection) 도구

2. 배경음악 부분을 드래그합니다. 배경음악은 내레이션 음원이 들어간 만큼만 드래그해 선택합니다. 일부만 선택하면 그림과 같은 형태로 노란색의 선택 범위가 표시됩니다.

그림 4-63 범위 선택하기

3. 클립의 하얀색 볼륨 선을 아래로 드래그합니다. 배경음악의 소리를 –17.0dB까지 줄였습니다. 선을 드래그하면 자연스럽게 선택된 범위 안에서 소리가 줄어들고, 가장자리 쪽에는 소리가 다시 자연스럽게 페이드 되는 것을 볼 수 있습니다.

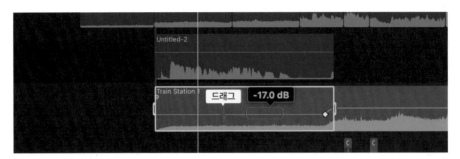

그림 4-64 볼륨 선을 드래그해 소리 줄이기

4. 다시 선택(Select) 도구를 선택합니다.

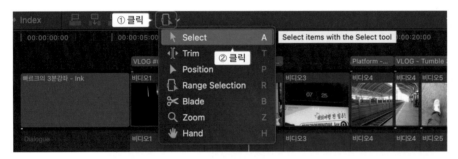

그림 4-65 선택 도구 선택하기

5. 영상을 재생해 보면 선택한 범위의 배경음악 소리가 줄어들어 내레이션 음원 소리가 더 잘 들리는 것을 확인할 수 있습니다.

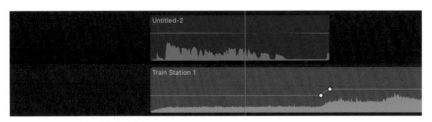

그림 4-66 내레이션 구간에서 줄어든 배경음악 소리

Roles 활용하기

파이널 컷 프로는 미디어 클립을 효율적으로 정리하고 사용자가 쉽게 알아볼 수 있게 역할(Roles) 개념을 도입했습니다. 역할은 일종의 메타데이터입니다. 편집자가 파이널 컷 프로에 클립을 추가하면 파이널 컷 프로는 이 클립이 어떤 종류인지 분석하며, 기본적으로 다섯 가지 종류로 분류합니다.

1. 비디오(Video)

2. 자막(Title)

3. 대화(Dialogue)

4. 효과(Effects)

5. 음악(Music)

타임라인에 표시되는 클립은 종류에 따라 배경색이 다릅니다. 일반적인 영상 파일은 파란색 배경의 클립으로 배치됩니다. 자막 타이틀을 추가하면 보라색 배경의 클립으로 배치됩니다. 파이널 컷 프로의 역할 기능이 자동으로 클립의 종류를 파악했기 때문입니다. 배경색이 다르므로 타임라인에 배치된 클립의 종류를 한눈에 파악할 수 있습니다.

1. 타임라인의 왼쪽 상단에 있는 [Index] 패널을 클릭한 다음 [Roles] 탭을 클릭합니다.

그림 4-67 Index 패널 내 Roles 탭

2. 이 중에서 대화(Dialogue), 효과(Effects), 음악(Music)은 오디오에 속합니다. 파이널 컷 프로에서 자체적으로 오디오 클립의 종류를 인식하지만, 사용자가 임의로 역할을 지정할 수도 있습니다. 다음 그림과 같이 오디오 클립을 마우스 오른쪽 버튼으로 클릭한 다음 [Assign Audio Roles]에서 각 역할을 지정할 수 있습니다.

그림 4-68 오디오의 역할 할당하기

3. 역할을 수정하기 위해 [Edit Roles]를 클릭합니다.

그림 4-69 역할 수정을 위한 Edit Roles

4. [+ Subrole]을 선택해 세부적인 역할을 추가할 수 있습니다. Dialogue 오른쪽에 있는 [+ Subrole]을 클릭해 '내레이션'이라는 이름의 새로운 역할을 추가했습니다. 역할을 추가했으면 오른쪽 아래에 있는 [Apply] 버튼을 클릭합니다.

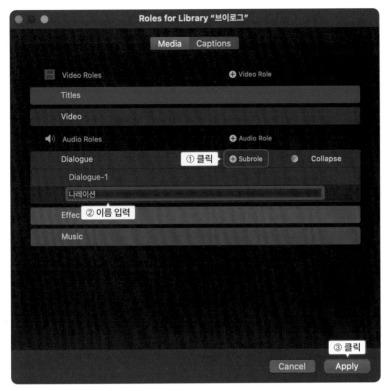

그림 4-70 세부 역할 추가하기

5. 다시 오디오 클립을 마우스 오른쪽 버튼으로 클릭한 다음 [Assign Audio Roles]에 들어가 보면 조금 전 추가한 '나레이션'이 있습니다. 역할을 내레이션으로 할당합니다.

그림 4-71 새로운 역할 할당하기

타임라인의 왼쪽 상단에 있는 [Index] 패널을 누르면 인덱스 패널이 나
타납니다. 타임라인 인덱스는 타임라인 프로젝트에서 사용된 클립 및
태그를 글자로 보여주고 탐색하는 곳입니다.

타임라인 인덱스에서 클립을 선택하면 해당하는 클립이 위치한 곳으로
타임라인의 플레이헤드가 이동합니다. 또한 특정 역할(Roles)을 숨기
거나 따로 강조하여 표시할 수 있습니다. 오디오와 관련된 역할 오른쪽
에는 별도의 버튼이 있는데 버튼마다 다음과 같은 기능이 있습니다.

①	▭	타임라인에서 선택한 오디오 레인만 보여주거나 숨깁니다.
②	┅┅	타임라인에서 서브 롤(Sub Role)을 보여주거나 숨깁니다.
③	○	타임라인에서 해당 롤(Role) 부분을 강조합니다.
④	Edit Roles	역할을 수정합니다. 서브 롤도 함께 수정할 수 있습니다.
⑤ Show Audio Lanes		타임라인에서 오디오 레인을 모두 보여줍니다.

그림 4-72 인덱스 패널

타임라인에서 같은 종류의 오디오 클립만 따로 볼 수 있습니다. 같은 트랙에 나란히 정렬된 상태로 표시되므로 파
이널 컷 프로에서는 오디오 레인(Audio Lane)이란 용어를 사용합니다. 각 오디오 레인은 색상을 달리해서 타임라
인에서 시각적으로 손쉽게 구분할 수 있습니다. 오디오 레인 왼쪽에는 각 역할의 이름이 있어서 어떤 역할인지 쉽
게 파악할 수 있습니다.

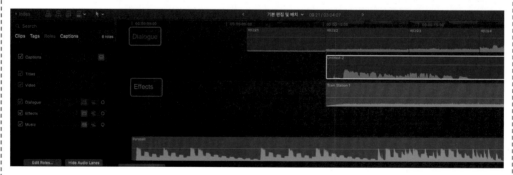

그림 4-73 오디오 레인(Audio Lane)

이를 통해 오디오 클립을 시각적으로 구성하고, 더욱더 쉽고 효율적으로 편집할 수 있습니다.

파이널 컷 프로는 광범위한 오디오 이펙트를 제공합니다. 또한 음악 제작 전문 앱인 로직 프로 X(Logic Pro X)이 설치돼 있다면 로직 프로 X에서 사용하는 이펙트를 파이널 컷 프로에서 사용할 수 있습니다. 기본적인 노이즈 감소, 피치(Pitch) 보정, EQ, 다이내믹 프로세서 및 리버브 등의 이펙트를 제공하며, 고급 기능으로 지연, 변조, 왜곡, 저음 강화 및 시간 변경 프로세서 유틸리티가 있습니다. 이런 효과들을 여러 개 결합해 콘서트홀 같은 특정 사운드 환경을 만들 수도 있습니다.

오디오 이펙트 창 활성화하기

1. 오디오 필터는 타임라인 오른쪽에 있는 이펙트 브라우저 버튼을 클릭하거나 단축키 command + 5를 누르면 활성화됩니다.

그림 4-74 오디오 이펙트 창

2. 오디오 이펙트는 카테고리별로 분류돼 있습니다. 그중에서 [All]을 선택하면 모든 오디오 이펙트를 한눈에 살펴볼 수 있습니다.

그림 4-75 오디오 이펙트의 카테고리를 All로 선택

TIP 카테고리별 주요 오디오 이펙트

파이널 컷 프로에는 8개의 카테고리에 총 109개의 오디오 이펙트가 기본으로 내장돼 있습니다. 카테고리별로 주요 이펙트를 살펴보겠습니다.

Distortion(왜곡)

오디오를 왜곡시키는 이펙트가 준비돼 있습니다. 자동차 라디오, 전화기, TV에서 나오는 듯한 오디오를 연출할 수 있습니다.

- **주요 이펙트**: Car Radio, Shortwave Radio, Telephone, Television, Walkie Talkie 등

Echo(에코)

에코 효과를 연출하는 이펙트가 준비돼 있습니다. 에코는 소리가 청자에게 닿은 이후에 시차를 두고 반사되어 들리는 소리를 말합니다. 보통 노래방에서 마이크로 노래를 부를 때 들리는 소리가 에코의 예입니다.

- **주요 이펙트**: Echo Delay, Delay Designer 등

EQ(이퀄라이저)

주파수의 특성을 보정할 수 있는 EQ 이펙트가 준비돼 있습니다. 저음 부분이나 고음 부분 등 특정 영역을 강조하거나 줄일 수 있습니다. 또한 목소리나 피아노, 드럼과 같은 특정 악기의 주파수를 보정해 관련 부분을 더 강조할 수 있습니다.

- **주요 이펙트**: Channel EQ 등

Levels(출력)

오디오의 출력 범위는 −∞dB에서 12dB까지입니다. 오디오의 출력이 낮으면 소리가 잘 안 들리고, 반대로 오디오의 출력이 너무 높으면 찢어지는 소리가 나는 등 왜곡 현상이 일어납니다. 따라서 적당한 출력 범위로 오디오를 보정하는 작업이 필요합니다. Levels 카테고리에는 오디오 출력과 관련한 이펙트들이 준비돼 있습니다. 그중에서 오디오를 좀 더 부드럽고, 왜곡되지 않게 소리를 보정하는 효과가 있는 Limiter 이펙트를 추천합니다.

- **주요 이펙트**: Limiter 등

Modulation(변조)

변조 효과는 진폭을 조절해 소리의 움직임과 깊이를 추가하는 데 사용됩니다. 대표적인 코러스(Chorus) 이펙트는 원래의 오디오 신호를 지연시키면서 소리를 더욱 풍부하게 합니다. 또한 트레몰로(Tremolo) 이펙트는 오디오의 진폭을 변조해 일부 악기를 연주할 때 사용하는 비브라토 소리를 연출할 수 있습니다.

- **주요 이펙트**: Chorus, Ensemble, Tremolo 등

Spaces(공간)

소리의 공간감을 주는 이펙트입니다. 대성당, 다양한 사이즈의 방, 우주 공간에서 들려오는 소리 등을 연출할 수 있습니다. Space Designer 이펙트는 다양한 공간 프리셋이 준비돼 있어서 좀 더 쉽게 소리에 공간감을 줄 수 있습니다.

- **주요 이펙트**: Space Designer, Cathedral, Small Room 등

Specialized(특수 효과)

오디오 제작 중 자주 발생하는 작업을 처리하도록 설계된 특수 효과 이펙트가 모여 있습니다. 대표적인 이펙트로 Denoiser 이펙트는 잡음을 제거하거나 줄이는 기능이 있습니다. Exciter 이펙트는 인공 고주파 성분을 만들어 녹음 내용에 생명을 불어넣을 수 있습니다.

- **주요 이펙트**: Denoiser, Exciter 등

Voice(음성)

음성과 관련해서 적용할 수 있는 이펙트가 준비돼 있습니다. Brightness 이펙트는 음성을 밝게 만들며, Pitch 이펙트는 음성의 높낮이를 조절할 수 있습니다. 음성 변조의 기능으로 헬륨(Helium), 에일리언(Alien), 괴물(Monster), 로봇(Robot) 등이 있습니다.

- **주요 이펙트**: Brightness, Pitch Correction, Helium 등

전화를 하는 듯한 상황을 연출하는 Telephone 이펙트

1. [Distortion] 카테고리를 선택하면 'Telephone' 이펙트가 있습니다.

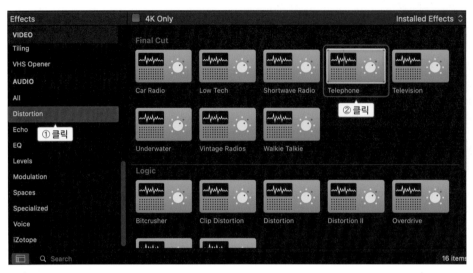

그림 4-76 Telephone 이펙트

2. 이펙트를 클립으로 드래그 앤드 드롭하면 이펙트가 적용됩니다.

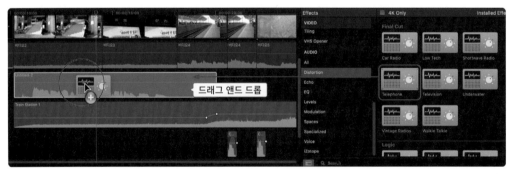

그림 4-77 드래그 앤드 드롭으로 이펙트 적용

3. 이펙트를 적용한 후 인스펙터에서 해당 오디오 이펙트 설정을 변경할 수 있습니다. 마우스를 아래쪽으로 스크롤하면 오디오 클립에 적용된 Telephone 이펙트가 다음과 같이 나타납니다.

그림 4-78 인스펙터의 Telephone 이펙트

4. Preset의 목록을 클릭하면 여러 프리셋이 표시됩니다. 기본값은 Smooth Analog(부드러운 아날로그)인데 다양한 스타일로 프리셋을 변경해 연출할 수 있습니다.

그림 4-79 다양한 프리셋 목록

5. Amount의 슬라이더를 드래그해 이펙트의 세기를 조정할 수 있습니다. 기본값 '50'을 기준으로 숫자가 작아지면 이펙트도 약하게 적용되며 반대로 숫자가 커지면 이펙트가 강하게 적용됩니다.

그림 4-80 이펙트의 세기를 조정하는 Amount

6. 체크 박스의 체크를 해제하면 이펙트가 적용되지 않습니다. 혹은 인스펙터에서 이펙트를 선택한 후 delete 키를 눌러 삭제하는 방법도 있습니다.

그림 4-81 체크 박스의 체크를 해제해 오디오 이펙트의 적용 해제하기

헬륨 가스를 마신 느낌의 Helium 이펙트

파이널 컷 프로에서 제공하는 오디오 이펙트 중에는 목소리를 재미있게 만들어 주는 오디오 이펙트들이 있습니다. [Voice] 카테고리에는 목소리를 변조해주는 이펙트가 모여 있는데 그중에서 'Helium' 이펙트는 헬륨 가스를 마신 느낌으로 목소리를 재미있게 연출하는 이펙트입니다.

1. 헬륨 가스를 마신 느낌으로 연출해주는 'Helium' 이펙트는 [Voice] 카테고리에서 찾을 수 있습니다.

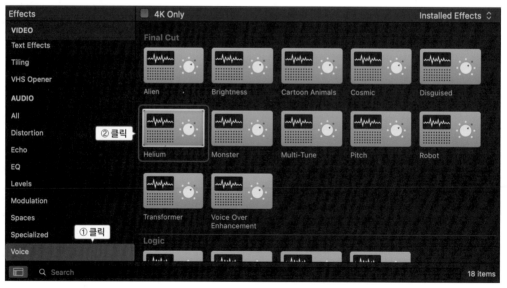

그림 4-82 Helium 이펙트

2. 이펙트를 드래그 앤드 드롭해 오디오 클립에 적용합니다.

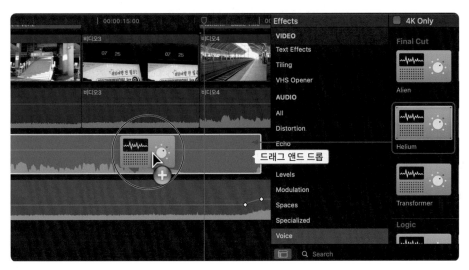

그림 4-83 드래그 앤드 드롭해 오디오 이펙트 적용하기

3. 소리를 재생해 보면 헬륨 가스를 마신 느낌으로 소리를 연출해 줍니다.

그림 4-84 소리 재생하기

4. 인스펙터에서 Pitch Shifter 오른쪽에 있는 버튼을 클릭해 톤을 조정할 수 있습니다.

그림 4-85 Pitch Shifter 버튼

5. Semi Tones의 숫자 값 부분을 아래쪽으로 드래그해 '-4'로 톤을 낮춘 다음 재생해 보겠습니다.

그림 4-86 Semi Tones 값 조정하기 (톤 낮추기)

6. Semi Tones의 숫자 값을 높이면 톤이 올라갑니다. 이렇게 톤을 높이면 소리가 더욱 재미있게 연출됩니다.

그림 4-87 Semi Tones 값 조정하기 (톤 높이기)

소리의 세기를 균일하게 맞춰주는 Limiter 이펙트

영상의 소리를 균일하게 맞춰주는 Limiter 이펙트는 편집이 끝난 후 오디오 작업을 할 때 필수로 적용해야 하는 이펙트입니다. 이 이펙트는 오디오의 소리를 분석한 후 일정 범위를 벗어나는 오디오 신호(붉은색 피크가 표시됩니다)를 적정 범위 내로 맞춰줍니다. 또한 크기가 작은 소리는 키워주는 효과가 있어 전체적으로 오디오 볼륨을 균일하게 맞춰줍니다.

1. [Levels] 카테고리를 선택한 다음 'Limiter' 이펙트를 선택합니다.

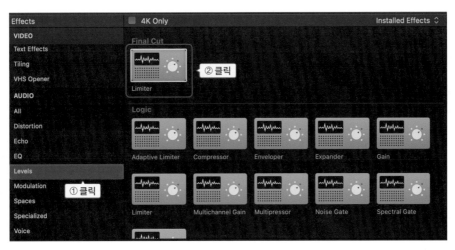

그림 4-88 Limiter 이펙트

2. 이펙트를 드래그 앤드 드롭해 오디오 클립에 적용합니다.

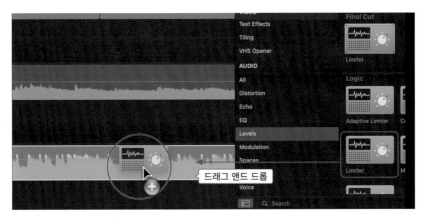

그림 4-89 오디오 이펙트 적용하기

3. 이펙트를 적용한 오디오 클립을 클릭해 선택합니다. 그리고 인스펙터에서 Limiter 이펙트의 Limiter 오른쪽에 있
는 에디터 버튼을 클릭합니다.

그림 4-90 Limiter 이펙트 에디터 버튼

4. Limiter 이펙트 에디터 창이 나타납니다.

그림 4-91 Limiter 이펙트 에디터 창

5. Mode를 Legacy로 변경합니다.

그림 4-92 Mode 변경하기

6. Gain은 소리가 입력되는 세기를 조정합니다. Gain의 소리 부분을 위쪽으로 드래그하면 소리가 커지며 아래쪽으로 드래그하면 소리가 작아집니다. '+3.5dB'로 게인 값을 설정했습니다. 그래서 오디오 클립의 소리 크기가 평소보다 +3.5dB 커졌습니다.

그림 4-93 Gain 높이기

7. Release는 소리가 최대 피크에 닿았을 때 다시 정상 범위로 돌아오는 속도를 뜻합니다. 단위는 ms(밀리초, milesecond)를 사용합니다. 숫자 부분을 오른쪽으로 드래그해 '700.0ms'로 맞춰줍니다. (숫자 값을 더블 클릭해 숫자를 입력할 수도 있습니다.)

그림 4-94 Release 시간 조정하기

8. Output Level은 '-4.5dB'로 숫자 부분을 왼쪽으로 드래그해 맞춰줍니다.

그림 4-95 Output Level 조정하기

9. 소리를 재생해 봅니다. Input에서 0dB을 넘어가는 소리는 Reduction에 나타납니다. 그 결과 Output에서는 0dB을 넘어가지 않는 안정적인 범위 내에서 소리가 재생됩니다.

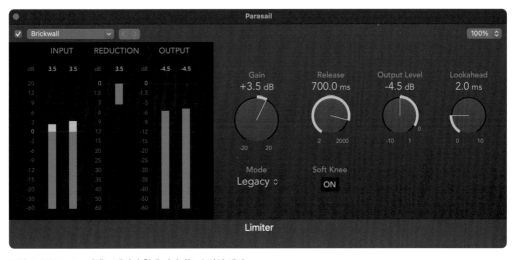

그림 4-96 Limiter 이펙트 에디터 창에 나타나는 소리의 세기

입체 공간 음향을 디자인해주는 Space Designer 이펙트

1. [Spaces] 카테고리에는 다양한 공간 음향을 연출해주는 이펙트들이 모여 있습니다. 로직이 설치돼 있다면 [Log-ic] 카테고리에 있는 'Space Designer' 이펙트를 사용할 수 있습니다. 이펙트를 오디오 클립으로 드래그 앤드 드롭해 적용합니다.

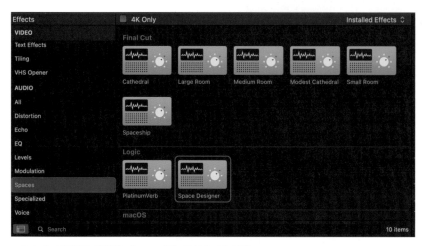

그림 4-97 공간감을 연출하는 Space 카테고리의 오디오 이펙트

2. 인스펙터에서 Preset 오른쪽에 있는 목록을 클릭해 간편하게 원하는 공간 음향을 선택할 수 있습니다.

그림 4-98 스페이스 디자이너 이펙트의 프리셋 목록

3. [04 Surround Spaces] → [01 Surround Rooms] → [03.6s Grand Hall Three]를 선택하면 마치 그랜드 홀에서 이야기하는 듯한 느낌으로 사운드를 연출합니다.

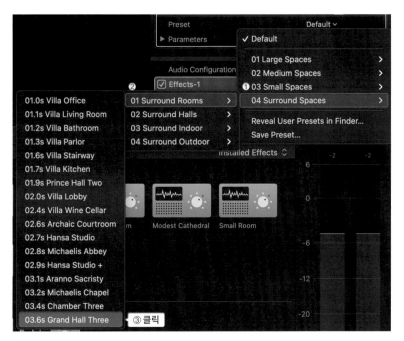

그림 4-99 그랜드 홀 공간음 연출하기

05

작업한 영상을
파일로 출력하기

지금까지 기본적인 편집 방법을 살펴봤습니다. 이번 장에서는 영상 편집의 마지막 관문인 파일을 출력하는 방법을 살펴보겠습니다. 보통 영상 파일을 출력하는 과정은 익스포트(Export)라고 하는데 파이널 컷 프로에서는 어떤 방법으로 편집한 영상을 파일로 출력하는지 살펴보겠습니다.

18 일차 | 영상 파일 출력하기

▶ https://youtu.be/tqE6Pzf83IM (12분 08초) ◯

영상 파일을 출력하는 Export File 창 살펴보기 – Info 탭

1. 브라우저에서 출력하고자 하는 프로젝트를 선택합니다.

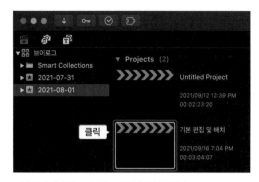

그림 5-1 출력하고자 하는 프로젝트 선택하기

2. 상단 메뉴에서 [File] → [Share]를 누르면 파일을 출력할 수 있는 기능들이 표시됩니다. 그중에서 [Export File]을
클릭합니다.

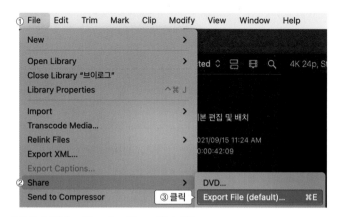

그림 5-2 [File] → [Share] → [Export File] 선택

화면 오른쪽 위에 있는 [Share] 퀵 버튼을 이용해 더 간편하게 출력 파일을 만들 수 있습니다. [Share] 퀵 버튼에서도 상단 메뉴의 [File] → [Share]와 동일한 출력 기능을 사용할 수 있습니다.

그림 5-3 Share 퀵 버튼

3. [Export File]을 클릭하면 그림과 같이 Export File 출력 창이 나타납니다. 상단에는 Info, Settings, Roles 3개의 탭이 표시됩니다.

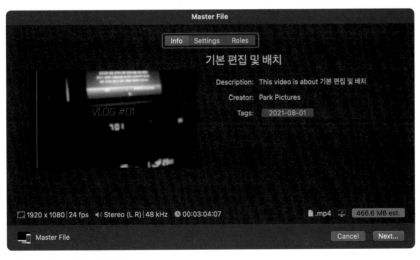

그림 5-4 Export File 출력 창

4. 영상의 제목은 프로젝트의 이름과 동일하게 만들어지는데, 이 부분을 수정해 다른 제목을 입력할 수 있습니다.

그림 5-5 제목 수정하기

5. 영상의 설명은 Description 입력 창에 입력합니다.

그림 5-6 영상 설명을 입력하는 Description

6. 영상을 만든 사람은 Creator 입력창에 입력합니다.

그림 5-7 영상 만든 사람을 입력하는 Creator

7. Tags에는 영상의 태그를 입력합니다. 키워드를 입력한 다음 return 키를 누르면 단어별로 태그에 입력됩니다.

그림 5-8 태그 입력하기

8. 창의 왼쪽 아래에는 영상 파일의 정보가 표시됩니다. 해상도와 프레임 레이트, 오디오 샘플 레이트, 영상의 길이가 표시됩니다.

그림 5-9 영상 파일의 정보

9. 오른쪽 아래에는 출력 파일의 종류(컨테이너)와 재생 가능한 디바이스 그리고 예상 용량이 표시됩니다.

그림 5-10 출력 파일의 종류와 재생 가능 디바이스, 예상 용량

영상 파일을 출력하는 Export File 창 살펴보기 - Settings 탭

1. [Settings] 탭을 클릭하면 영상 출력과 관련된 여러 설정을 변경할 수 있습니다.

그림 5-11 Settings 탭

2. Format에 있는 목록을 클릭하면 출력할 파일의 포맷을 설정할 수 있습니다.

그림 5-12 Format 목록

- Video and Audio: mov 컨테이너로 비디오와 오디오를 함께 출력합니다.

- Video Only: mov 컨테이너로 비디오만 출력합니다.

- Audio Only: 영상의 소리만 따로 출력합니다. 선택할 수 있는 컨테이너로 MP3, AAC, AC3, AIFF, CAF, WAV가 있습니다.

- Apple Devices: 애플 디바이스에서 재생할 수 있는 포맷으로, m4v 컨테이너로 출력합니다.

- Computer: 맥과 함께 일반 컴퓨터에서도 재생할 수 있도록 mp4 컨테이너로 출력합니다.

- Web Hosting: 웹호스팅 용도로 설정을 맞추고 mov 컨테이너로 출력합니다.

- MXF: 방송용 mxf 컨테이너로 출력합니다.

3. Video Codec에 있는 목록을 클릭하면 비디오 코덱을 선택할 수 있습니다. 앞서 어떤 포맷(Format)을 선택했는지에 따라 선택할 수 있는 코덱이 달라집니다. [Video and Audio] 포맷을 선택하면 Apple ProRes 코덱, H.264 코덱 등을 사용할 수 있습니다. [Apple Device] 포맷을 선택하면 H.264, HEVC(H.265) 등의 코덱을 사용할 수 있습니다. [Computer] 포맷을 선택하면 H.264 코덱만 선택할 수 있습니다.

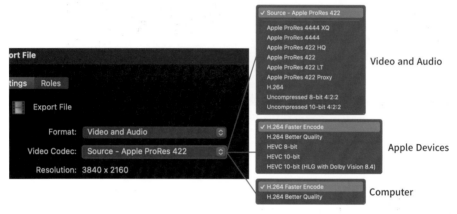

그림 5-13 선택한 포맷에 따라 선택의 범위가 달라지는 비디오 코덱

4. Resolution에서는 해상도를 선택할 수 있습니다. 프로젝트의 크기에 따라 설정할 수 있는 해상도가 달라집니다.

그림 5-14 해상도(Resolution) 선택하기

5. Color Space에서는 색 공간을 설정합니다. 대부분은 고정된 상태입니다.

그림 5-15 색 공간을 설정하는 Color Space

6. Audio Format에서는 오디오 포맷을 설정합니다. 보통 세트로 구성된 오디오 포맷이 있어서 어떤 포맷과 비디오 코덱을 선택하는지에 따라 설정이 달라집니다.

그림 5-16 오디오 포맷

7. 영상을 편집할 때 마커를 이용해 챕터를 추가했다면 Include chapter markers에 체크해 영상 파일에서도 챕터 마커를 포함할 수 있습니다.

그림 5-17 챕터 마커 포함하기

8. Action에서는 출력하고 난 후의 동작을 설정할 수 있습니다.

- Save only: 저장 후 아무런 행동을 하지 않습니다.

- Open with QuickTime Player: 영상 파일 출력 후 퀵타임 플레이어를 실행해 영상 파일을 확인할 수 있습니다.

- Open with Compressor: 영상 파일 출력 후 컴프레서를 실행합니다.

- Open with Others...: 다른 프로그램을 선택해 영상 파일 출력 후 해당 프로그램을 실행합니다.

그림 5-18 출력 후 동작을 지정하는 Action

- Add to TV Home Videos: 애플 TV 홈 비디오 보관함에 해당 영상을 추가합니다.

영상 파일을 출력하는 Export File 창 살펴보기 - Roles 탭

1. [Roles] 탭을 누르면 Roles를 이용해 출력을 설정하는 화면이 표시됩니다.

그림 5-19 Roles 탭

2. Roles As를 [Multitrack QuickTime Movie]로 설정하면 역할(Roles)별로 출력할 트랙을 선택해 멀티 트랙으로 출력할 수 있습니다. 예를 들면 오디오 트랙 중 내레이션 트랙만 따로 출력하거나 비디오와 효과음만 구성하는 식으로 다양하게 역할들을 조합해 하나의 파일로 출력할 수 있습니다. 멀티 트랙으로 출력한다고 해도 여러 개의 파일이 생성되는 것이 아니라 하나의 mov 파일만 생성됩니다. 따라서 멀티 트랙 옵션은 영상 편집 과정에서 특정 역할(Role)을 포함하거나 제외시켜서 mov 파일로 출력할 수 있는 기능입니다.

그림 5-20 멀티 트랙 퀵타임 무비

3. 한 번에 모든 트랙을 합쳐서 출력하고자 한다면 Roles As를 [QuickTime Movie]로 설정합니다.

그림 5-21 퀵타임 무비

4. [Next] 버튼을 누르면 저장 위치와 이름을 묻는 창이 나타납니다.

그림 5-22 저장 위치와 이름 설정

5. 이름 옆에 있는 ⌄ 버튼을 클릭하면 다음과 같이 브라우저의 기능이 강화된 큰 팝업창이 나옵니다.

그림 5-23 저장 위치와 이름 확장

6. 이름과 저장 위치를 결정한 다음 [Save] 버튼을 누르면 팝업창이 사라지면서 출력이 진행됩니다.

그림 5-24 저장하기

백그라운드 태스크를 통해 출력 진행률 살펴보기

1. 파이널 컷 화면의 왼쪽 위에 있는 백그라운드 태스크(Background Task)를 엽니다.

그림 5-25 백그라운드 태스크(Background Tasks)

2. Sharing 부분에서 출력이 진행되는 모습을 확인할 수 있습니다.

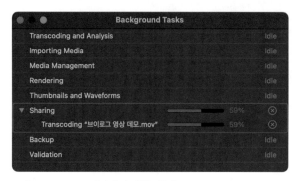

그림 5-27 Sharing에서 출력 진행률 확인

3. Action에서 출력 후 동작을 Open with QuickTime Player로 설정했기 때문에 출력이 완료된 후 퀵타임 플레이어가 열리고, 퀵타임 플레이어에서 출력된 영상을 확인할 수 있습니다.

그림 5-28 출력 후 실행된 퀵타임 플레이어

mp4 컨테이너 파일로 출력하기

mp4 컨테이너 파일은 컨테이너 포맷의 표준입니다. 따라서 호환성이 강점입니다. 널리 사용되고 있는 이 컨테이너 포맷은 여러 코덱 중 H.264 코덱을 지원합니다. H.264 코덱은 동영상의 용량을 합리적으로 낮춰주고 해상도의 품질도 좋아 배포용으로 널리 사용되는 코덱입니다. 파이널 컷 프로에서 H.264 코덱을 활용해 mp4 컨테이너로 영상 파일을 출력하는 방법을 알아보겠습니다.

1. 상단 메뉴에서 [File] → [Share] → [Export File]을 클릭합니다. 단축키 command + E 키를 눌러도 됩니다.

그림 5-29 파일 출력하기

2. Export File 출력 창에서 [Settings] 탭을 클릭합니다.

그림 5-30 Export File 출력 창의 Settings 탭

3. Format을 [Computer]로 변경합니다.

그림 5-31 포맷을 Computer(컴퓨터)로 설정

4. 비디오 코덱이 H.264로 변경됐습니다. H.264 Faster Encode와 H.264 Better Quality가 있는데 속도와 퀄리티 중에서 선택합니다.

그림 5-32 비디오 코덱 선택하기

5. 해상도(Resolution)를 선택합니다. 프로젝트의 사이즈에 따라 설정할 수 있는 해상도가 달라집니다.

그림 5-33 해상도 선택하기

6. [Next] 버튼을 누른 다음 저장 위치와 파일 이름을 정하면 출력 작업이 진행됩니다.

그림 5-34 다음 단계로 진행

7. 출력이 완료되면 파인더에서 출력된 파일을 마우스 오른쪽 버튼으로 클릭한 다음 [정보 가져오기]를 클릭합니다.
추가 정보와 이름 및 확장자의 펼침 버튼을 클릭해 출력된 파일의 정보를 확인해 보면 mp4 컨테이너로 출력된 것
을 확인할 수 있습니다.

그림 5-35 mp4 컨테이너로 출력된 파일

유튜브&페이스북 업로드용 영상으로 출력하기

1. 상단 메뉴에서 [File] → [Share] → [YouTube & Facebook]을 클릭합니다.

그림 5-36 유튜브&페이스북 동영상 규격으로 출력하기

2. [Info] 탭에서 이름을 변경할 수 있습니다. 이름을 '첫 브이로그 영상(데모) (유튜브)'로 입력합니다.

그림 5-37 이름을 변경할 수 있는 Info 탭

3. [Settings] 탭에서 Resolution(해상도)과 Compression(컴프레션)을 설정할 수 있습니다.

그림 5-38 해상도와 컴프레션 설정

4. 캡션 자막이 있다면 캡션 자막을 파일로 따로 출력할 것인지(Export captions) 영상 속에 일반 자막처럼 새겨 넣을 것인지(Burn in captions) 설정할 수 있습니다. 캡션 자막을 포함하지 않으려면 None을 선택합니다.

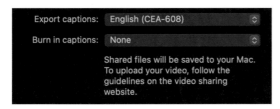

그림 5-39 캡션 자막 설정하기

5. [Next] 버튼을 눌러 출력 작업을 진행합니다.

그림 5-40 Next 버튼 클릭

6. 출력할 파일의 이름과 출력할 위치를 정하는 마지막 단계입니다. 앞서 [Info] 탭에서 입력했던 이름을 그대로 이어 받아 파일의 이름이 만들어집니다. 이 단계에서 이름을 다시 변경할 수 있습니다. 이름과 출력할 경로를 지정하고 [Save] 버튼을 클릭하면 파일 출력 단계로 넘어갑니다.

그림 5-41 이름과 저장 위치 정하기

7. mov 컨테이너로 파일이 출력됐습니다. 해당 파일은 유튜브에 개별적으로 업로드합니다.

첫 브이로그 영상 (데   첫 브이로그 영상 (데
모) (유튜⋯glish.scc   모) (유튜⋯- 4K.mov

그림 5-42 출력된 파일과 캡션 자막 파일

19 일차 | 화면을 캡처해 유튜브 썸네일 만들기

▶ https://youtu.be/LmlvrVQuUNo (08분 55초) ○

이번 시간에는 파이널 컷 프로를 이용해 유튜브 썸네일을 만드는 방법을 살펴보겠습니다. 썸네일을 만드는 다양한 방법이 있지만, 파이널 컷 프로에서 영상의 특정 장면만 출력한 다음 썸네일로 사용하는 방법을 살펴보겠습니다.

영상의 특정 장면을 캡처하는 Save Current Frame

1. 기본적으로는 상단 메뉴의 [File] → [Share]에 특정 장면을 추출하는 기능이 없습니다. 그래서 따로 [Add Destination]을 선택한 다음 특정 장면을 추출하는 [Save Current Frame] 기능을 추가해야 합니다.

그림 5-43 상단 메뉴에서 [File] → [Share] → [Add Destination] 클릭

2. 오른쪽에 있는 [Save Current Frame] 기능을 왼쪽 패널로 드래그해 추가합니다.

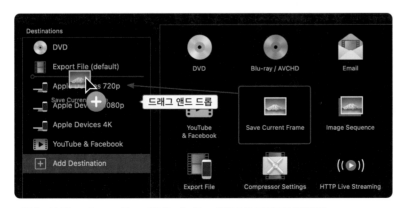

그림 5-44 [Save Current Frame]을 Destinations 목록으로 드래그해 배치하기

3. Destinations 목록에 [Save Current Frame]이 추가됐습니다. 창의 왼쪽 위에 있는 [닫기] 버튼을 누릅니다.

그림 5-45 닫기 버튼 클릭하기

4. 상단 메뉴에서 [File] → [Share]에 들어가 보면 방금 추가한 [Save Current Frame]이 추가된 모습을 볼 수 있습니다. 해당 기능을 클릭해 실행합니다.

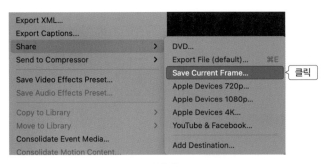

그림 5-46 화면을 캡처해 이미지로 저장하는 Save Current Frame

5. Save Current Frame 창에서 [Settings] 탭을 클릭합니다.

그림 5-47 [Settings] 탭 클릭하기

6. Export 오른쪽에 있는 목록을 클릭해 이미지의 유형을 선택할 수 있습니다. [PNG Image]를 선택해 PNG 형식의 이미지로 출력해 보겠습니다.

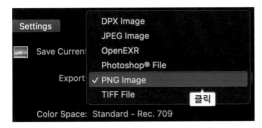

그림 5-48 이미지 유형 선택하기

7. 창의 아래쪽에 있는 [Next] 버튼을 클릭해 다음 단계로 진행합니다.

그림 5-49 Next 버튼 클릭

8. 이미지 파일의 이름과 저장 위치를 설정하는 단계입니다. '서울역 브이로그'라는 이름으로 'Pictures'(그림) 폴더에 저장하겠습니다. [Save] 버튼을 클릭하면 저장됩니다.

그림 5-50 그림 저장하기

9. 이미지 파일은 바로 출력이 완료됩니다. 출력이 완료되면 화면 오른쪽 위에 출력이 성공적으로 완료됐다는 메시지가 나타납니다. 마우스를 가져간 후 [Show] 버튼을 클릭하면 출력한 이미지가 저장된 폴더를 보여줍니다.

그림 5-51 출력 완료 메시지

10. 파인더에서 그림(Pictures) 폴더로 이동해 보면 해당 이미지 파일이 저장된 모습을 볼 수 있습니다. 출력된 파일을 마우스 오른쪽 버튼으로 클릭한 다음 [정보 가져오기]를 선택하면 파일 정보를 확인할 수 있습니다.

그림 5-52 이미지 파일의 용량을 확인하기 위해 파일의 정보 가져오기

11. 이미지 파일치고는 용량이 꽤 큰 편입니다. 해상도를 4K 사이즈로 출력해서 큰 용량으로 출력됐습니다.

그림 5-53 용량이 큰 PNG 형식의 이미지 파일

12. 다시 파이널 컷 프로에서 해당 장면을 캡처해 이미지 파일로 출력하겠습니다. 방법은 동일하지만, 형식을 기존에 선택한 [PNG Image]에서 [JPEG Image]로 변경해 보겠습니다.

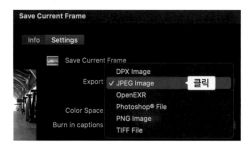

그림 5-54 JPEG 형식의 이미지 파일로 출력하기

13. 기존 파일과 구별하기 위해 '서울역 브이로그(JPEG)'라는 이름으로 저장합니다.

그림 5-55 저장할 파일의 이름 변경하기

14. 출력된 JPEG 파일의 용량을 확인해 보면 1.5MB로 PNG 파일과 비교했을 때 용량이 극적으로 줄어든 것을 확인할 수 있습니다. 유튜브 썸네일 이미지는 최대 2MB 이하의 파일만 업로드할 수 있기 때문에 PNG 형식보다는 JPEG 형식으로 출력하는 것을 추천합니다.

그림 5-56 용량이 많이 줄어든 JPEG 형식의 이미지 파일

유튜브 썸네일을 쉽고 간편하게 만들 수 있는
미리캔버스 사이트 이용하기

저작권 걱정 없는 무료 디자인 툴을 제공하는 미리캔버스(www.miricanvas.com) 사이트에서는 PPT, 로고, 배너, 카드 뉴스, 유튜브 썸네일 등을 짧은 시간 안에 전문가 수준의 디자인으로 만들어 볼 수 있습니다. 원하는 템플릿을 선택한 후 글자를 수정하거나 이미지를 추가해 나만의 유튜브 썸네일을 만들 수 있습니다.

1. 인터넷 브라우저를 열고, 미리캔버스(www.miricanvas.com) 사이트에 접속합니다.

그림 5-57 저작권 걱정 없는 무료 디자인 툴 미리캔버스 홈페이지

2. 오른쪽 위에 [로그인하기]와 [5초 회원가입] 버튼이 있습니다. 계정이 없다면 [5초 회원가입] 버튼을 클릭해 간편하게 회원가입을 할 수 있습니다. 소셜 로그인을 지원하기 때문에 구글, 페이스북, 네이버, 카카오톡 계정을 이용해 간편하게 회원가입 할 수 있습니다.

그림 5-58 미리캔버스 로그인하기

3. 로그인을 하면 [작업 공간] 페이지로 접속하게 됩니다. 기존에 만든 디자인이 있다면 [작업 공간] 페이지에서 작업했던 디자인을 쉽게 열 수 있습니다. 현재는 처음 이용하는 상태이기 때문에 [내 디자인]이 비어있는 상태로 표시됩니다.

그림 5-59 미리캔버스 로그인 시 처음 표시되는 [작업 공간]

4. 오른쪽 위에 있는 [디자인 만들기]를 클릭해 새로운 디자인을 만들어 보겠습니다.

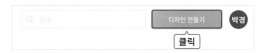

그림 5-60 디자인 만들기 버튼을 클릭

5. [디자인 만들기] 버튼을 클릭하면 어떤 유형의 디자인을 만들지 선택할 수 있습니다. 유튜브 썸네일을 만들기 위해서 [유튜브/팟빵] → [썸네일]을 클릭합니다.

그림 5-61 [유튜브/팟빵] – [썸네일] 선택

6. 새로운 창이 열리면서 다음과 같은 작업 영역으로 넘어갑니다. 왼쪽에는 템플릿들이 표시되는데, [브이로그]에서 가장 처음에 나오는 템플릿을 클릭해 선택하겠습니다.

- **템플릿 이름**: 빈티지한 감성의 리틀 포레스트 시골일상 유튜브 썸네일 유튜브 / 팟빵 썸네일

- **템플릿 주소**: https://www.miricanvas.com/design?templateIdx=NTUyODY

그림 5-62 템플릿 선택하기

7. 원고지 틀 안에 있는 텍스트 상자를 클릭한 후 글자를 수정합니다. '서울역 브이로그'라는 글자로 수정하고자 합니다.

그림 5-63 글자 수정하기

8. 텍스트 상자를 클릭한 후 원하는 위치로 드래그해 이동할 수 있습니다. 글자 수정과 이동은 막상 해보면 어렵지 않게 할 수 있습니다.

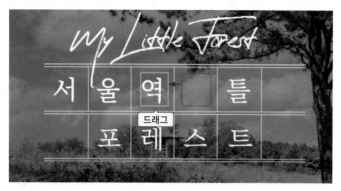

그림 5-64 글자 이동하기

9. 배경이 되는 사진을 교체하려고 하니 사진이 잠겨있는 상태입니다. 템플릿 중에는 배경 이미지를 잠금 상태로 설정한 경우가 있는데 왼쪽 상단에 있는 [잠금해제] 버튼을 클릭해 잠금을 해제할 수 있습니다.

그림 5-65 잠금해제 버튼 클릭

10. 잠금을 해제하면 복사/복제/삭제 등의 메뉴 버튼이 활성화됩니다. [삭제하기] 버튼을 클릭해 기존 이미지를 삭제합니다.

그림 5-66 이미지 삭제하기

11. 파이널 컷 프로에서 캡처한 이미지 파일을 미리캔버스에 업로드 해보겠습니다. 왼쪽의 사이드 메뉴에서 [업로드]를 클릭한 다음 [내 파일 업로드] 버튼을 클릭합니다.

그림 5-67 내 파일 업로드하기

12. [그림] 폴더에서 JPEG 이미지 파일을 선택한 다음 업로드하면 파일이 올라옵니다. 파일을 클릭해 캔버스에 추가합니다. 캔버스에 추가된 이미지 파일을 마우스 오른쪽 버튼으로 클릭한 다음 [맨 뒤로 보내기]를 선택합니다.

그림 5-68 이미지 맨 뒤로 보내기

13. 캔버스 크기에 맞춰 이미지 파일의 크기를 키워줍니다. 이미지 파일의 가장자리에 있는 핸들을 드래그해 캔버스 크기(1280*720)에 맞춥니다.

그림 5-69 캔버스 크기에 맞춘 이미지 파일

14. 오른쪽 위에 있는 [다운로드] 버튼을 클릭해 이미지를 내려받습니다. 이미지는 [웹용]으로, 파일 형식은 [JPG]로 선택한 다음 [고해상도 다운로드] 버튼을 클릭합니다.

그림 5-70 이미지 내려받기

15. 이미지 내려받기가 완료되면 맥에 다음과 같은 유튜브 썸네일 이미지 파일이 저장됩니다. 이 이미지 파일을 유튜브에서 '맞춤 미리보기 이미지'로 선택해 업로드 합니다.

그림 5-71 다운로드한 유튜브 썸네일 이미지 파일

미리캔버스에는 다양한 유튜브 썸네일 템플릿이 계속해서 업데이트되고 있고, 깔끔한 썸네일을 제작하고자 할 때 전문적인 디자인 스킬이 없어도 쉽게 만들 수 있습니다. 또한 무료로 제공되고 있기 때문에 누구나 사용할 수 있고 진입 장벽이 낮습니다. 이렇게 영상 속 이미지를 캡처해 나만의 이미지로 업로드한 후 썸네일을 만들면 영상의 내용과 잘 어울리며 생동감 있는 유튜브 영상을 만들 수 있습니다.

06

초보에서 중수로 나아가는
다양한 편집 스킬

파이널 컷 프로에서는 편집을 위한 다양한 기능을 제공합니다. 클립의 속도를 조정해 재미있는 영상을 연출할 수도 있고, 영상뿐만 아니라 사진을 이용해 영상을 편집할 수 있으며, 키프레임을 이용해 애니메이션을 만들 수도 있습니다. 또한, 컴파운드 클립을 이용해 효율적인 편집이 가능하며 초보자도 쉽게 할 수 있는 멀티 캠 편집을 지원합니다. 이번 장에서는 파이널 컷 프로의 다양한 응용 편집 스킬을 익혀 보겠습니다.

20 일차 · 영상의 속도 조정하기

▶ https://youtu.be/Gsin-ED7C2s (10분 37초) ◯

클립 리타이밍(Clip Retiming) 메뉴를 이용한 속도 조정

1. 클립의 속도 조절은 클립 리타이밍(Clip Retiming) 메뉴에서 할 수 있습니다. 클립 리타이밍 메뉴 버튼은 뷰어의 아래쪽 영역에 있습니다. 단축키는 command + R입니다.

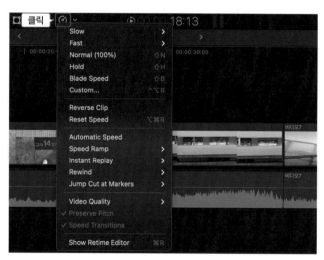

그림 6-1 클립 리타이밍 메뉴

2. [Slow]에 마우스를 가져다 대면 50%, 25%, 10%가 나타납니다. 영상의 배속을 느리게 하는 메뉴이기 때문에 50%를 선택하면 원래 속도의 절반으로 낮춘 1/2배속으로 재생됩니다. 25%는 1/4배속으로 재생됩니다.

그림 6-2 영상의 속도를 느리게 하는 Slow

216 | **시작하세요!** 파이널 컷 프로 10.6

3. [Slow] → [50%]를 선택하면 타임라인의 영상 클립 상단에 재생 속도가 표시됩니다. 속도가 평소보다 느리게 재생되면 영상 클립의 윗부분이 주황색으로 표시됩니다.

그림 6-3 주황색으로 표시된 Slow 영상

4. 원래 속도로 되돌리기 위해 리타이밍 버튼을 클릭한 후 [Normal (100%)]를 선택합니다.

그림 6-4 원래 속도로 되돌리는 Normal

5. 타임라인에서 영상 클립의 윗부분이 녹색으로 변하면서 속도가 100%로 표시됩니다.

그림 6-5 원래 속도로 되돌아온 영상 클립

6. 이번에는 영상의 배속을 빠르게 돌려보겠습니다. 리타이밍 메뉴에서 [Fast]를 눌러 영상의 배속을 높일 수도 있고, 타임라인 클립의 리타이밍 버튼을 클릭해 배속을 높일 수도 있습니다.

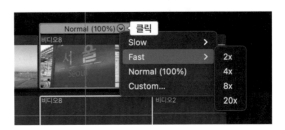

그림 6-6 영상 클립의 리타이밍 메뉴

7. [Fast]는 2x, 4x, 8x, 20x 등 다양하게 사전 설정된 배속을 클릭해 속도를 빠르게 돌릴 수 있습니다. [2x]를 선택하면 그림과 같이 재생 속도가 200%로 표시되며, 타임라인에서 영상 클립의 윗부분이 보라색으로 변경됩니다.

그림 6-7 재생 속도가 빨라진 영상 클립

8. 영상 클립의 오른쪽 상단에는 리타이밍 핸들이 있습니다. 이 핸들을 드래그해 영상의 속도를 조정할 수 있습니다.

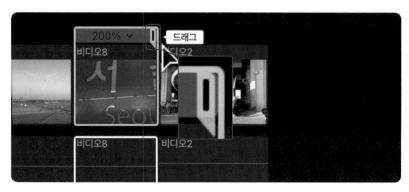

그림 6-8 리타이밍 핸들

9. 리타이밍 핸들을 오른쪽으로 드래그하면 영상이 재생되는 길이도 그만큼 늘어나기에 속도가 느려집니다. (왼쪽으로 드래그하면 속도가 빨라집니다.)

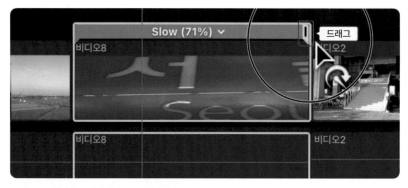

그림 6-9 핸들을 드래그해 속도 조정하기

Custom으로 배속 조정하기

1. [Custom]을 이용하면 숫자 값을 직접 입력하거나 특정 재생 시간에 맞춰 속도를 조정할 수 있습니다. 리타이밍 버튼을 클릭한 후 [Custom]을 클릭합니다.

그림 6-10 Custom 기능 실행하기

2. Custom Speed 대화 상자가 나타납니다. 영상의 속도를 직접 숫자 값을 입력(Rate)해 배속으로 나타낼 수 있으며, 시간에 맞춰서(Duration) 배속을 자동으로 결정해 주는 기능이 있습니다.

그림 6-11 Custom Speed 대화 상자

3. Duration은 길이에 맞춰 영상 클립의 속도를 조정합니다. '100'을 입력하면 1초로 인식됩니다. 해당 영상 클립이 1초 동안 재생될 수 있게 속도 또한 자동으로 조정됩니다.

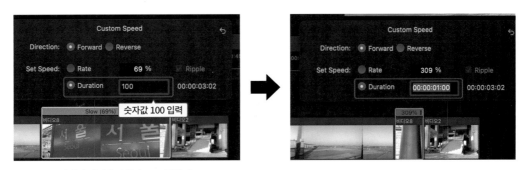

그림 6-12 영상의 길이에 맞춰 속도 조정하기

4. 영상 클립의 리타이밍 핸들을 더블 클릭하면 Custom Speed 대화상자가 나타납니다. Rate에 숫자 값을 '100'으로 입력하면 영상의 속도가 다시 이전으로 되돌아옵니다.

그림 6-13 리타이밍 핸들을 더블 클릭하면 나타나는 Custom Speed 대화 상자

5. 비어 있는 영역을 클릭하면 Custom Speed 창이 닫힙니다.

그림 6-14 여백을 클릭하면 사라지는 Custom Speed 대화 상자

역재생 클립을 만드는 Reverse Clip

1. 역재생 클립을 만드는 Reverse Clip 기능은 리타이밍 버튼에 있는 [Reverse Clip]을 클릭해 실행할 수 있습니다.

그림 6-15 역재생 클립을 만드는 Reverse Clip

2. 재생해 보면 영상 클립이 거꾸로 재생됩니다.

그림 6-16 역재생이 적용된 클립

3. 다시 리타이밍 버튼을 클릭한 다음 Reverse Clip 기능을 실행하면 원래의 형태로 재생됩니다.

그림 6-17 역재생 클립을 다시 역재생하면 원래대로 재생

4. 옵션 키와 드래그를 이용해 영상 클립을 복제합니다.

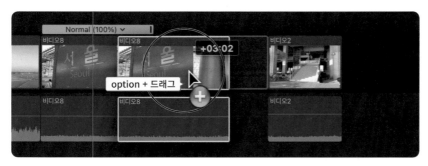

그림 6-18 클립 복제하기

5. 복제된 클립에 Reverse Clip 기능을 적용한 다음 재생해 보면 영상을 좀 더 재미있게 연출할 수 있습니다.

그림 6-19 복제한 클립을 역재생하기

6. 두 개의 영상 클립의 배속을 좀 더 빠르게 설정하면 속도감 있게 연출할 수 있습니다.

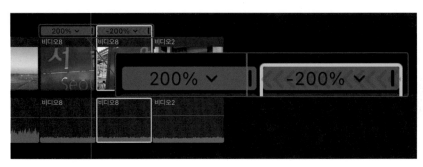

그림 6-20 2배속으로 연출한 클립

일부 구간만 속도를 조정하는 Blade Speed

1. 영상의 특정 부분, 일부 구간만 속도를 조정하는 방법으로 Blade Speed 기능이 있습니다. 앞서 살펴본 속도 조정
이 영상 클립의 전체적인 속도를 조절했다면, Blade Speed는 일부 구간만 속도를 다르게 조정할 수 있다는 점이
다릅니다. 리타이밍 버튼을 클릭한 후 [Blade Speed]를 실행합니다.

그림 6-21 Blade Speed 실행

2. 영상 클립의 속도 구간이 크게 2개로 나누어졌습니다. Blade Speed는 실행 시점의 플레이헤드를 기준으로 영상 클립을 2개의 구간으로 나눕니다. 그리고 구간마다 독립적으로 속도를 조정할 수 있습니다.

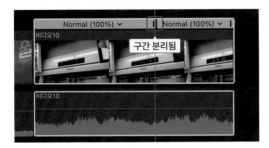

그림 6-22 Blade Speed를 실행한 모습

3. 리타이밍 핸들을 클릭한 후 대화상자에서 속도를 조정합니다. [Fast] → [2x]를 클릭해 보겠습니다.

그림 6-23 배속을 빠르게 하기

4. 플레이헤드를 영상 클립의 뒷부분으로 이동시킨 후 다시 [Blade Speed]를 실행합니다.

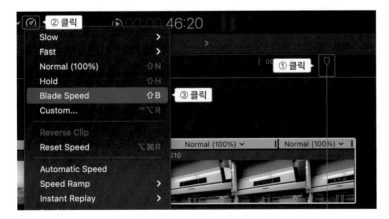

그림 6-24 다른 프레임에서 Blade Speed 실행하기

5. 중간 부분은 속도를 Normal로 하고 클립의 앞부분과 뒷부분은 모두 속도를 높여서 영상을 연출할 수 있습니다.

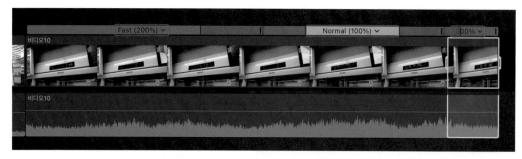

그림 6-25 구간별로 속도를 다르게 연출한 예시

잠시 멈춰가는 Hold 기능

1. Hold 기능은 잠시 영상을 일시 정지했다가 재생하는 느낌으로 연출할 수 있는 기능입니다. 잠시 멈추고자 하는 부분으로 플레이헤드를 이동시킵니다.

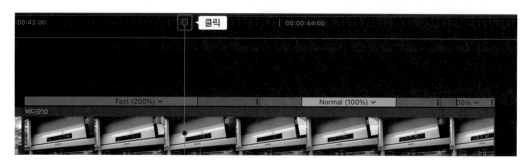

그림 6-26 플레이헤드 이동하기

2. 리타이밍 버튼을 클릭한 다음 [Hold] 기능을 실행합니다.

그림 6-27 Hold 기능

3. 타임라인에 Hold 구간이 생성됐습니다. 이 구간은 재생 속도가 0%로 영상이 일시 정지된 상태로 표시됩니다.

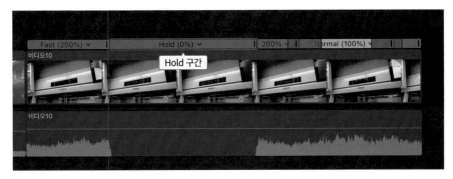

그림 6-28 생성된 Hold 구간

4. 리타이밍 핸들을 드래그해 Hold 구간을 늘이거나 줄일 수 있습니다.

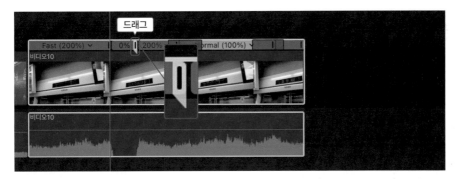

그림 6-29 Hold 구간 조정하기

5. Hold로 지정된 부분의 클립을 클릭하면 Hold 구간만 선택됩니다. 그 상태에서 Delete 키를 누르면 Hold 구간이
   삭제됩니다.

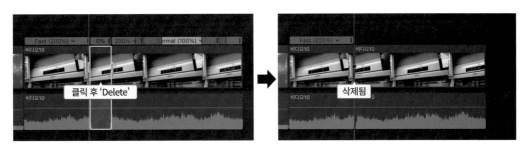

그림 6-30 Hold 구간 삭제하기

Speed Ramp 기능 살펴보기

1. 리타이밍 버튼을 클릭하면 [Speed Ramp] 기능을 실행할 수 있습니다. Speed Ramp 위로 마우스를 가져가 보면 [to 0%]와 [from 0%]가 있습니다.

그림 6-31 Speed Ramp 기능

2. [to 0%]는 속도가 점점 느려지는 형태로 영상 클립을 연출합니다.

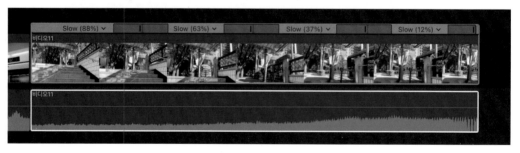

그림 6-32 Speed Ramp → to 0%

3. [from 0%]는 속도가 점점 빨라지는 형태로 영상 클립을 연출합니다.

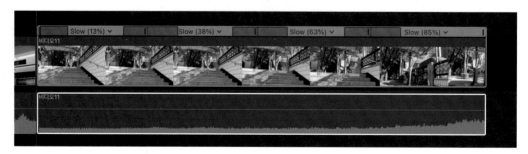

그림 6-33 Speed Ramp → from 0%

21 일차 | 사진으로 편집하는 영상 – 포지션, 스케일

▶ https://youtu.be/gMVoCtomLdo (12분 48초) ○

사진을 이용해 영상을 편집할 때 단순히 사진을 배치한 상태로 키프레임 애니메이션을 적용해 다양한 연출을 할 수 있습니다. 오브젝트의 기본적인 속성 중 포지션, 스케일, 로테이션, 앵커 포인트, 불투명도 등을 알아두면 사진을 이용해 훨씬 다채롭게 영상을 만들 수 있습니다. 먼저 포지션과 스케일 속성을 살펴보겠습니다.

인스펙터의 Transform 살펴보기

1. 사진을 임포트해 프로젝트로 불러옵니다(예제 파일 – 사진 01.jpg).

그림 6-34 사진 가져오기(Import)

2. 사진을 타임라인에 배치합니다.

그림 6-35 타임라인에 사진 배치하기

3. 사진의 해상도가 프로젝트보다 큰 경우 다음과 같은 메시지가 나타날 때가 있는데 [OK] 버튼을 클릭합니다.

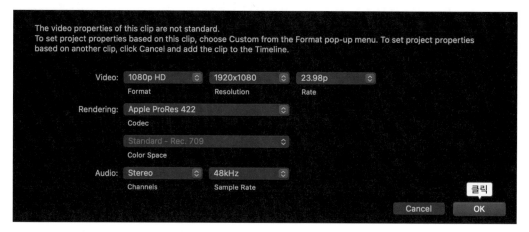

그림 6-36 프로젝트 설정 관련 자동 맞춤 메시지

4. 타임라인에 배치된 사진을 선택하면 오른쪽 상단에 인스펙터가 활성화됩니다.

그림 6-37 활성화 된 인스펙터

5. Transform의 오른쪽 부분에 마우스를 가져간 다음 [Show] 버튼을 클릭해 관련 속성이 모두 표시되도록 펼쳐줍니다.

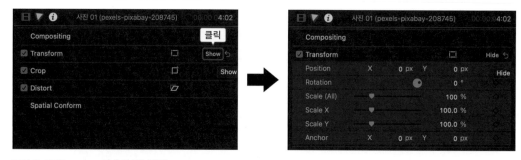

그림 6-38 Transform의 속성 표시하기

6. Position 부분을 보면 X와 Y의 좌푯값이 표시됩니다.

그림 6-39 Position 속성

7. 숫자 부분을 좌우로 드래그해 값을 조정할 수 있습니다. X값을 드래그하면 사진이 좌우로 움직이고 Y값을 드래그하면 사진이 상하로 움직입니다.

그림 6-40 Position 값 조정하기

8. 리셋 버튼을 이용해 사진을 처음 불러왔던 위치로 다시 되돌릴 수 있습니다.

그림 6-41 리셋 버튼

TIP
사진 크기를 자동으로 화면에 맞추는 Spatial Conform

인스펙터를 아래쪽으로 드래그하면 Spatial Conform이란 속성이 있습니다. 이 속성의 옵션으로는 Fit, Fill, None이 있습니다.

그림 6-42 Spatial Conform의 3가지 옵션

Fit으로 설정하면 사진의 모든 비율이 누락되지 않게 표시합니다. 그래서 영상에서는 검은 여백이 보일 수 있습니다. Fill로 설정하면 영상의 빈 여백이 생기지 않도록 사진을 맞춥니다. 그러다 보니 사진에서 누락되는 부분이 발생할 수 있습니다. None은 사진의 크기를 맞추지 않고 원본 크기 그대로 표시하는 방법입니다. 간단한 설정이지만 사진을 이용해 영상을 편집할 때 간편하게 활용할 수 있습니다.

그림 6-43 옵션별로 표시되는 이미지의 차이

Transform 버튼을 이용해 간편하게 위치 조정하기

1. 인스펙터에서 Transform 부분의 오른쪽에 마우스를 가져가 보면 Transform 버튼이 있습니다.

그림 6-44 Transform 버튼

2. Transform 버튼을 클릭하면 뷰어에서 사진의 위치를 마우스로 조정할 수 있습니다. (Spatial Conform 상태가 None이면 더 크게 변화를 느낄 수 있습니다)

그림 6-45 뷰어에서 이미지의 위치 이동

3. 사진의 위치를 마우스로 옮기면 Position의 값이 자동으로 표시됩니다.

그림 6-46 위치 이동 시 자동으로 Position 값이 변경됨

4. [Done] 버튼을 클릭해 Transform 모드를 종료합니다.

그림 6-47 Transform 모드 종료하기

키프레임 애니메이션 추가하기 (포지션)

1. 플레이헤드를 사진의 앞부분으로 이동시킵니다.

그림 6-48 플레이헤드 이동하기

2. Position의 Y 좌표를 '0px'에서 '-50px'로 변경해 보겠습니다. 숫자 값을 클릭해 입력하거나 마우스로 숫자 값을 드래그해 설정합니다.

그림 6-49 포지션의 Y값 변경하기

3. Position 속성 오른쪽에 있는 [키프레임 추가] 버튼을 클릭합니다.

그림 6-50 키프레임 추가하기

4. 플레이헤드를 다른 프레임으로 이동시킵니다.

그림 6-51 플레이헤드 이동하기

5. Position의 Y 좌표를 '–50px'에서 '0px'로 값을 변경합니다.

그림 6-52 포지션 Y값을 변경하기

6. 플레이헤드를 처음으로 이동시킨 다음 재생해 보면 사진이 위에서 아래로 재생되는 모습을 확인할 수 있습니다. 첫 번째 키프레임(Y: –50px)과 두 번째 키프레임(Y: 0px) 사이에 포지션값이 서로 차이가 있기 때문에 마치 움직이는 듯한 느낌으로 연출됩니다.

크기를 조정하는 스케일(Scale)

1. 크기를 조정하는 스케일은 Scale (All), Scale X, Scale Y 이렇게 3개의 옵션이 있습니다.

그림 6-53 크기를 조정할 수 있는 Scale 옵션

2. Scale (All) 부분의 슬라이더를 드래그하면 값을 변경할 수 있습니다. 기본값은 100%로 돼 있는데 100%보다 작은 값으로 설정하면 사진이 축소되고, 100%보다 큰 값으로 설정하면 사진이 확대됩니다.

Scale All: 70%　　　　　　　　　　Scale All: 130%

그림 6-54 Scale 값에 따른 이미지 표현

3. 스케일은 앵커 포인트를 기준점으로 커졌다 작아졌다 합니다. 기본적으로 앵커 포인트는 영상의 중앙 부분에 맞춰져 있기 때문에 사진의 중앙 부분을 기준으로 커지거나 작아집니다.

그림 6-55 정중앙으로 설정된 앵커 포인트

키프레임으로 줌 아웃 애니메이션 효과를 연출하는 방법

1. 스케일 값에 키프레임을 추가하면 줌 아웃(Zoom Out) 애니메이션 효과를 연출할 수 있습니다. 우선 플레이헤드를 사진 클립의 앞부분에 위치시킵니다.

그림 6-56 플레이헤드 이동하기

2. 인스펙터에서 Scale (All)의 값을 '150%'로 변경한 다음 키프레임 추가 버튼을 클릭합니다.

그림 6-57 키프레임 추가하기

3. 플레이헤드를 사진 클립의 뒷부분에 위치시킵니다.

그림 6-58 플레이헤드 이동하기

4. 인스펙터에서 Scale (All)의 값을 '100%'로 변경합니다. 값이 달라지면서 두 번째 키프레임이 자동으로 추가됩니다.

그림 6-59 스케일값 변경하기(두 번째 키프레임 자동 생성)

5. 플레이헤드를 앞부분으로 이동시킨 다음 재생해 보면 줌 아웃(Zoom Out) 애니메이션 효과로 사진이 점점 축소되는 모습을 확인할 수 있습니다. 첫 번째 키프레임(Scale All : 150%)과 두 번째 키프레임(Scale All : 100%) 사이에 차이가 있기 때문에 사진이 축소되는 느낌으로 보입니다.

폴라로이드 사진처럼 연출하기

1. 사진 클립의 크기를 줄여줍니다. 인스펙터에서 Scale (All)의 값을 '70%'로 변경합니다. (리셋 버튼을 눌러 모든 키프레임을 제거한 상태에서 진행합니다.)

그림 6-60 스케일 값 조정하기

2. 왼쪽 위에 있는 [타이틀&제네레이터] 버튼을 클릭하고, [Generators] → [Solids] 카테고리에 있는 'Custom'을 클릭합니다.

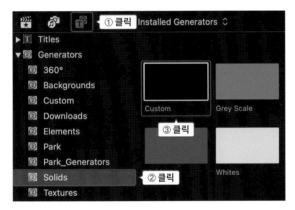

그림 6-61 [Generators] → [Solids] 카테고리 선택

3. 'Custom'을 타임라인에 배치된 사진 이미지 아래쪽으로 드래그 앤드 드롭합니다.

그림 6-62 Custom을 타임라인에 배치하기 (아래쪽)

4. 타임라인에서 'Custom'을 클릭해 선택한 다음 인스펙터에서 색상(Color)을 흰색으로 변경합니다.

그림 6-63 Custom의 배경 색상 변경하기

5. 타임라인에서 '사진 01'을 클릭해 선택합니다.

그림 6-64 '사진 01' 클립을 클릭해 선택하기

6. 인스펙터에서 Transform의 Position Y 값을 '100.0px'로 설정해 사진의 위치를 조정합니다.

그림 6-65 포지션의 Y값 조정하기

7. 텍스트를 추가해 보겠습니다. 상단 메뉴에서 [Edit] → [Connect Title] → [Basic Title]을 클릭해 기본 텍스트를 추가합니다.

그림 6-66 기본 타이틀 추가하기

8. 뷰어에 나타난 텍스트를 클릭한 다음 텍스트 내용을 수정합니다.

그림 6-67 텍스트 내용 수정하기

9. 텍스트 내용을 수정한 다음에는 인스펙터에서 폰트를 변경합니다.

그림 6-68 폰트 변경하기

10. Face에 있는 Color에서 텍스트의 색상을 변경합니다.

그림 6-69 텍스트의 색상 변경하기

11. 텍스트의 위치를 뷰어에서 드래그해 조정합니다. 그림과 같이 텍스트를 사진 아래쪽에 배치합니다.

그림 6-70 텍스트의 위치 변경하기

12. 뒷부분은 가장자리를 드래그하거나 command + B 단축키를 이용해 잘라냅니다.

그림 6-71 타임라인 정리하기

Ken Burns 기능으로 간편하게 애니메이션 연출하기

1. 인스펙터에서 Crop 오른쪽에 있는 버튼을 클릭합니다.

그림 6-72 Crop 버튼 클릭

2. 뷰어 아래쪽에서 [Ken Burns] 탭을 클릭합니다.

그림 6-73 Ken Burns 탭 클릭하기

3. 두 개의 사각형 선이 표시됩니다. 색상의 차이가 있는데 녹색 사각형은 시작 화면, 빨간색 사각형은 종료 화면입니다. 사각형을 드래그해 시작 화면과 종료 화면을 직관적으로 맞출 수 있습니다.

그림 6-74 시작 화면(녹색)과 종료 화면(붉은색)

4. [Done] 버튼을 클릭하고 재생해 보면 시작 화면부터 종료 화면까지 사진이 점점 확대되는 모습을 확인할 수 있습니다.

22 일차 | 사진으로 편집하는 영상 – 회전, 앵커 포인트, 불투명도

▶ https://youtu.be/tM9qmbCeVQA (09분 31초) ◉

오브젝트의 기본 속성 중 회전, 앵커 포인트, 불투명도를 이용하면 분할 화면을 만들거나, 이미지를 투명한 형태로 만들어서 워터마크처럼 영상 속에 삽입할 수 있습니다. 사진으로 영상을 편집할 때 회전, 앵커 포인트, 불투명도의 속성을 어떻게 활용하면 좋을지 살펴보겠습니다.

인스펙터에서 관련 속성 확인하기

1. 인스펙터에서 Opacity(불투명도), Rotation(회전), Anchor Point(앵커 포인트) 속성을 확인할 수 있습니다. Opacity는 0~100%의 값을 조정할 수 있는 슬라이더, Rotation은 0~360도 값을 조정할 수 있는 다이얼, Anchor Point는 X와 Y 좌푯값을 입력할 수 있는 입력 상자로 구성돼 있습니다.

그림 6-75 인스펙터의 Opacity, Rotation, Anchor 속성

2. 회전 값은 0~360도 사이에서 값을 설정할 수 있습니다. 360도가 넘어가면 한 바퀴 회전하기 때문에 실제 표시되는 형태는 같습니다. 예를 들어 회전 값을 400도로 설정해도 360도가 한 바퀴이므로 실제 표시되는 이미지는 40도 회전한 형태로 나타납니다.

그림 6-76 회전(Rotation) 속성

3. 오른쪽에 있는 리셋 버튼을 누르면 기본값으로 돌아갈 수 있습니다.

그림 6-77 리셋 버튼

4. 앵커(Anchor)는 일종의 기준점입니다. 기본값은 X와 Y축 모두 0px로 정중앙으로 기준점이 설정돼 있습니다.

그림 6-78 앵커 포인트는 기준점

5. 기준점을 사진의 왼쪽 위로 설정해 보겠습니다. 프로젝트의 사이즈가 1920*1080px이라면 Anchor 값을 X: –1920.0px , Y: 1080.0px로 설정합니다.

그림 6-79 기준점(Anchor)을 이미지의 왼쪽 상단으로 변경하기

6. 기준점을 변경했기 때문에 뷰어에 이미지가 보이지 않습니다. Position의 값을 변경해 이미지의 위치를 변경해 보겠습니다.

| Position | X -1920.0 px | Y 1080.0 px |

그림 6-80 Position 값 변경하기

7. Rotation(회전) 값을 변경했을 때 기준점이 왼쪽 위에 있기 때문에 왼쪽 위를 기준으로 회전하게 됩니다.

기준점이 (0,0) 가운데에 있음

기준점이 (-1920,1080) 왼쪽 상단에 있음

그림 6-81 기준점을 기준으로 회전

TIP

좌표계 이해하기

파이널 컷 프로의 좌표는 프로젝트의 해상도(Resolution)에 따라 세부적인 값이 달라집니다. 해상도의 기본 단위는 픽셀(pixel, 단위 px)입니다. 이 픽셀이 많을수록 더욱 이미지를 섬세하게 표현할 수 있습니다. 즉, 해상도가 높아질수록 이미지를 더욱 세부적으로 표시할 수 있습니다.

해상도를 Full HD 크기인 1920 x 1080px로 작업할 경우 좌표는 다음과 같이 표시할 수 있습니다.

가운데 정중앙 (0, 0)을 기준으로 X축의 가장 왼쪽은 −960px, 가상 오른쪽은 960px로 나타낼 수 있습니다. 그래서 이를 더해 가로는 총 1,920개의 픽셀로 표현할 수 있습니다.

그림 6-82 해상도 1920*1080 프로젝트의 좌표계

마찬가지로 Y축의 가장 위쪽은 540px, 가장 아래쪽은 −540px로 표시합니다. 이를 더해 세로는 총 1,080개의 픽셀로 이미지를 표현할 수 있습니다.

앵커 포인트를 이용해 화면 나누기

1. 타임라인에 4개의 이미지를 다음과 같이 배치합니다. 그리고 4개의 사진을 모두 선택합니다.

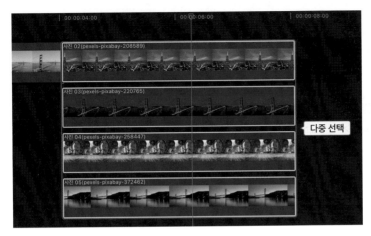

그림 6-83 분할을 위한 사진 배치

2. 비디오 인스펙터에서 Scale (All) 슬라이더를 왼쪽으로 드래그해 '50%'로 설정합니다. 모든 사진의 스케일을 50% 로 줄였습니다.

그림 6-84 사진의 스케일을 50%로 축소하기

3. 프로젝트의 크기가 현재 1920*1080px이므로 프로젝트 크기를 이용해 앵커 포인트를 설정하겠습니다. 타임라 인 상단에 배치된 첫 번째 사진(사진 02)은 앵커 포인트를 (x: 960px, Y: -540px)로 설정합니다. 앵커 포인트 를 설정하면 이미지가 왼쪽 위에 배치됩니다. 기준점이 이미지의 중앙(0, 0)에서 X축으로 960.0px, Y축으로 -540.0px 이동해 이미지의 오른쪽 아래로 설정됐습니다.

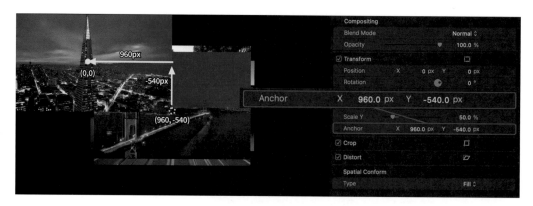

그림 6–85 왼쪽 상단에 이미지 배치

4. 타임라인에서 위에서 두 번째에 배치된 사진(사진 03)의 앵커 포인트는 (X: –960px, Y: –540px)로 설정합니다. 앵커 포인트를 설정하면 이미지가 오른쪽 상단에 배치됩니다. 기준점이 이미지의 중앙(0, 0)에서 X축으로 –960.0px, Y축으로 –540.0px 이동해 이미지의 왼쪽 아래로 설정됐습니다.

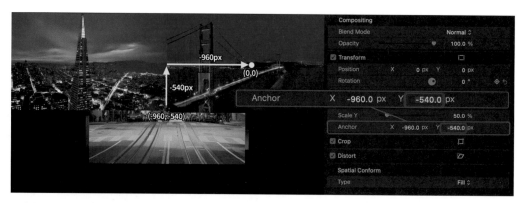

그림 6–86 오른쪽 상단에 이미지 배치

5. 타임라인에서 위에서 세 번째에 배치된 사진의 앵커 포인트는 (X: 960px, Y: 540px)로 설정합니다. 앵커 포인트를 설정하면 이미지가 왼쪽 하단에 배치됩니다. 기준점이 이미지의 중앙(0, 0)에서 X축으로 960.0px, Y축으로 540.0px 이동해 이미지의 오른쪽 상단으로 설정됐습니다.

그림 6-87 왼쪽 하단에 이미지 배치

6. 타임라인에서 위에서 네 번째에 사진의 앵커 포인트는 (X: −960px, Y: 540px)로 설정합니다. 앵커 포인트를 설정하면 이미지가 오른쪽 하단에 배치됩니다. 기준점은 이미지의 중앙(0, 0)에서 X축으로 −960.0px, Y축으로 540.0px 이동해 이미지의 왼쪽 상단으로 설정됐습니다.

그림 6-88 오른쪽 하단에 이미지 배치

7. 각 이미지의 앵커 포인트 좌표를 표로 정리하면 다음과 같습니다.

표 6-1 이미지별 앵커 포인트의 좌푯값

(960, -540)	(-960, -540)
(960, 540)	(-960, 540)

불투명도(Opacity) 속성을 이용해 워터마크 추가하기

1. 불투명도(Opacity) 속성은 0~100%까지 슬라이더를 드래그해 값을 설정할 수 있습니다.

그림 6-89 Opacity 속성

2. 워터마크로 넣고자 하는 이미지를 가져온 다음 타임라인에 배치합니다. 타임라인에 배치할 때 영상 위에 배치합니다.

그림 6-90 타임라인에 워터마크 이미지 배치하기

3. 이미지를 선택한 후 인스펙터에서 Opacity를 50%로 변경해 이미지를 투명하게 만듭니다. 불투명도가 0%에 가까울수록 이미지가 투명해집니다.

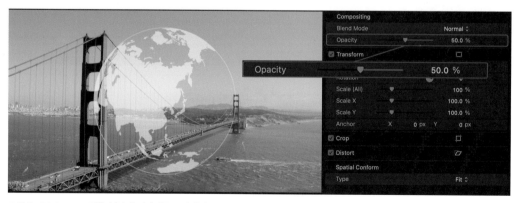

그림 6-91 Opacity 값을 설정해 이미지를 투명하게 만들기

4. 워터마크 이미지가 연출될 수 있도록 이미지 크기와 위치를 조정합니다. 워터마크가 더 은은하게 들어가는 것을 원한다면 Opacity 값을 작게 설정합니다.

그림 6-92 이미지의 크기와 위치 정하기

5. 타임라인에서 워터마크가 표시되는 길이를 가장자리를 드래그해 조정합니다.

그림 6-93 타임라인에서 워터마크의 길이 조정하기

23 일차

컴파운드 클립과 J컷, L컷 편집 기법

▶ https://youtu.be/ymmEtu1vTOA (08분 13초) ◑

컴파운드 클립과 J컷, L컷 편집 기법에 대해 알아보겠습니다. 컴파운드 클립은 파이널 컷 프로에서 사용할 수 있는 기능으로 일종의 그룹 기능입니다. 컴파운드 클립을 이용하면 여러 클립을 하나로 묶어 독립된 클립처럼 사용할 수 있습니다. 다큐멘터리나 인터뷰 영상 등에서 많이 사용하는 J컷, L컷 편집 기법을 이용해 영상의 품격을 한 단계 업그레이드 할 수 있습니다.

컴파운드 클립

파이널 컷 프로를 사용하면 컴파운드 클립을 만들 수 있습니다. 컴파운드 클립은 일종의 여러 미디어 클립을 그룹화한 것입니다. 영상 편집을 하다 보면 여러 영상 파일을 비롯해 자막과 효과음, 음악 클립이 같이 배치됩니다. 컴파운드 클립은 배치된 미디어 클립 파일을 깔끔하게 정리하고 효율적으로 프로젝트를 관리하는 데 사용됩니다.

1. 컴파운드 클립을 만드는 방법은 생각보다 간단합니다. 컴파운드 클립으로 만들고자 하는 클립을 다중 선택합니다.

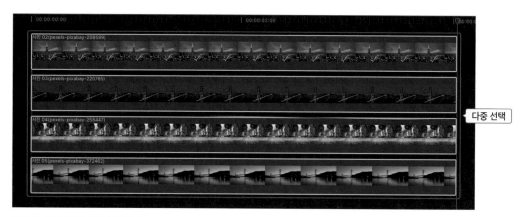

그림 6-94 클립을 다중 선택하기

2. 마우스 오른쪽 버튼을 눌러 [New Compound Clip]을 선택합니다. 단축키는 option + G입니다.

그림 6-95 새로운 컴파운드 클립 만들기

3. 새로운 컴파운드 클립의 이름을 정하는 창이 나타납니다.

그림 6-96 컴파운드 클립의 이름 및 이벤트 저장 위치 설정

4. 이름을 '컴파운드 클립 01'로 변경한 다음 [OK] 버튼을 클릭합니다.

그림 6-97 이름 변경 후 컴파운드 클립 생성하기

5. 타임라인에 '컴파운드 클립 01'이라는 이름으로 새로운 컴파운드 클립이 생성됐습니다.

그림 6-98 타임라인에 생성된 컴파운드 클립

6. 브라우저에서도 '컴파운드 클립 01'을 확인할 수 있습니다.

그림 6-99 브라우저에 추가된 컴파운드 클립

클립 내부에서 수정 가능한 컴파운드 클립

1. 컴파운드 클립은 다른 클립과 마찬가지로 자유롭게 위치를 옮길 수 있습니다.

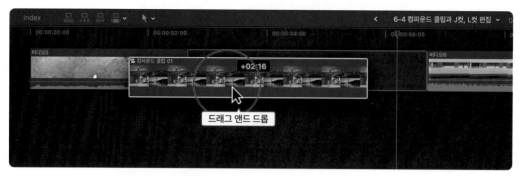

그림 6-100 타임라인에서 위치를 옮길 수 있는 컴파운드 클립

2. 컴파운드 클립을 더블 클릭하면 내부에 있는 클립들을 볼 수 있으며 세부적인 편집을 할 수 있습니다.

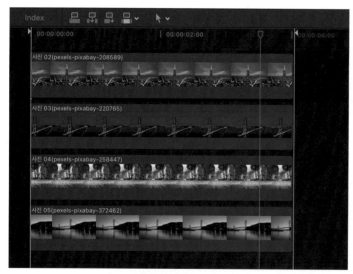

컴파운드 클립 내부

그림 6-101 컴파운드 클립의 내부

3. 특정 클립의 불투명도(Opacity) 값을 0%로 낮춰보겠습니다.

그림 6-102 특정 클립의 불투명도를 0%로 낮춤

4. 컴파운드 클립에서 빠져나갈 때는 타임라인 상단에 있는 [⟨] 버튼을 클릭합니다.

그림 6-103 컴파운드 클립 빠져나가기

5. 플레이헤드를 컴파운드 클립 위에 위치시킨 다음 뷰어를 보면 불투명도를 낮춘 클립이 표시되지 않는 것을 확인할 수 있습니다.

그림 6-104 수정한 사항이 반영된 컴파운드 클립

6. 다시 컴파운드 클립을 더블 클릭해 내부로 들어간 다음 불투명도를 낮춘 클립을 선택하고, 불투명도 값을 100%로 되돌립니다.

그림 6-105 컴파운드 클립 내부에서 클립의 불투명도 수정하기

7. 타임라인 상단에 있는 [⟨] 버튼을 클릭해 컴파운드 클립을 벗어납니다.

그림 6-106 컴파운드 클립 벗어나기

8. 뷰어에 화면이 모두 나타나는 모습을 볼 수 있습니다.

그림 6-107 뷰어에 모두 나타나는 화면

컴파운드 클립을 응용한 화면 분할

1. 타임라인에서 컴파운드 클립을 선택합니다.

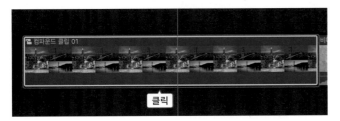

그림 6-108 컴파운드 클립 선택하기

2. 컴파운드 클립의 속성을 인스펙터에서 조정할 수 있습니다. 예를 들어 Scale (All) 값을 '50%'로 줄여보겠습니다.

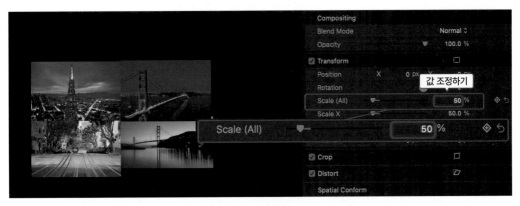

그림 6-109 인스펙터에서 컴파운드 클립의 속성 조정하기 – 스케일(Scale)

3. 또한 위치(Position) 값도 변경할 수 있습니다.

그림 6-110 인스펙터에서 컴파운드 클립의 속성 조정하기 – 위치(Position)

4. 타임라인에서 option + 드래그를 이용해 컴파운드 클립을 다음과 같이 복제할 수 있습니다.

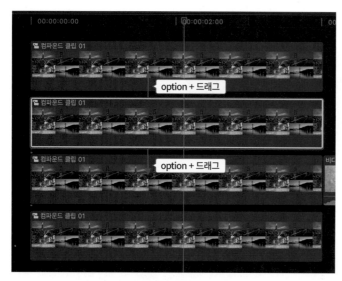

그림 6-111 option + 드래그로 컴파운드 클립 복제

5. 앵커(Anchor) 값을 조정하면 여러 화면이 나타나는 형태로 연출할 수 있습니다.

그림 6-112 앵커 값을 이용한 화면 분할 예시

J컷과 L컷 편집 기법

1. J컷과 L컷은 비디오와 오디오의 길이를 서로 다르게 하여 연출하는 편집 기법입니다. 타임라인에서 비디오와 오디오 클립의 모양이 마치 알파벳 J와 알파벳 L 모양을 연상 시켜 J컷, L컷 편집으로 불리기도 합니다.

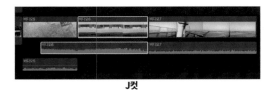 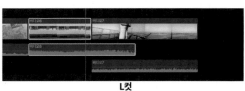

J컷   L컷

그림 6-113 J컷 편집과 L컷 편집의 예시

2. 이 편집 기법의 핵심은 비디오와 오디오를 서로 분리하는 것입니다. 예시 비디오 5, 6, 7을 모두 선택한 다음 상단 메뉴에서 [Clip] → [Expand Audio]를 실행합니다.

그림 6-114 Expand Audio 실행

3. 다음 그림과 같이 오디오 클립이 좀 더 확대된 형태로 나타납니다.

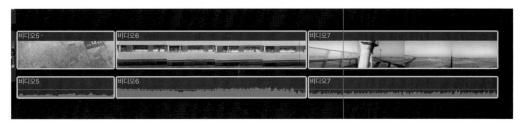

그림 6-115 Expand Audio를 실행한 모습

4. 클립을 선택하면 비디오와 오디오 둘 다 선택되지만, 가장자리를 드래그하면 비디오나 오디오의 길이를 서로 다르게 할 수 있습니다.

그림 6-116 가장자리 드래그하기

5. 왼쪽 가장자리를 오른쪽으로 드래그하면 다음과 같이 J컷 형태로 편집할 수 있습니다. 이 경우 뒤쪽에 나오는 클립의 오디오가 미리 들리기 때문에 컷과 컷 사이를 좀 더 자연스럽게 전환할 수 있습니다.

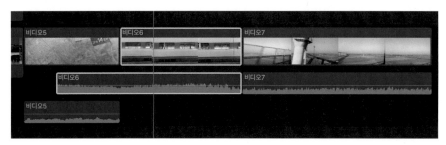

그림 6-117 J컷 편집의 예

6. 오른쪽 가장자리를 왼쪽으로 드래그하면 다음과 같이 L컷 형태로 편집할 수 있습니다.

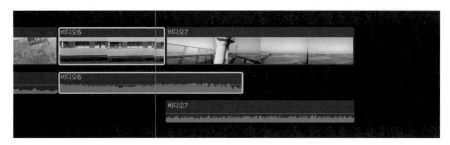

그림 6-118 L컷 편집의 예

오디오 분리를 하는 Detach Audio 기능도 있습니다. Expand Audio와의 차이점은 싱크를 유지하는지, 그렇지 않은지가 다릅니다. Expand Audio는 비디오와 오디오의 결합을 그대로 유지하면서 비디오와 오디오의 길이를 따로 조정할 수 있도록 해줍니다. 하지만 Detach Audio는 아예 비디오와 오디오를 서로 다른 별도의 클립으로 분리합니다.

그림 6-119 Detach Audio는 비디오와 오디오를 분리함

24 일차 | 멀티 캠 편집

▶ https://youtu.be/6p8L74GsDKQ (13분 02초) ◉

멀티 캠 편집은 두 대 이상의 카메라에서 촬영한 영상을 동기화해 하나의 클립으로 인식해서 편집하는 방법입니다. 예능 프로그램에서 자주 사용하는 편집 기법으로, 브이로그와 같이 개인이 촬영하는 영상인 경우 한 대는 풀샷으로 인물을 촬영하고, 나머지 한 대는 특정 사람을 클로즈업해서 촬영하는 식으로 서로 다른 크기의 화면으로 편집할 수 있습니다. 이어서 3개의 영상 클립을 이용해 멀티 캠 편집을 실습해 보겠습니다.

멀티 캠 클립 생성하기

1. 브라우저에서 멀티 캠으로 구성할 클립을 선택합니다. 실습 예제에서는 3개의 영상 클립을 선택했습니다.

그림 6-120 클립 선택하기

2. 클립을 마우스 오른쪽 버튼으로 클릭한 다음 [New Multicam Clip]을 선택합니다.

그림 6-121 New Multicam Clip 선택

3. 멀티 캠을 구성하기 전에 설정을 구성할 수 있는 창이 나타납니다. 멀티 캠의 이름과 저장되는 이벤트의 위치 등을 설정하는 간단한 화면입니다. 왼쪽 아래에 있는 [Use Custom Settings]를 클릭합니다.

그림 6-122 Automatic Settings 창

4. [Use Custom Settings]를 클릭하면 더욱 세부적인 설정을 할 수 있는 창이 나타납니다. 이곳에서 설정할 수 있는 세부 내용은 팁에서 설명하겠습니다.

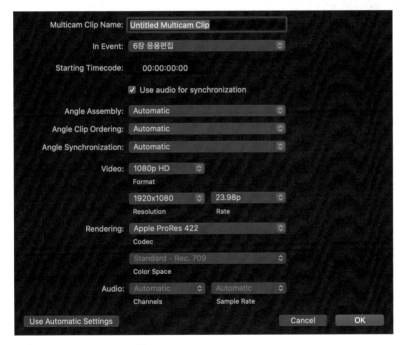

그림 6-123 Custom Settings 창

5. [OK] 버튼을 클릭합니다.

그림 6-124 [OK] 버튼을 클릭해 창 닫기

6. 브라우저에 창문 모양의 아이콘이 있는 멀티 캠 클립이 생성됐습니다.

그림 6-125 새로 생성된 멀티 캠 클립

7. 멀티 캠 클립을 타임라인으로 드래그 앤드 드롭해 배치합니다.

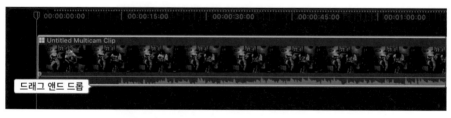

그림 6-126 멀티 캠 클립을 타임라인에 배치하기

Custom Settings의 앵글 설정 더 자세히 알아보기

멀티 캠을 구성할 때 [Use Custom Settings]를 클릭하면 멀티 캠의 앵글을 설정하는 다양한 옵션이 나옵니다. 세부적인 내용을 살펴보겠습니다.

Angle Assembly (앵글 이름 설정)

그림 6-127 Angle Assembly 옵션

멀티 캠 클립은 여러 개의 트랙으로 구성돼 있습니다. 이 트랙의 이름을 파이널 컷 프로에서는 앵글(Angle)이라고 합니다. 육상 경기에서 1번부터 8번까지 트랙이 있는 것처럼 멀티 캠 편집도 여러 개의 영상 클립이 나란히 각 트랙에 있습니다. 여러 개의 영상 클립을 선택해 하나의 멀티 캠 클립으로 만드는 작업에서 영상 클립마다 위치하는 트랙(=앵글)의 이름을 무엇으로 할 것인지 설정하는 항목이 Angle Assembly(앵글 이름 설정)입니다. Angle Assembly의 옵션으로는 Automatic, Camera Angle, Camera Name, Clips를 선택할 수 있습니다.

- Automatic: 자동으로 앵글 이름을 부여한다.
- Camera Angle: 카메라 앵글 메타데이터를 참조해 앵글 이름을 부여한다.
- Camera Name: 카메라 이름 메타데이터를 참조해 앵글 이름을 부여한다.
- Clips: 각 영상 클립의 이름을 참조해 앵글 이름을 부여한다.

Angle Clip Ordering(클립 정렬)

그림 6-128 Angle Clip Ordering 옵션

멀티 캠 클립 내부에는 여러 개의 트랙(=앵글)이 있습니다. 육상 경기 종목 중 계주를 생각해 보면 같은 트랙이라도 뛰는 순서에 따라 1, 2, 3, 4번으로 주자를 나눕니다. 이와 마찬가지로 같은 앵글로 찍은 영상 클립도 시간 순서에 맞춰 정렬할 필요가 있을 때 클립 정렬을 이용해 순서를 정해야 합니다. 각 영상 클립은 타임코드와 기록된 날짜 및 시각 정보가 있어서 이 정보들을 활용해 같은 앵글에서 여러 클립의 순서를 조정합니다.

Angle Clip Ordering 옵션으로는 Automatic과 Timecode, Contents Created를 선택할 수 있습니다.

- **Automatic**: 각 앵글 트랙에서 클립을 자동으로 정렬합니다. 하나의 트랙에 여러 개의 클립이 있다면 자동으로 빈 클립(Gap Clip)을 삽입하기도 합니다.

- **Timecode**: 클립에 기록된 타임코드를 사용해 각 앵글 트랙의 클립을 정렬합니다. 클립에 타임코드가 기록돼 있을 때 사용하되 이 타임코드를 이용하는 방법이 가장 빠르고 정확하게 프레임을 잡아줍니다.

- **Contents Created**: 캠코더나 비디오 녹화 장치를 이용해 기록된 날짜 및 시각 정보를 사용해 각 앵글 트랙의 클립을 정렬합니다.

Angle Synchronization(앵글 동기화)

그림 6-129 Angle Synchronization 옵션

트랙(=앵글)마다 클립의 싱크를 맞추기 위해 설정하는 옵션입니다. 보통은 오디오를 이용해 싱크를 맞추지만, 오디오 품질이 균일하지 못할 때는 다른 정보를 이용해 싱크를 맞춥니다. Angle Synchronization의 옵션으로는 Automatic, Timecode, Contents Created, Start of First Clip, First Marker on the Angle을 선택할 수 있습니다.

- **Automatic**: 자동으로 아래에 있는 방법(Timecode, Contents Created, Start of First Clip, First Marker on the Angle) 중 하나 이상을 사용해 싱크를 맞춥니다.

- **Timecode**: 영상 클립에 기록된 타임코드를 참조해 싱크를 맞춥니다.

- **Contents Created**: 녹화된 날짜와 시각 정보를 기반으로 싱크를 맞춥니다.

- **Start of First Clip**: 각 클립의 첫 번째 프레임을 싱크 지점으로 사용합니다.

- **First Marker on the Angle**: 각 클립에 마커를 추가했다면 추가된 마커를 동기화 지점으로 사용합니다.

멀티 캠 클립 내부에서 편집하기

1. 타임라인에 배치된 멀티 캠 클립을 더블 클릭하면 컴파운드 클립처럼 내부에 구성된 클립들을 살펴볼 수 있습니다.

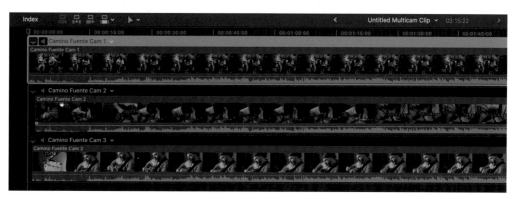

그림 6-130 멀티 캠 내부 클립 편집

2. 오른쪽 위의 가장자리 부분을 드래그해 아래쪽으로 이동하면 클립이 이동합니다.

그림 6-131 드래그해 클립 이동하기

3. 상단에서부터 배치된 순서대로 단축키 1, 2, 3이 할당됩니다.

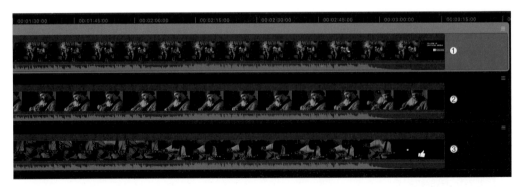

그림 6-132 멀티 캠 클립의 구성

4. 클립의 왼쪽 상단에는 비디오와 오디오 아이콘을 확인할 수 있습니다. 비디오와 오디오 아이콘이 표시된다면 해당 클립이 활성화된 상태입니다.

그림 6-133 멀티 캠 클립의 왼쪽 상단에 표시된 비디오/오디오 아이콘

5. 비활성화된 비디오 아이콘을 클릭하면 뷰어에 활성화된 클립의 비디오 내용이 표시됩니다.

그림 6-134 비디오 아이콘을 클릭했을 때 뷰어에 화면이 표시됨

6. 어떤 오디오를 활성화할 것인지 선택할 수 있습니다. 당연한 이야기겠지만 클립 중에서 가장 오디오의 상태가 좋은 것으로 선택해야 합니다. 한 개의 클립만 오디오를 활성화하고 나머지 오디오는 비활성화합니다.

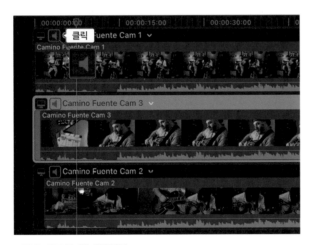

그림 6-135 오디오 선택하기

7. 슬레이트를 치는 장면에서 오디오의 파형이 높아진 것을 모든 클립의 파형에서 확인할 수 있습니다. 또한 슬레이트 소리를 기준으로 3개의 클립 싱크가 맞춰진 것을 확인할 수 있습니다.

그림 6-136 슬레이트 소리를 기준으로 오디오 싱크가 맞춰짐

8. 타임라인 상단에 있는 ◀ 버튼을 클릭해 멀티 캠 클립 내부에서 나옵니다.

그림 6-137 멀티 캠 클립 편집 나오기

9. 슬레이트를 친 부분 이후부터 클립이 재생될 수 있게 타임라인에 배치된 멀티 캠 클립을 컷편집합니다. 왼쪽 가장자리 부분을 오른쪽으로 드래그하거나 command + B 키를 이용해 앞부분의 내용을 지웁니다.

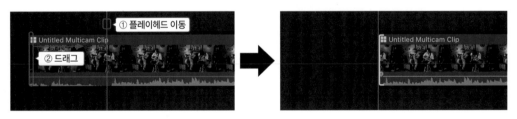

그림 6-138 타임라인에 배치된 멀티 캠 클립 컷편집하기

카메라를 선택하며 편집하기

1. 뷰어 오른쪽 위에 [View] 메뉴가 있습니다. 메뉴를 클릭한 후 [Angles]를 선택합니다.

그림 6-139 뷰어에서 [View] → [Angles] 선택

2. 멀티 캠 클립을 선택하면 뷰어 화면의 왼쪽에 멀티 캠 클립들이 표시됩니다. 구성된 멀티 캠 클립을 모두 표시하기 위해 그림과 같이 [Settings] → [4 Angles]를 선택합니다.

그림 6-140 표시할 멀티 캠 앵글 개수 선택하기

3. 왼쪽 상단부터 1번, 2번, 3번으로 클립이 구성돼 있습니다. 그 이유는 멀티 캠 클립이 배치된 순서에 따라 번호가 결정되기 때문입니다.

그림 6-141 멀티 캠 클립의 번호

4. 앵글의 왼쪽 상단에는 3개의 스위칭 버튼이 있습니다. 비디오와 오디오를 모두 선택하는 버튼, 비디오만 선택하는 버튼, 오디오만 선택하는 버튼이 있습니다. 여기에서 비디오만 선택하는 버튼을 클릭합니다.

그림 6-142 비디오 스위칭 버튼

5. 타임라인에 배치된 멀티 캠 클립에 플레이헤드를 위치시킨 다음 키보드에서 숫자키 2를 눌러보겠습니다. 그러면 타임라인에 배치된 멀티 캠 클립이 2개의 구간으로 나누어집니다.

그림 6-143 두 개의 구간으로 나누어진 멀티 캠 클립

6. 앵글 뷰어에 표시된 2번 클립의 오른쪽 상단에는 파란색의 비디오 아이콘이 표시됩니다. 해당 클립의 비디오 내용이 현재 표시되고 있다는 뜻입니다. 마찬가지로 1번 클립은 오른쪽 상단에 오디오 표시가 나타납니다. 이것은 1번 클립의 오디오가 현재 나가고 있음을 뜻합니다.

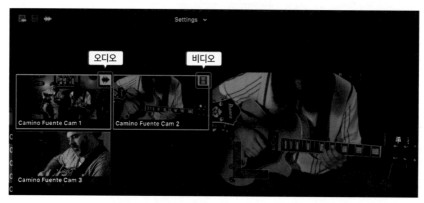

그림 6-144 앵글 뷰어에 표시된 비디오/오디오 상태

7. 플레이헤드에서 스페이스 키를 눌러 재생해 보겠습니다. 플레이헤드가 오른쪽으로 실시간으로 이동하고 있습니다.

그림 6-145 재생하기

8. 재생하는 중에 키보드에서 숫자키 1을 눌러보겠습니다. 숫자키 1을 누르면 1번 클립의 비디오 내용이 표시됩니다.

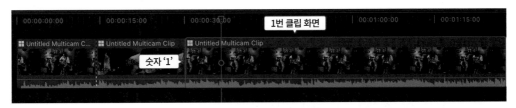

그림 6-146 숫자키 1을 눌렀을 때 변화

9. 멀티 캠 편집은 실시간으로 재생하면서 화면을 전환하고자 하는 클립의 번호를 숫자키로 입력하면서 편집할 수 있습니다.

그림 6-147 멀티 캠 편집 타임라인

카메라를 수동으로 전환하는 방법

1. 플레이헤드를 기준으로 숫자키를 누르면 플레이헤드를 기준으로 오른쪽의 클립 내용이 그 번호의 클립으로 변경됩니다.

그림 6-148 숫자키를 이용해 수동으로 카메라 앵글 변경하기

2. 또한, 선택한 멀티캠 클립을 마우스 오른쪽 버튼으로 클릭한 다음 [Active Video Angle]에서 원하는 번호의 클립을 선택해 변경할 수도 있습니다.

그림 6-149 카메라를 수동으로 전환하는 Active Video Angle

3. 클립과 클립 사이에 마우스를 가져가면 슬라이드 편집을 할 수 있습니다. 또한 드래그로 클립이 전환되는 시점을 조정할 수 있습니다. 슬라이드 편집은 전체적인 길이를 유지하면서 그 안에 클립이 바뀌는 타이밍을 조정하는 편집 방법입니다.

그림 6-150 슬라이드 편집

멀티 캠 편집의 핵심

지금까지 멀티 캠 편집 실습을 진행했습니다. 어떠셨나요? 생각보다 간단하다고 느꼈을 겁니다. 실습을 통해 멀티 캠 편집 방법을 익혔는데, 다음 3가지 핵심 사항을 기억하길 바랍니다.

1. 멀티 캠을 구성하는 클립들의 싱크를 맞추는 작업이 가장 중요합니다. 따라서 촬영을 할 때 슬레이트 소리나 박수 소리와 같이 타이밍을 맞출 수 있는 소리를 이용합니다.

2. 타임라인으로 멀티 캠 클립을 배치한 후 편집을 시작합니다.

3. 멀티 캠을 구성하는 클립들의 싱크를 맞추는 작업이 가장 중요합니다. 따라서 촬영을 할 때 슬레이트 소리나 박수 소리와 같이 타이밍을 맞출 수 있는 소리를 이용합니다.

4. 타임라인에 멀티 캠 클립을 배치한 후 편집을 시작합니다.

5. Angle 화면에서 비디오 스위치만 켜고, 숫자 단축키를 이용해 진행할 수 있습니다.

07

내 영상에
아름다움을 더하는
색 보정 작업하기

색 보정은 말 그대로 영상의 색을 보정하는 작업을 말합니다. 영상 편집의 후반 작업 단계에서 주로 하는 색 보정은 단순히 클립의 컬러 밸런스와 노출을 조절하는 것을 벗어나 영상의 전반적인 따뜻함과 차가운 느낌, 대비와 특수 효과를 어울리게 해서 영상의 연출을 극대화하는 요소로 자리 잡았습니다.

색 보정 작업은 크게 두 가지 작업으로 나누어 볼 수 있습니다.

하나는 색 조정(Color Correction)으로 서로 다른 기기, 시각, 환경에서 촬영한 영상 소스의 색을 일관성 있게 맞추는 작업입니다. 똑같은 장소와 똑같은 시각에 촬영한 영상도 촬영 기기에 따라 다르게 나타납니다. 심지어 같은 기기라도 촬영할 때의 밝기, 셔터 스피드, ISO 등 설정한 값에 따라 서로 다른 결과물이 나올 수 있습니다. 컷이 바뀔 때마다 색상이 변하고 이질적인 느낌을 준다면 보는 사람들이 집중하기 어려울 것입니다. 색 조정(Color Correction)은 이처럼 촬영한 기기마다 서로 다른 영상의 색감을 일관성 있게 맞추고, 사람이 보는 색상과 다르지 않게 일치시키는 작업입니다.

다른 하나는 색 보정(Color Grading)입니다. 흔히 이야기하는 영화 같은 느낌의 드라마, 영상미가 느껴지는 작품이 바로 컬러 그레이딩 작업이 잘 된 결과물이라고 할 수 있습니다. 촬영할 때 다소 밋밋하게 찍은 영상 클립을 분위기에 맞춰 색상을 조정하고 개성 있게 연출함으로써 생명력을 불어넣는 작업입니다. 컬러 그레이딩(Color Grading)은 이처럼 사람이 눈으로 직접 보는 것과는 다소 다른 새로운 톤을 만드는 작업입니다.

색 보정의 목적을 정리하면 다음과 같습니다.

1. 촬영 중 실수로 발생한 과다 노출이나 과소 노출 및 잘못된 화이트 밸런스 등을 잡아줍니다.

2. 다른 장소와 다른 시각에 촬영한 영상을 같은 장소와 같은 시간대에 촬영한 것처럼 표현하고자 할 때 사용합니다.

3. 영상을 밝게, 따뜻하게, 명랑하게, 어둡게, 차갑게 표현하는 등 전반적인 분위기를 연출하고자 할 때 사용합니다.

이번 장에서는 색 보정과 관련된 여러 기능을 살펴보고 익혀보겠습니다.

25

일차

색 보정 초보에서 시작하기

▶ https://youtu.be/TrvdL5FNLp0 (07분 49초) ●

색 보정의 기본 도구 – 컬러 보드(Color Board)

1. 클립을 선택한 다음 단축키 command + 6을 누르면 컬러 인스펙터가 활성화됩니다.

그림 7-1 컬러 인스펙터

2. 컬러 보드를 추가합니다. [No Corrections] 부분을 클릭한 다음 [+Color Board]를 클릭합니다.

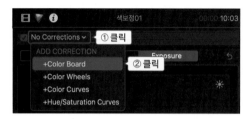

그림 7-2 컬러 보드 추가하기

3. 컬러 보드를 사용해 클립의 색상(Color), 채도(Saturation) 및 노출(Exposure)을 매우 정확하게 조절할 수 있습니다. 각 조절 화면을 살펴보겠습니다.

그림 7-3 컬러 보드 탭

4. 색상 탭인 [Color]를 클릭해 보겠습니다. 색상은 여러 가지 색상을 추가하거나 빼는 식으로 영상의 색상을 조정할 수 있습니다.

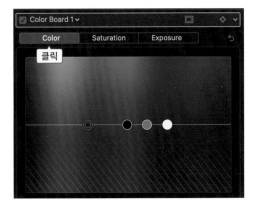

그림 7-4 색상(Color) 탭

5. 색상은 가운데 흰 선을 기준으로 상단 영역과 하단 영역으로 나누어져 있습니다. 상단 영역으로 동그란 컨트롤을 드래그하면 해당 영역에 그 색상을 추가한다는 의미입니다. 반대로 하단 영역으로 동그란 컨트롤을 드래그하면 해당 영역에서 그 색상이 제거됩니다. 컬러 보드의 색상 항목은 기본적으로 '어떤 색을 더하고 어떤 색을 뺄 것인지'를 고려해서 작업해야 합니다.

그림 7-5 컨트롤을 드래그해 색상 조정하기

6. 채도 탭인 [Saturation]을 클릭해 보겠습니다.

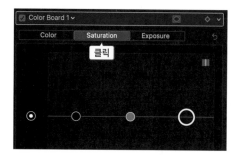

그림 7-6 채도(Saturation) 탭

7. 동그란 컨트롤은 가장 왼쪽부터 전역(Global), 어두운 영역(Shadows), 중간 영역(Midtones), 밝은 영역(Highlights) 컨트롤입니다. 이 컨트롤도 직관적으로 구성돼 있습니다. 왼쪽에 있는 전역(Global) 컨트롤은 전체 이미지에 영향을 주기 때문에 다른 세 개의 컨트롤보다 큽니다. 검은색 컨트롤은 어두운 영역(Shadows)을 담당하는 컨트롤, 회색 컨트롤은 중간 영역(Midtones)을 담당하는 컨트롤, 흰색 컨트롤은 밝은 영역(Highlights)을 담당하는 컨트롤입니다. 상단 영역으로 드래그하면 채도가 증가해 색상이 뚜렷해지지만 하단 영역으로 드래그하면 무채색에 가까워집니다.

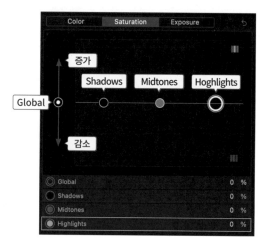

그림 7-7 채도 조정하기

8. 노출 탭인 [Exposure]를 클릭해 보겠습니다.

그림 7-8 노출(Exposure) 탭

9. 앞서 살펴본 채도와 같은 UI입니다. 노출이 많아질수록 영상이 하얗게 표현됩니다. 반면 노출이 적어질수록 어둡게 표현됩니다.

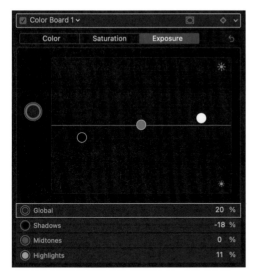

그림 7-9 채도 조정하기

10. 색 보정은 추가된 색 보정 툴에 체크했는지에 따라 적용 여부를 결정할 수 있습니다. 체크를 해제하면 색 보정 역시 해제됩니다.

그림 7-10 색 보정 체크를 통해 적용하기

컬러 휠을 이용한 색 보정

1. 컬러 휠을 활성화하는 방법은 다음과 같습니다. 먼저 영상 클립을 선택한 다음 단축키 command + 6을 누르거나 컬러 인스펙터 아이콘을 클릭해 컬러 인스펙터를 활성화합니다.

그림 7-11 컬러 인스펙터 활성화하기

2. [No Corrections] 팝업 메뉴를 클릭한 다음 [+Color Wheels]를 선택해 컬러 휠을 추가합니다. 또한, 이펙트 브라우저에서 [Color] 카테고리에 있는 'Color Wheels' 이펙트를 보정하고자 하는 영상 클립으로 드래그 앤드 드롭해추가하는 방법도 있습니다.

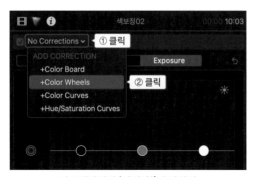

인스펙터에서 '컬러 휠' 추가하기   이펙트로 '컬러 휠' 추가하기

그림 7-12 컬러 휠 추가하기

3. 컬러 휠은 4개의 영역으로 구성돼 있습니다. 가장 위쪽에 있는 마스터(MASTER)부터 반시계 방향으로 그림자(SHADOWS) 영역, 중간(MIDTONES) 영역, 하이라이트(HIGHLIGHTS) 영역입니다. 컬러 보드에서도 이 4개 영역의 색상을 조정할 수 있지만, 각 영역의 컨트롤 버튼이 놓인 기본 위치 때문에 혼동이 있었습니다. 컬러 휠은 그러한 혼동을 줄이고 각 영역의 색상을 조정할 수 있는 인터페이스로 좀 더 명확한 색 보정 작업을 할 수 있게 해줍니다.

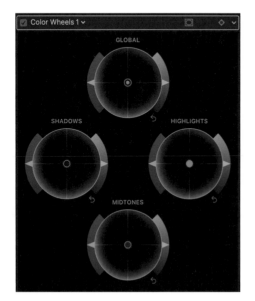

그림 7-13 컬러 휠의 4가지 영역

4. 색상 속성 위에 있는 팝업 메뉴를 클릭하면 보기 옵션을 선택할 수 있습니다. [All Wheels]를 선택하면 4개의 컬러 휠이 모두 동시에 표시되고, [Single Wheels]를 선택하면 한 번에 하나의 대형 컬러 휠이 표시됩니다. 다른 컬러 휠로 이동하려면 표시할 휠을 선택하면 됩니다.

그림 7-14 휠 보기 옵션 View

5. 컬러 휠의 중심 부분에는 색상을 조정할 수 있는 컨트롤이 있습니다. 마우스를 드래그해 색상을 조정할 수 있으며 키보드에서 위, 아래, 왼쪽, 오른쪽 화살표를 눌러서 조정할 수도 있습니다. 왼쪽에 있는 슬라이더는 클립의 채도를, 오른쪽에 있는 슬라이더는 명도를 조절하는 슬라이더입니다. option 키를 누른 채로 드래그하면 좀 더 미세하게 조정할 수 있습니다. 휠의 아래쪽에는 모든 조정을 해제하고 다시 처음으로 돌아가는 리셋 버튼이 있습니다.

그림 7-15 컬러 휠의 구성 요소

6. 컬러 휠의 아래에는 드래그로 조정하는 방식을 좀 더 보완할 수 있는 보조 컨트롤이 있으며, 색온도 (Temperature), 색조(Tint), 색상(Hue), 혼합(Mix)을 설정할 수 있습니다.

① 색온도(Temperature): 색온도는 영상을 촬영할 때 빛의 색값을 나타내며, 영상 촬영 당시의 조명 상태를 보정하는 역할을 합니다. 기본 단위는 켈빈(K)으로 슬라이더를 왼쪽으로 드래그하면 파란색 톤이 증가하고, 슬라이더를 오른쪽으로 드래그하면 노란색-붉은색 톤이 증가합니다. 예를 들어 카페 조명과 같이 텅스텐 실내조명 때문에 사람의 피부색이 많이 왜곡됐을 때는 색온도를 왼쪽으로 드래그해 2500에서 2900 사이의 값을 화이트 밸런스로 설정할 수 있습니다.

색 온도 2800K

색 온도 5000K

색 온도 7500K

그림 7-16 색온도에 따른 이미지 표현 차이

② **색조(Tint)**: 색온도(Temperature)에서 파란색, 붉은색 계열을 조정한 다음 남아있는 녹색과 자홍색 색조를 미세하게 조정해 화이트 밸런스를 맞춥니다. 색온도와 색조는 서로 보완적인 역할을 합니다. 왼쪽으로 드래그하면 이미지에 녹색 색조가 추가되고, 오른쪽으로 드래그하면 자홍색 색조가 추가됩니다.

③ **색상(Hue)**: 색상이 0°에서 360°까지 분포돼 있으며, 버튼을 드래그하거나 값 슬라이더를 사용해 색상을 조정합니다. 기본값은 0입니다.

그림 7-17 컬러 휠의 보조 컨트롤

④ **혼합(Mix)**: 색 보정 이미지와 혼합할 원본 이미지 양을 설정합니다. 기본값은 1입니다.

7. 컬러 휠을 이용해 색상을 보정하고자 할 때 객관적이고 정확한 색상 정보가 필요합니다. 색상 정보를 표현하는 스코프 중에서 컬러 휠과 가장 잘 어울리는 스코프는 역시 벡터 스코프입니다. 벡터 스코프는 원형의 색상 분포를 나타내는 스코프입니다. 컬러 휠의 빨강, 녹색 및 파랑의 분포 각도는 벡터 스코프에 있는 색상의 각도와 일치합니다. 컬러 휠의 색상 컨트롤을 움직이면 벡터 스코프의 색상 분포도 같은 방향으로 이동합니다. 벡터 스코프를 사용해 색상을 보정하는 자세한 방법은 이번 장의 스페셜 부분에서 설명했습니다.

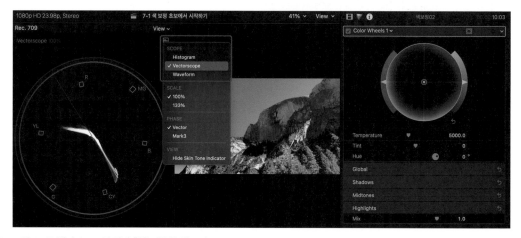
그림 7-18 벡터 스코프와 컬러 휠을 이용한 색 보정

파이널 컷 프로의 또 다른 색 보정 툴 살펴보기

파이널 컷 프로의 색 보정 도구는 크게 4가지가 있습니다. 앞서 살펴본 컬러 보드(Color Board) 이외에 컬러 휠(Color Wheels), 컬러 커브(Color Curves), 색상/채도 커브(Hue/Saturation Curve)입니다.

1. **컬러 보드(Color Board)**: 색상, 채도, 노출을 조절할 수 있습니다.

2. **컬러 휠(Color Wheels)**: 4개의 컬러 휠(마스터, 섀도, 미들톤, 하이라이트)을 제공합니다. 각 영역에서 밝기와 채도 및 색상을 컬러 휠 슬라이더를 드래그함으로써 직관적으로 조절할 수 있습니다.

3. **컬러 커브(Color Curves)**: 이미지의 색상 채널을 곡선으로 조절할 수 있습니다. 기본 RGB(Red, Green, Blue) 색상은 물론 특정 색의 채널을 조절할 수 있으며, 밝기(Luma) 채널도 조절할 수 있습니다.

4. **색상/채도 커브(Hue/Saturation Curves)**: 6개의 색상/채도 곡선을 이용해 더욱 정밀하게 색을 보정할 수 있습니다.

컬러 보드(Color Board)

컬러 휠(Color Wheels)

컬러 커브(Color Curves)

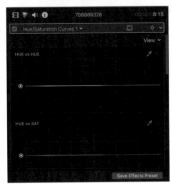

색상/채도 커브(Hue/Saturation Curves)

그림 7-19 파이널 컷 프로의 색 보정 도구

내 영상을 영화처럼 색 보정하기

▶ https://youtu.be/mqso4q7Y0go (08분 00초) ◐

룩 업 테이블(Look Up Table, 이하 LUT)은 영상 클립의 특정 RGB 이미지 값(색상, 채도, 밝기)을 변경해 새로운 RGB 값으로 수정하기 위한 숫자 표입니다. 영상의 독특한 영상미를 연출하기 위해 LUT를 활용하고 있습니다. 컬러 프리셋과 달리 LUT는 프리미어 프로, 애프터이펙트, 다빈치 리졸브, 베가스, 에디우스, 아비드 등 다른 영상 제작 및 편집 소프트웨어에서도 활용할 수 있어서 유료로 판매하는 LUT는 물론 무료로 내려받을 수 있는 LUT 파일도 많습니다.

내려받은 LUT 파일 적용하기

1. 무료로 LUT를 제공하는 여러 사이트가 있지만, https://luts.iwltbap.com/에서 무료 LUT를 내려받아 적용해 보겠습니다. 인터넷 브라우저(사파리, 크롬 등)를 실행한 다음, 위 주소를 입력해 사이트에 접속합니다. 사이트 아래쪽에 있는 [TEST FREE LUTS BEFORE BUYING]을 클릭해 LUT 파일을 내려받습니다.

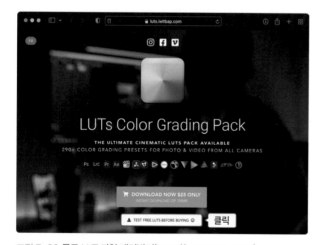

그림 7-20 무료 LUT 파일 내려받기(https://luts.iwltbap.com/)

2. 내려받은 파일은 '다운로드' 폴더에 저장됩니다.

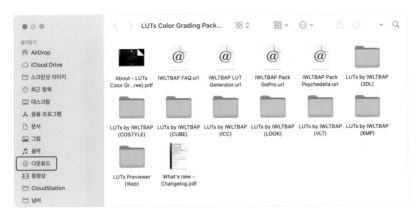

그림 7-21 LUT 파일 (다운로드 폴더)

3. 파이널 컷 프로로 돌아간 다음 이펙트 브라우저에서 [Color] 카테고리에 있는 'Custom LUT'를 드래그 앤드 드롭 해 LUT를 적용하고자 하는 영상 클립에 적용합니다.

그림 7-22 Custom LUT 이펙트 적용

4. 이펙트를 적용한 다음 비디오 인스펙터에 있는 Custom LUT 팝업 메뉴를 열고 [Choose Custom LUT...]를 선택합니다.

그림 7-23 비디오 인스펙터에서 Custom LUT 메뉴 열기

5. LUT 파일이 있는 폴더 내부로 이동한 다음 'LUTs by IWLTBAP(CUBE)' 폴더를 선택하고, [Open] 버튼을 클릭합니다.

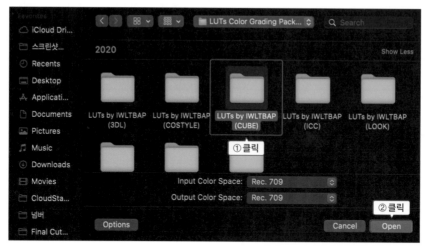

그림 7-24 LUT 폴더 열기

6. 다시 LUT 팝업 메뉴를 열어 보면 이전에 없던 'LUTs by IWLTBAP(CUBE)' 폴더가 생겼습니다. 폴더를 탐색해 보면 [03 – V-Log] 카테고리에 [C-8120-VLOG] 항목이 있습니다. C-8120-VLOG를 클릭해 적용하면 다음 그림과 같은 모습으로 영상이 바뀝니다. LUT 파일은 보통 확장자가 '.cube'나 '.mga'로 끝납니다. 개별 파일로 추가할 수 있으며 예제와 같이 폴더별로 여러 LUT 파일을 등록할 수도 있습니다.

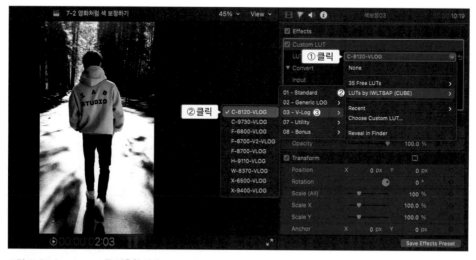

그림 7-25 Custom LUT를 적용한 영상

7. 이펙트 인스펙터에서 Custom LUT의 입력(Input)
과 출력(Output) 색 공간을 설정할 수 있습니다.
기본값으로 입출력 모두 Rec.709의 HDTV 표준
영상 컬러로 설정돼 있습니다. UHD 및 4K와 같은
고해상도 영상을 커버하는 Rec.2020으로 설정을
변경할 수 있습니다. Mix에서는 LUT를 적용한 영
상과 원본 영상의 혼합 비율을 조정해 두 이미지
가 자연스럽게 합성되도록 연출할 수 있습니다. 키
프레임을 추가할 수 있으므로 색이 변하는 영상
효과도 연출할 수 있습니다.

그림 7-26 Custom LUT의 옵션 항목

⠿ 더 알아보기

LUT를 사용하는 이유와 어떤 상황에서 사용할 수 있는지 이해하려면 비디오 촬영 모드 종류 중 하나인 로그(Log)
촬영 모드에 대해 짚고 넘어가야 합니다.

일반적으로 많은 사람이 사용하는 카메라 회사는 소니(Sony)와 캐논(Canon)입니다. 여기에 일반 사람들에게는 생
소하지만, 영화를 찍는 사람들에게 알려진 ARRI라는 카메라 회사도 있습니다. 각 카메라 회사에서 전문가용 카메라
는 물론 일반인들에게 판매하는 미러리스 카메라 제품군에도 로그(Log) 촬영 모드를 지원하는 카메라를 출시하고
있습니다. 로그 촬영 모드로 찍은 영상은 다음 그림과 같이 전체적으로 어둡고 무채색에 가까운 밋밋한 영상입니다.
그렇기에 로그 촬영은 반드시 색 보정 작업을 거쳐야 합니다.

그림 7-27 로그 촬영 모드로 찍은 영상의 한 장면

로그 방식에 대한 아이디어는 1990년대 코닥(KODAK)사의 영화 필름 디지털 스캔 Cineon 시스템에서 유래됐
습니다. 아날로그 영화 필름을 디지털 영상으로 스캔하는 과정에서 원본 필름의 밀도와 일치하는 형식으로 필름

을 스캔하기 위해 로그 방식을 도입한 것입니다. 로그 방식은 이미지의 어두운 영역(Shadows, 암부)과 밝은 영역(Highlights, 명부) 중에서 암부에 풍부한 정보량을 담고, 명부는 상대적으로 둔감하게 정보를 덜 담는 형태로 기록합니다. 이런 로그 방식을 통해 디지털 비디오 형식으로 저장할 수 있는 정보를 최대한 담을 수 있습니다.

소니와 캐논 그리고 ARRI는 모두 로그 방식으로 필름을 스캔하는 아이디어를 자사 제품의 카메라 센서에 적용했습니다. 회사마다 이름은 조금씩 다릅니다. 소니는 S를 따서 S-log, 캐논은 C를 따서 C-log 혹은 Canon log, ARRI는 LogC라고 부릅니다. 각 회사 카메라 방식에 따라 설계됐지만, 결과물은 비슷합니다. 모두 하나같이 어두운 이미지인 암부 영역에 좀 더 풍부한 정보량을 담고 있습니다. 이러한 로그 방식으로 촬영한 영상을 우리가 일반적으로 보는 영상처럼 바꾸기 위한 도구가 바로 LUT(Look Up Table)입니다. 우리가 일반적으로 보는 영상은 Rec.709 HD 비디오로 표현된 영상입니다. LUT의 종류 중 표준 LUT는 로그 방식으로 촬영한 영상을 표준 HD 비디오(Rec.709)로 변환하는 역할을 합니다.

S-log3으로 촬영한 영상

Rec.709 영상으로 변환

그림 7-28 로그 촬영(소니의 S-log3) 영상을 표준 HD 비디오(Rec.709)로 변환

색 보정 컬러 프리셋 적용하기

1. 이펙트 브라우저에서 [Color Presets] 카테고리로 들어갑니다.

그림 7-29 Color Presets 카테고리

2. 이펙트 위로 마우스를 가져가 보면 뷰어를 통해 미리 보기를 지원합니다.

그림 7-30 컬러 프리셋 이펙트 미리 보기

3. 적용하고자 하는 이펙트를 더블 클릭해 클립에 적용합니다. 'Summer Sun' 컬러 프리셋을 적용해 보겠습니다.

그림 7-31 더블 클릭해 이펙트 적용하기

4. 프리셋이기 때문에 사전에 컬러 보드로 미리 설정한 값들이 적용됩니다. 따라서 컬러 인스펙터에서 색상, 채도, 노출 등을 조정할 수 있습니다.

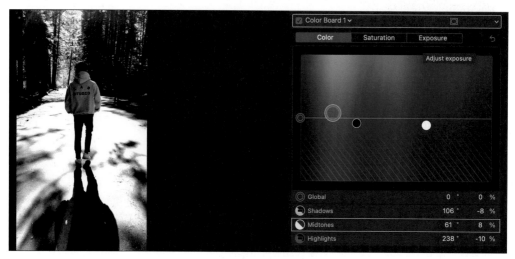

그림 7–32 컬러 프리셋은 미리 설정된 컬러 보드의 값이 적용됨

색 보정 컬러 프리셋 만들기

1. 인스펙터의 오른쪽 아래에 있는 [Save Effects Preset] 버튼을 클릭합니다.

그림 7–33 Save Effects Preset 버튼 클릭

2. 컬러 이펙트를 저장하는 창이 나타납니다. 이름과 이펙트를 저장할 카테고리를 설정할 수 있습니다. 이름을 'Test Effect'로 설정하고, 카테고리는 [Color Presets]으로 하겠습니다. 포함할 속성으로 Color Board 1만 체크한 다음 [Save] 버튼을 클릭합니다.

그림 7-34 컬러 이펙트 저장 창

3. 이펙트에 지정했던 카테고리에서 방금 저장한 컬러 프리셋을 확인할 수 있습니다. 더블 클릭하거나 드래그 앤드 드롭으로 이펙트를 다른 영상 클립에 적용할 수도 있습니다.

그림 7-35 저장된 Test Effect 컬러 프리셋

하늘 색깔을 자유롭게 바꿔보기

1. 실습 예제 '색보정 04' 클립을 선택한 다음 컬러 인스펙터를 활성화(단축키 command + 6)합니다. 그리고 컬러 인스펙터에서 컬러 보드(Color Board)를 추가합니다.

그림 7-36 컬러 보드 추가하기

2. 컬러 마스크를 추가해 보겠습니다. 컬러 마스크 추가 버튼은 숨겨져 있습니다. 컬러 보드 오른쪽에 마우스를 가져가 보면 숨겨진 버튼이 표시됩니다. 이 버튼을 클릭한 다음 [Add Color Mask]를 클릭해 컬러 마스크를 추가합니다.

그림 7-37 컬러 마스크 추가하기

3. 하늘 영역을 선택해 보겠습니다. 뷰어에서 하늘 부분을 꾹 눌러 드래그하면 하늘색만 온전히 표시되도록 색상을 추출합니다. 하늘을 제외한 나머지 부분은 회색으로 표시되어야 합니다. 추출이 모두 끝나면 마우스 버튼을 뗍니다.

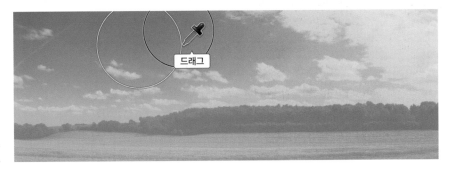

그림 7-38 색상 추출을 이용해 마스크 영역 선택하기

4. 컬러 보드 아래쪽에 있는 Mask에서 [View Masks]를 클릭해 켜봅니다.

그림 7-39 View Masks 켜기

5. 현재는 마스크 보기(View Masks) 모드라서 뷰어에 이미지가 다음 그림과 같이 표시됩니다. 흰색으로 표시되는 부분은 마스크의 내부 영역(Inside)입니다. 검은색으로 표시되는 부분은 마스크의 외부 영역(Outside)입니다.

그림 7-40 마스크의 영역 구분하기

6. 다시 [View Masks] 버튼을 눌러 마스크를 해제합니다.

그림 7-41 View Masks 해제하기

7. [Saturation] 탭을 클릭한 후 채도를 높여보겠습니다. 채도가 높아지면 하늘이 쨍한 느낌으로 연출됩니다.

그림 7-42 채도 조정하기

8. [Color] 탭을 클릭한 후 색상을 변경해 하늘 색상을 바꿔볼 수 있습니다.

그림 7-43 색상 조정하기

영화 씬시티처럼 특정 부분만 색 보정하기

1. 예제 '색보정 05' 영상 클립에 컬러 휠을 추가해 보겠습니다. 컬러 인스펙터를 활성화한 다음 [No Corrections] 부분을 클릭하고 [+Color Wheels]를 클릭해 컬러 휠을 추가합니다.

그림 7-44 컬러 휠 추가하기

2. 그림과 같이 컬러 휠 오른쪽으로 마우스를 가져간 다음 [Add Color Mask]를 클릭해 컬러 마스크를 추가합니다.

그림 7-45 컬러 마스크 추가하기

3. 붉은색 부분만 드래그해 색상을 추출해 보겠습니다.

그림 7-46 붉은색 색상 추출하기

4. 마스크 부분의 색상을 살펴보니 붉은색 부분이 선택된 것을 볼 수 있습니다.

그림 7-47 마스크로 선택된 색상

5. [View Masks]로 뷰어에서 마스크가 선택된 영역(하얀색이 내부 영역)을 볼 수 있습니다.

그림 7-48 마스크로 선택된 영역

6. 마스크의 영역을 [Inside]에서 [Outside]로 변경합니다. 이렇게 하면 마스크 적용 대상이 바뀝니다. 즉, 색상을 조정할 때 마스크의 외부 영역에 적용됩니다.

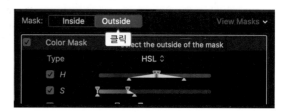

그림 7-49 마스크의 외부 영역에 적용하기

7. 컬러 휠의 채도를 그림과 같이 낮춥니다.

그림 7-50 채도를 완전히 낮추어 무채색으로 표현하기

8. 붉은색만 남고 나머지는 모두 무채색으로 표현됩니다.

그림 7-51 붉은색만 나타나고 나머지는 무채색으로 색 보정

9. 마스크를 조금 더 정교하게 선택하려면 HSL 슬라이더를 드래그해 조정합니다.

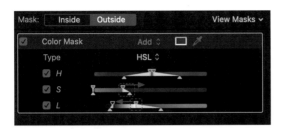

그림 7-52 HSL 슬라이더로 컬러 마스크 영역 조정하기

10. S(Saturation)의 그래프 부분을 양옆으로 드래그해 채도의 선택 범위를 넓혀줍니다. 그리고 L(Luma)의 오른쪽 그래프 부분을 왼쪽으로 드래그해 루마의 선택 범위를 좁혀줍니다.

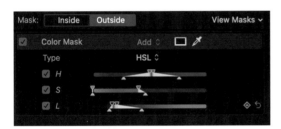

그림 7-53 슬라이더 드래그로 마스크 세부 조정하기

11. 마스크가 좀 더 정교하게 설정된 모습을 확인할 수 있습니다.

그림 7-54 정교화 된 마스크를 통해 이미지를 세부 보정하기

비디오스코프를 이용한 색 보정 작업

비디오스코프를 이용한 색 보정 작업 – 색상(HUE)

1. 색상 부분을 보정할 때는 스코프(Scope)를 켜고 작업합 니다. 비디오스코프를 활성화하는 단축키는 command + 7입니다. 또는 뷰어의 오른쪽 위에 있는 메뉴에서 [View] → [Show Video Scopes]를 클릭해도 됩니다.

그림 7-55 비디오스코프 활성화

2. 비디오스코프를 활성화하면 뷰어가 2개의 프레임으로 나뉘면서 왼쪽 영역에는 비디오스코프가 표시되고, 오른쪽 영역에는 해당하는 영상 클립의 프레임 내용이 표시됩니다. 그림과 같이 나타나게 하려면 [View] 오른쪽에 있는 열기 메뉴를 누른 다음 왼쪽 위에 있는 큰 정사각형을 선택하고, [Show Guides]에 체크합니다. 그다음 [View] 아 래에 있는 스코프(Scope) 아이콘을 클릭해 스코프(Scope)는 웨이브 폼(Waveform)을 선택하고, 채널(Chan-nels)은 RGB 퍼레이드(RGB Parade)를 선택합니다.

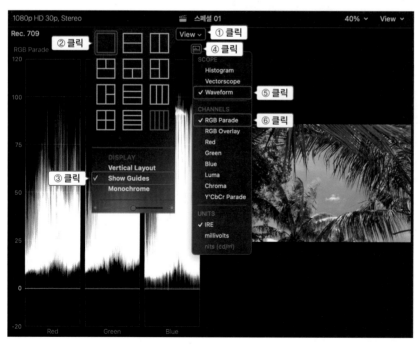

그림 7-56 Waveform 스코프와 RGB Parade 채널 선택

3. 웨이브 폼(Waveform) 스코프와 RGB 퍼레이드(RGB Parade) 채널을 선택하면 그래프와 같은 형태로 나타납니다. 웨이브 폼의 가로축에는 빛의 3원색인 Red, Green, Blue 색상 항목이 있고, 세로축에는 −20부터 120까지의 숫자가 있습니다. 세로축은 0에서 33까지 어두운 영역(Shadows), 33에서 66까지 중간 영역(Midtones), 66에서 100까지 강조 영역(Highlights)을 나타냅니다. 또한 각 색 영역들은 이미지의 색 분포를 왼쪽에서 오른쪽으로 나타내고 있습니다.

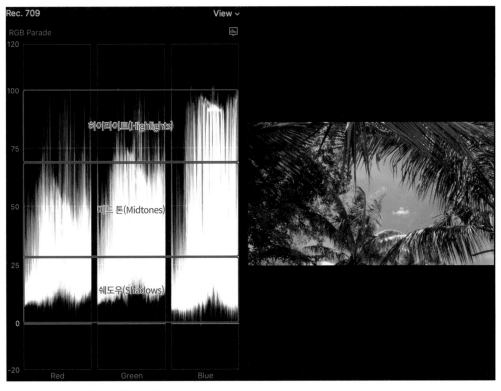

그림 7-57 웨이브 폼에서 각 영역의 범위

4. 야자나무 사이로 가운데 하늘의 모습이 있는 예제 이미지에서는 블루(Blue) 영역의 파형이 유독 도드라진 것을 확인할 수 있습니다. 붉은색 영역과 녹색 영역은 중간 영역(Midtones)에 집중적으로 분포된 것을 확인할 수 있습니다. 파란색 영역은 전 영역에 걸쳐 골고루 퍼져 있습니다. 그래서 전체적으로 영상의 색감이 푸른색이 강하게 나타나고 있습니다.

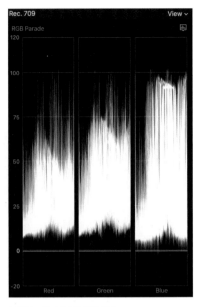

그림 7-58 분포도 해석하기

5. 웨이브 폼의 RGB 퍼레이드를 보고 색을 보정할 때는 색의 분포가 3개의 영역(Highlights, Midtones, Shadows)에 골고루 분포될 수 있게 보정 작업을 하면 좋습니다. 그림에서도 색의 분포가 골고루 분포돼 있지만, 그림자 영역에서 붉은색과 녹색 계열이 좀 더 보강된다면 풍부한 느낌을 줄 수 있습니다. 일반적으로 그림자 영역은 이미지에 풍부함을 더해주는 역할을 하고, 중간 톤은 영상의 분위기나 시간을 반영하며, 하이라이트는 에너지를 불어넣는 역할을 합니다.

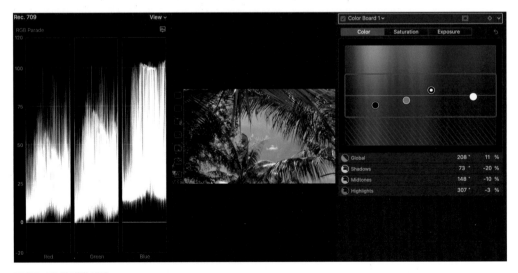

그림 7-59 색 보정 예시

6. 만약 색의 분포가 특정 영역에만 치우친다면 그림과 같은 형태로 나타납니다. 전체적으로 색의 분포가 고르지 못하며 녹색 계열의 색이 중간 영역(Midtones)에 집중돼 있습니다. 그리고 붉은색 계열도 어두운 영역(Shadows)에 집중적으로 분포돼 있습니다. 전체적으로 각 영역의 색이 골고루 분포될 수 있게 보정해야 합니다.

그림 7-60 색상이 잘못 분포된 예

TIP

방송용 영상에 필수로 적용하는 Broadcast Safe 이펙트

−20에서 0은 슈퍼 블랙, 100에서 120은 슈퍼 화이트 영역을 나타냅니다. 디지털 촬영 기기로 촬영한 사진이나 영상은 이 범위에 색이 분포할 수 있습니다. 영상을 웹에서 상영할 목적이라면 이 영역에 색이 분포돼 있어도 별다른 문제가 없지만, 방송 목적의 영상이라면 이 범위에 해당하는 색이 없도록 색을 보정해야 합니다. 하지만 단일 프레임을 보고 색이 0과 100 사이의 범위에 분포하도록 보정해도 막상 재생했을 때 다른 프레임에서 0과 100 사이의 범위를 초과할 수 있습니다. 이럴 때 유용하게 사용할 수 있는 이펙트가 Broadcast Safe 이펙트입니다. 이 이펙트는 방송에 부적합한 색의 범위를 강제로 보정하는 기능이 있습니다.

그림 7-61 Broadcast Safe 이펙트

클립에 Broadcast Safe 이펙트를 적용하면 웨이브 폼의 RGB 영역에서 0과 100 사이에 색이 분포할 수 있게 바로 잡아줍니다. 그림 7-62를 살펴보면 Broadcast Safe 이펙트를 적용한 후 색의 범위가 0과 100 안에서만 분포되도록 강제로 조정된 모습을 확인할 수 있습니다. 색의 범위를 조절해도 맨눈으로 보는 이미지의 차이는 크게 느껴지지 않습니다.

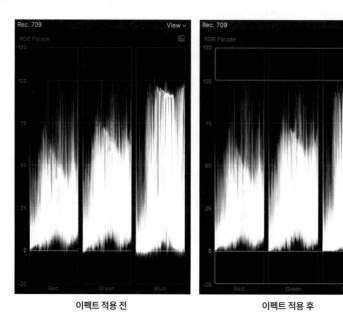

이펙트 적용 전   이펙트 적용 후

그림 7-62 Broadcast Safe 이펙트를 적용한 후의 웨이브 폼

비디오스코프를 이용한 색 보정 작업 - 채도(Saturation)

채도(Saturation)는 색상의 강도를 뜻합니다. 채도는 높고 낮음으로 나타내며, 채도가 높을수록 색이 더욱더 선명해집니다. 반면 채도가 낮을수록 회색이나 흰색 또는 검정과 같이 무채색에 가까워집니다.

1. 채도를 조절하려면 다음과 같이 컬러 보드에서 [Saturation] 탭을 클릭합니다. 마우스로 핸들을 드래그하거나 숫자 값을 입력해 채도를 조절합니다. 채도 값은 %를 단위로 하며, -100에서 100 사이의 값을 입력할 수 있습니다.

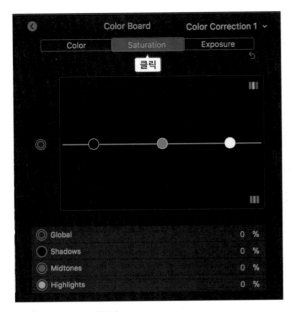

그림 7-63 컬러 보드(채도)

2. 색상과 마찬가지로 Shadows, Midtones, Highlights라는 3가지 영역과 전체를 아우르는 Global 영역이 있습니다. 다음 그림은 채도의 Global 영역을 각각 -100과 100으로 극단적으로 낮춘 모습과 높인 모습입니다. 이미지 채도가 낮을 때는 무채색에 가깝고, 이미지 채도가 높을 때는 색이 아주 선명해집니다.

채도가 낮을 때(-100)

채도가 높을 때(+100)

그림 7-64 채도가 낮을 때와 높을 때 비교

3. 채도는 벡터 스코프를 함께 보면서 조절하는 것이 좋습니다. 벡터 스코프를 활성화하려면 먼저 단축키 command + 7을 눌러 비디오스코프를 활성화합니다. 그다음 [View] 아래에 있는 스코프(Scope) 아이콘을 클릭해 스코프의 종류를 벡터 스코프(Vectorscope)로 선택합니다.

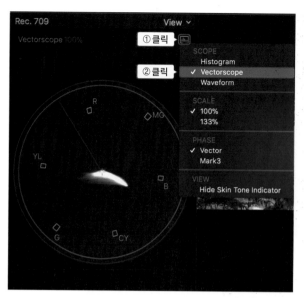

그림 7-65 벡터 스코프 활성화

4. 벡터 스코프(Vectorscope)는 이미지의 색상 분포와 채도를 원형으로 보여줍니다. 색상과 채도를 동시에 측정하고 볼 수 있기 때문에 색을 보정할 때 꼭 알아둬야 할 스코프입니다. 원형 위에 적혀 있는 문자는 각각 기본 RGB 색상과 보조 역할을 하는 옐로우(Yellow), 시안(Cyan), 마젠타(Magenta)를 뜻합니다. 전체적으로 푸른색의 느낌이 강한 이미지를 벡터 스코프로 비춰보면 블루(B) 쪽으로 기울어진 분포를 볼 수 있습니다.

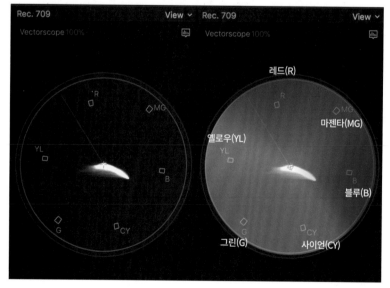

그림 7-66 벡터 스코프의 색 분포

5. 채도가 높을수록 벡터 스코프에 나타나는 분포도의 크기가 커집니다. 반대로 채도가 낮을수록 중심에 수렴하는 형태로 나타나 거의 보이지 않습니다. 아래 그림을 통해 채도가 낮을 때와 높을 때의 벡터 스코프 차이를 확인할 수 있습니다.

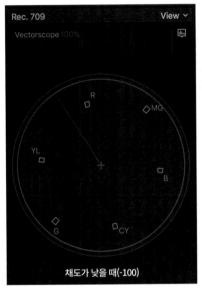

그림 7-67 채도가 낮을 때와 높을 때의 벡터 스코프

6. 벡터 스코프를 이용해 채도를 조절할 때는 채도의 분포도가 안전 영역에 위치할 수 있게 조절해야 합니다. 안전 영역은 방송에 적합한 색상과 채도의 영역을 말합니다. 다음과 같이 벡터 스코프에 나타난 색들을 이은 영역이 바로 안전 영역입니다.

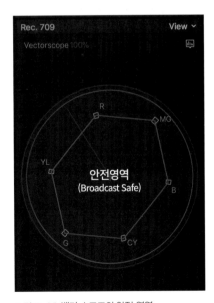

그림 7-68 벡터 스코프의 안전 영역

7. 다음 그림은 일출 사진인데 태양 빛이 강렬합니다. 사진의 채도를 조금 높였더니 벡터 스코프의 안전 영역을 초과했습니다. 맨눈으로 봐서는 차이를 알 수 없는 것도 벡터 스코프로 살펴보면 문제를 확인할 수 있습니다. 이런 경우에는 앞서 이야기한 Broadcast Safe 이펙트를 적용하거나 채도를 줄여서 색의 범위가 안전 영역으로 들어올 수 있게 조절하면 됩니다.

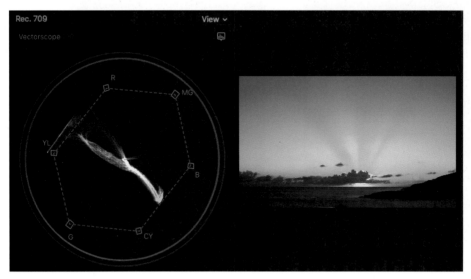

그림 7-69 안전 영역을 초과한 사진 색 보정하기

8. 벡터 스코프는 사람의 피부톤을 보정하는 데 중요한 역할을 합니다. 벡터 스코프의 10시 30분 방향으로 즉, 오른쪽 그림과 같이 R과 YL 사이에 Fresh Line이라는 대각선이 있습니다. 파이널 컷 프로에서는 이 선을 Skin Tone Indicator(피부톤 보정선)라고 합니다.

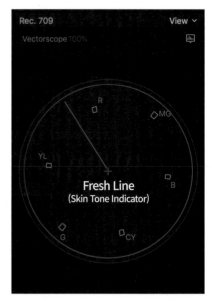

그림 7-70 벡터 스코프의 피부 톤 보정선

9. 인종에 상관없이 올바르게 보정한 사람의 피부색은 이 Fresh Line에 색상과 채도가 분포합니다. 예제를 통해 살펴보겠습니다. 다음 그림은 백인의 피부 보정을 나타내고 있습니다. 붉은색 드레스를 입고 있어서 붉은색 쪽(R)으로 채도가 올라간 부분도 있지만, 피부색을 나타내는 부분은 Fresh Line에 있습니다.

그림 7-71 백인의 피부 보정

10. 이번에는 흑인의 피부 보정을 살펴보겠습니다. 아래 그림은 전체적으로 색이 선명하게 나온 사진입니다. 벡터 스코프를 통해 살펴보니 분포도가 크게 나와서 채도가 높은 사진임을 알 수 있습니다. 흑인 여자아이의 피부색도 Fresh Line 위에 있음을 확인할 수 있습니다. 색을 보정할 때 개인의 감에 의지해서 색을 보정하는 것보다 스코프를 이용해 정확한 분포도를 보면서 보정하는 것이 좋습니다.

그림 7-72 흑인의 피부 보정

노출(Exposure) 조정하기

노출(Exposure)은 비디오 또는 이미지의 빛의 양을 말합니다. 빛을 많이 받아들일수록 영상의 전체적인 밝기가 밝아지고, 빛의 양이 적을수록 밝기가 어두워집니다. 일반적으로 색상, 채도, 명도가 색의 주요한 세 가지 속성입니다. 하지만 사진이나 영상 촬영에서는 명도라는 표현보다는 노출이라는 표현이 더 잘 어울립니다. 빛의 양을 어떻게 조절하는가에 따라서 원하는 이미지가 나타나기 때문입니다. 그런 점을 반영해서 파이널 컷 프로도 노출을 사용하고 있습니다. 실제로 노출을 조절하다 보면 밝기(Brightness)뿐만 아니라 대비(Contrast)도 조절하는 것을 알 수 있습니다.

1. 노출을 조절하는 방법 역시 컬러 보드에서 [Exposure] 탭으로 이동한 다음 드래그하거나 슬라이더를 이용해 값을 변경할 수 있습니다. 컬러 보드를 활성화하는 단축키는 command + 6입니다.

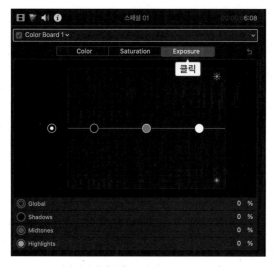

그림 7-73 컬러 보드에서 노출 조절

2. 노출값은 채도와 마찬가지로 −100%부터 100%까지의 값으로 설정합니다. −100%에 근접할수록 화면이 어두워지며, 반대로 100%에 근접할수록 화면이 하얗게 됩니다.

노출 -50%

노출 0%

노출 +50%

그림 7-74 노출값에 따른 이미지 변화

3. 노출은 단순하게 밝기를 조절하는 것 외에도 대비(Contrast) 효과를 연출할 수 있습니다. Shadows와 Midtones, Highlights 영역에 적절한 노출을 주면 비디오와 이미지가 더 선명해집니다. 다음 그림은 영역별로 노출을 달리해서 대비 효과를 연출한 이미지입니다.

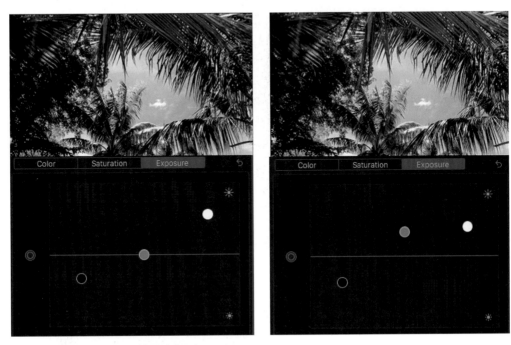

그림 7-75 영역별 노출 차이를 이용한 대비 효과

4. 노출이 적정하게 이뤄졌는지 판단하는 스코프(Scope)로는 웨이브 폼(Waveform)이 있습니다. 단축키 command + 7을 눌러 비디오스코프를 활성화하고, 그림과 같이 [View] 아래에 있는 스코프 아이콘을 클릭해 스코프 (SCOPE)는 웨이브 폼(Waveform)을, 채널(CHANNELS)은 루마(Luma)를 선택합니다.

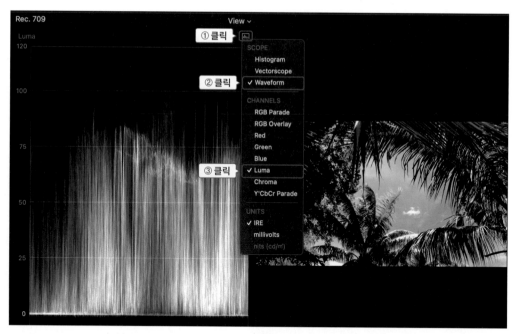

그림 7-76 웨이브 폼 스코프와 루마 채널 선택

5. 웨이브 폼을 보는 방법은 그래프를 보는 방
법과 같습니다. 웨이브 폼의 가로축은 이미
지의 왼쪽부터 오른쪽까지의 밝기를 나타내
며, 세로축에는 -20에서 120까지의 숫자가
있습니다. 세로축은 0에서 33까지 어두운
영역(Shadows), 33에서 66까지 중간 영
역(Midtones), 66에서 100까지 강조 영역
(Highlights)을 나타내며, -20에서 0 그리
고 100에서 120은 방송용으로 부적합한 밝
기를 나타냅니다.

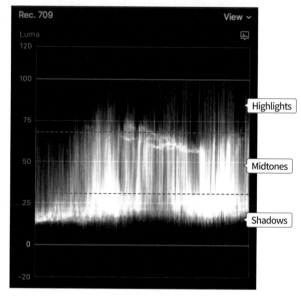

그림 7-77 웨이브 폼에서 각 영역의 범위

6. 예제 이미지를 통해 웨이브 폼을 이용해 밝기를 조절하는 방법을 살펴보겠습니다. 노출이 잘 된 영상이나 이미지는 영역마다 밝기가 골고루 분포돼 있어야 합니다. 대체로 각 영역에 밝기가 골고루 분포돼 있지만, 섀도 영역에서 밝기를 조금 더 보완하면 더욱더 좋은 이미지로 보정할 수 있습니다. 웨이브 폼 기준선을 위로 드래그해 위치시킨 후 컬러 보드의 섀도 영역을 드래그해 밝기를 조절합니다. 기준선 사이에 걸쳐질 수 있도록 색 보정을 할 수 있습니다. 또한, 100이 넘는 밝기도 있기 때문에 하이라이트 영역에서 밝기를 조절하거나 Broadcast Safe 이펙트를 적용해 100을 넘는 밝기를 조금 더 간편하게 조절하는 방법도 있습니다.

그림 7–78 웨이브 폼을 이용한 밝기 조절

7. 비디오의 밝기를 나타내는 값으로 노출 외에도 루마(Luma)가 있습니다. 루마 채널은 전체 클립의 밝기 범위를 나타내는 회색 음영 이미지입니다.

   이러한 루마 채널을 볼 수 있는 스코프로는 히스토그램이 있습니다. [View] 아래에 있는 스코프 아이콘을 클릭해 스코프(SCOPE)는 히스토그램(Histogram)을 선택하고, 채널(CHANNELS)은 루마(Luma)를 선택합니다.

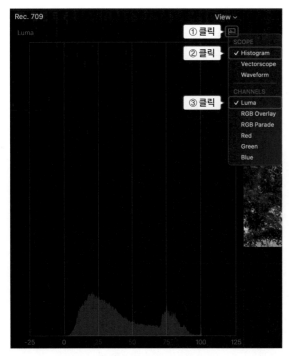

그림 7-79 히스토그램 스코프와 루마 채널 선택

8. 히스토그램에서도 방송용 컬러 밝기를 점검할 수 있습니다. 가로축의 0부터 100까지가 안전 영역이며, 가로축의 0에서 33까지 어두운 영역(Shadows), 33에서 66까지 중간 영역(Midtones), 66에서 100까지가 강조 영역(Highlights)을 나타냅니다.

스페셜 2 ▶ **Hue/Saturation Curves로 색 보정 작업하기**

색상/채도 커브는 총 6개의 커브를 이용해 정밀하게 색을 보정할 수 있는 도구입니다. 색상/채도 커브는 편집하고 있는 영상의 특정 색상이나 밝기 범위 및 채도 범위를 선택한 다음 그 안에서 색 보정을 할 수 있는 특징이 있습니다. 영상 클립 전체의 색을 보정하는 것이 아닌 부분적인 색을 보정하는 것이라고 보면 됩니다. 또한, 특정 색상, 밝기, 채도를 중심으로 영역을 설정하는 점에서 색상을 중심으로 영역을 묶는 컬러 마스크와 비슷한 점도 있습니다.

커브마다 고유 기능이 있기 때문에 색을 보정하고자 하는 목적에 맞춰 사용해야 합니다.

1. 색상/채도 커브를 활성화하는 방법은 앞서 살펴본 컬러 휠, 컬러 커브와 같습니다. command + 6을 누른 다음 인 스펙터에서 [No Corrections] → [+Hue/Saturation Curves]를 클릭해 색상/채도 커브를 추가합니다. 또는 이펙 트 브라우저에서 Hue/Saturation Curves 이펙트를 드래그 앤드 드롭해 적용해도 됩니다.

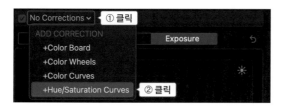

그림 7-80 색상/채도 커브 활성화

2. 색상/채도 커브의 인터페이스는 다음 그림과 같습니다. 위쪽에 있는 Hue/Saturation Curves(색 보정 추가/선택) 와 View(보기) 옵션은 앞서 살펴본 컬러 휠, 컬러 커브와 유사합니다. 각 곡선을 클릭해 컨트롤 포인트를 추가한 다음 드래그해 곡선을 수정하는 방식입니다. 또한 색상을 추출하는 스포이트 기능과 리셋 버튼이 있습니다.

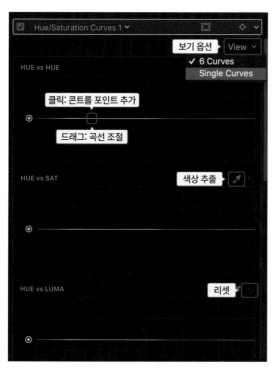

그림 7-81 색상/채도 커브의 인터페이스

예제 영상 '스페셜 02-1'을 통해 각 커브의 기능을 살펴보겠습니다. 보기 옵션은 Single Curves로 설정했습니다.

색상의 색조, 채도, 밝기 조정하기는 위에서부터 HUE vs. HUE, HUE vs. SAT, HUE vs. LUMA입니다. 이 기능은 이미지의 특정 색상을 스포이트로 추출한 다음 색상의 범위 내에서 색상을 변경하거나 채도나 밝기를 조정하는 기능입니다. 스포이트로 색상을 추출할 때 짧게 클릭해도 색상이 선택되지만 길게 드래그하면 인접하는 색상까지 넓게 범위를 지정할 수 있습니다.

- HUE vs. HUE: 특정 색상의 색상(색조)을 변경
- HUE vs. SAT: 특정 색상의 채도를 변경
- HUE vs. LUMA: 특정 색상의 밝기를 변경

HUE vs. HUE 곡선

1. 먼저 스포이트로 꽃의 붉은색 지점을 선택하겠습니다. 스포이트를 클릭합니다.

그림 7-82 스포이트 선택하기

2. 뷰어에서 꽃의 붉은색 지점을 클릭합니다. 그리고 색상을 변경하는 HUE vs. HUE 곡선에서 붉은색 컨트롤 포인트를 아래로 드래그해 보면 꽃잎의 색이 붉은색에서 다른 색으로 변경됩니다.

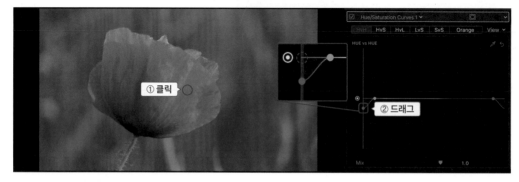

그림 7-83 특정 색상을 변경하는 HUE vs. HUE

HUE vs. SAT 곡선

이번에는 특정 색상의 채도를 조정하는 HUE vs. SAT를 살펴보겠습니다. 채도는 색상의 강도를 표현합니다.

1. 스포이트로 꽃잎의 색을 추출합니다.

그림 7-84 스포이트로 꽃잎의 색상 추출하기

2. 회색 선 위에 위치한 컨트롤 포인트를 위아래로 드래그하면 채도가 조정됩니다. 채도를 높일수록 색상이 진하게 표현되고, 채도가 낮아질수록 흑백에 가까운 무채색이 됩니다.

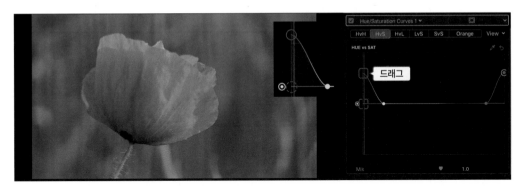

그림 7-85 특정 색상의 채도를 조절하는 HUE vs. SAT

HUE vs. LUMA 곡선

특정 색상만 밝게 하거나 어둡게 하는 HUE vs. LUMA 역시 위와 같은 방법으로 조절할 수 있습니다.

스포이트로 특정 색상을 추출한 다음 해당하는 색의 컨트롤 포인트를 드래그해 조절합니다. 이때 드래그한 위치에 따라 특정 색의 가장 밝은색이나 가장 어두운색으로 표현할 수 있습니다. 다음 그림을 보면 꽃잎의 색을 추출해서 생긴 붉은색 컨트롤 포인트를 어떤 위치에 놓는가에 따라 꽃잎의 색이 달라지는 모습을 확인할 수 있습니다.

왼쪽의 검붉은 꽃잎①은 붉은색을 가장 어둡게 표현했을 때의 모습입니다. 붉은색 컨트롤 포인트가 아래쪽에 있습니다.

오른쪽의 분홍색 꽃잎③은 붉은색을 가장 밝게 표현했을 때의 모습입니다. 붉은색 컨트롤 포인트가 위쪽에 있습니다. 붉은색이라는 큰 틀 안에서 밝기를 조절해서 검붉은 색과 분홍색을 표현할 수 있습니다. 색상/채도 커브는 6종류가 있지만, 그 특징을 가장 확실하게 이해할 수 있는 커브는 바로 HUE vs. LUMA(HvL)입니다.

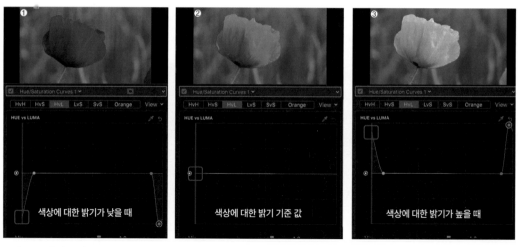

그림 7-86 특정 색상의 밝기를 조절하는 HUE vs. LUMA

LUMA vs. SAT 커브

1. LUMA vs. SAT 곡선은 밝기의 범위에 대한 채도를 조정하는 곡선입니다. 이 곡선을 사용해 특정 영역(Shadows, Midtones, Highlights)에 과도하게 분포된 채도를 조정함으로써 방송에 적합한 영상 클립을 만드는 것이 목적입니다.

이 곡선은 6개의 모든 곡선을 볼 수 있는 6 Curves 모드에서는 4번째에 있어서 인스펙터에서 스크롤 해야 볼 수 있습니다. 한 개의 곡선을 볼 수 있는 Single Curves 모드에서는 위쪽에 있는 탭에서 LvS 버튼을 클릭하면 곡선을 볼 수 있습니다.

그림 7-87 LUMA vs. SAT 커브

2. 실습 영상 '스페셜 02-2' 영상에서 스포이트를 이용해 먼저 특정 밝기 부분을 추출합니다. 뷰어에 나타난 영상 중 하나의 색상을 클릭하거나 드래그해 범위를 지정합니다. 클릭하면 3개의 점이 선택 범위로 잡힙니다. 3개의 점 중에서 가운데 있는 점이 밝기(Luma)를 나타내는 컨트롤 포인트입니다. 가운데 컨트롤 포인트를 드래그해 채도를 조절합니다.

그림 7-88 색상 추출 후 LUMA vs. SAT 커브

가운데 컨트롤 포인트를 위로 드래그하면 채도가 높아지고, 아래로 드래그하면 채도가 낮아집니다. 이때 option 키를 누른 채로 드래그하면 좀 더 정밀하게 조정할 수 있고, shift 키를 누른 채로 드래그하면 컨트롤 포인트의 수평 이동을 제한해서 회색 선 위에서만 이동할 수 있습니다.

3. LUMA vs. SAT 커브는 선택한 밝기 부분에 대한 채도를 조절합니다. 그래서 스포이트로 다른 밝기 범위를 선택하면 같은 곡선에서 다른 포인트가 추가됩니다. 예를 들어 어두운 밝기를 추출했다면 추가되는 포인트는 곡선의 왼쪽 Shadows 영역에 추가됩니다. 아래 그림은 잎의 어두운 부분을 스포이트로 밝기를 추출해 범위가 추가된 모습입니다. 곡선의 왼쪽은 Shadows 영역이고 이 부분의 채도를 낮췄더니 그림자의 표현이 좀 더 풍부해졌습니다. 이렇듯 LUMA vs. SAT 커브는 밝기를 바탕으로 채도를 조절하므로 전체 이미지의 채도 조정과는 다른 독특한 모습을 연출할 수 있습니다.

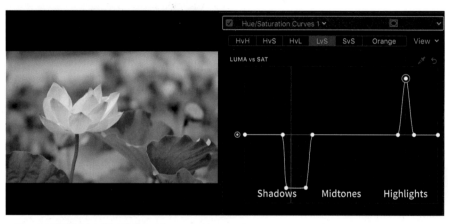

그림 7-89 독특한 이미지를 연출할 수 있는 LUMA vs. SAT 커브

SAT vs. SAT 커브

SAT vs. SAT 커브는 원래의 채도 범위 내에서 채도를 조정합니다. 다시 이야기하면 전체 이미지의 채도는 그대로 유지됩니다. 다만 부분적으로 채도가 과하게 높은 부분이 있다면 그 과한 부분을 방송용으로 적합한 채도로 조정하고 채도가 낮은 부분이 있다면 채도를 높이는 것이 목적입니다.

이 곡선은 6개의 모든 곡선을 볼 수 있는 6 Curves 모드에서는 5번째에 있어서 인스펙터에서 스크롤 해야 볼 수 있습니다. 한 개의 곡선을 볼 수 있는 Single Curves 모드에서는 위쪽에 있는 탭에서 SvS 버튼을 클릭하면 곡선을 볼 수 있습니다.

실습을 위해 '스페셜 02-3(나비가 꽃 위에 앉아있는 영상)'을 보겠습니다. 벡터 스코프로 확인해 보니 노란색 계열의 채도가 방송 안전 영역을 넘어가는 모습을 확인할 수 있습니다. 이럴 경우에는 노란색 계열의 채도가 방송 안전 영역 범위로 들어올 수 있게 색을 보정해야 합니다. 그리고 추가로 나비 날개의 채도를 좀 더 높여 색을 돋보이게 하겠습니다. 이러한 작업은 SAT vs. SAT 커브를 사용해야 합니다.

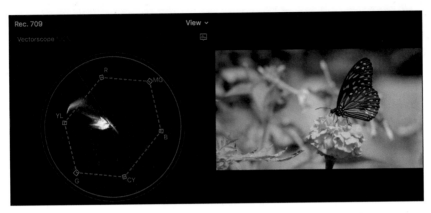

그림 7-90 채도가 고르게 분포되지 못한 영상 클립

1. 스포이트로 노란 꽃잎 부분을 클릭합니다. 채도가 높기 때문에 곡선의 오른쪽 끝에 컨트롤 포인트가 잡힙니다. 이 부분을 드래그해 아래쪽으로 옮깁니다. 벡터 스코프(단축키 command + 7)를 통해 확인해 보니 노란색 계열이 안전 범위 내에 있음을 확인할 수 있습니다.

그림 7-91 과포화된 채도의 조정

2. 이번에는 스포이트로 나비의 날개 쪽 부분을 클릭합니다. 중간 영역에 컨트롤 포인트가 새로 추가됐습니다. 가운데 컨트롤 포인트를 위쪽으로 드래그해 채도를 높이겠습니다. 다른 비슷한 채도의 색도 선택해 다음과 같이 조절했습니다. 적용 전과 비교해보면 노란 꽃잎의 색은 조금 약해졌지만, 전반적인 배경색으로 작용하는 노란색은 그림자 영역이 좀 더 보강된 느낌으로 변했습니다.

그림 7-92 SAT vs. SAT 커브 보정의 예

ORANGE vs SAT 커브

마지막 ORANGE vs. SAT는 특정 색상에 대한 채도를 조절할 수 있습니다. 기본적으로 ORANGE 색이 곡선의 기본색이지만 색상을 선택하고 조절할 수 있습니다. 왼쪽 위에 있는 색상 이름을 클릭하거나 스포이트를 이용해 뷰어에서 색상을 추출합니다.

그림 7-93 특정 색상의 채도를 조정하는 ORANGE vs. SAT 커브

1. '스페셜 02-4(시드니 오페라 하우스 타임랩스 영상)'에서 ORANGE vs. SAT 커브의 스포이트를 클릭해 뷰어에서 색상을 선택합니다. 하늘 영역을 선택하겠습니다. 색상이 ORANGE에서 AQUA로 변경됩니다. 색상은 변경됐지만, 곡선에 나타나는 변화는 없습니다. 곡선을 클릭하면 새로운 컨트롤 포인트가 추가됩니다.

그림 7-94 색상 추출 및 컨트롤 포인트 추가

2. 곡선의 왼쪽부터 Shadows, Midtones, Highlights의 세 영역으로 분할됩니다. 다음 그림은 아쿠아 색상의 Midtones 영역이 잡혀 있는 상태입니다. 컨트롤 포인트를 위아래로 드래그해 채도를 조절합니다. 비디오스코프 는 웨이브 폼에서 블루 채널(Blue Channel)을 함께 보며 채도의 범위가 100을 넘지 않도록 조절합니다.

그림 7-95 특정 색상에 대한 채도를 조절하는 커브와 웨이브 폼

08

하나를 알면 열에 응용하는
마스크와 합성 작업하기

영화의 메이킹 필름을 보면 배우들이 촬영 당시 그린 스크린(Green Screen) 위에서 보이지 않는 장면을 상상하면서 열연하는 모습을 볼 수 있습니다. 녹색 배경 위에서 촬영한 영상과 배경으로 쓰이는 장면을 서로 합성한 것입니다. 대부분 영상의 CG 작업은 모두 이런 녹색 배경 위에서 촬영한 영상을 후반작업(Post Production) 단계에서 합성하는 과정을 거쳐 만듭니다.

그림 8-1 녹색 배경에서 촬영한 영상을 CG 작업으로 합성한 예

이번 장에서 다룰 키잉, 마스크, 합성도 바로 이러한 내용입니다. 파이널 컷 프로에서 영상 합성 작업을 어떻게 할 수 있는지와 어떤 기능이 있는지 살펴보고자 합니다. 응용할 수 있는 범위도 넓어서 여러분의 영상에 신선한 창의성을 불어넣는 역할을 담당할 것입니다.

파이널 컷 프로에서 블렌드 모드(Blend Mode)를 사용하면 간편하고 빠르게 비디오를 합성할 수 있습니다. 블렌드 모드는 옵션이 다양해서 처음 사용하는 초보자는 당혹스러울 수 있습니다. 이 책에서는 블렌드 모드를 하나하나 설명하기보다 사람들이 많이 사용하는 블렌드 모드를 중심으로 효과를 설명하고자 합니다. 여기서는 Multiply, Screen, Overlay, Add, Color Burn을 설명하겠습니다.

1. 우선 공통으로 블렌드 모드를 사용하는 방법은 다음과 같습니다. 두 개의 클립을 준비한 다음 클립을 타임라인 위쪽과 아래쪽에 나란히 배치합니다. 그리고 위쪽에 위치한 영상 클립(Light Leak 1)에 블렌드 모드를 다르게 적용합니다.

그림 8-2 영상 배치하기

2. 효과를 적용하기 위해 위쪽에 배치한 클립을 선택합니다. 비디오 인스펙터의 Compositing 섹션에서 블렌드 모드(Blend Mode)를 볼 수 있습니다.

그림 8-3 Compositing 섹션의 블렌드 모드(Blend Mode)

파이널 컷 프로의 블렌드 모드는 무엇을 기반으로 이미지를 결합하는지에 따라 다음과 같이 분류할 수 있습니다.

표 8-1 파이널 컷 프로의 블렌드 모드

표준 (Normal)	어두운 값 (Darker)	밝은 값 (Lighter)	회색 값 (Midtones)	색상 값 (Color)	알파 값 (Alpha)
Normal	Subtract	Add	Overlay	Difference	Stencil Alpha
	Darken	Lighten	Soft Light	Exclusion	Stencil Luma
	Multiply	Screen	Hard Light		Silhouette Alpha
	Color Burn	Color Dodge	Vivid Light		Silhouette Luma
	Linear Burn	Linear Dodge	Pin Light		Behind
			Hard Mix		

Multiply(곱하기)

배경 클립의 색상 채널과 합성할 영상 클립의 색상 채널을 곱해 합성하는 원리입니다. 블렌드 모드를 곱하기(Multiply)로 지정하면 전체적으로 이미지가 어두워집니다. 기본 색상이 검은색이면 결과 색상도 검은색입니다. 기본 색상이 흰색이면 결과 색상은 좀 더 어두운색으로 처리됩니다.

그림 8-4 블렌드 모드가 Multiply(곱하기)일 때의 이미지 변화

Screen(스크린)

블렌드 모드를 Screen으로 지정하면 결과 이미지가 더 밝아집니다. 원리는 앞에서 살펴본 곱하기(Multiply)와 반대라고 생각하면 됩니다. 기본 색상이 검은색이면 결과 색상은 흰색에 가까워집니다. 기본 색상이 흰색이면 결과 색상도 흰색입니다. 이미지를 밝게 연출할 때 많이 사용하는 블렌드 모드입니다.

그림 8-5 블렌드 모드가 Screen(스크린)일 때의 이미지 변화

Overlay(오버레이)

Overlay는 앞에서 살펴본 Multiply와 Screen 블렌드 모드가 합쳐진 것입니다. 기본 색상이 밝은 회색(50% 이상)일 때는 Screen 처리를 해서 이미지가 더욱더 밝아집니다. 반대로 기본 색상이 어두운 회색(50% 미만)일 때는 Multiply 처리를 해서 이미지가 더욱더 어두워집니다. 밝은 곳은 더 밝게, 어두운 곳은 더 어둡게 하는 블렌드 모드입니다.

그림 8-6 블렌드 모드가 Overlay(오버레이)일 때의 이미지 변화

Add(추가)

결과적으로 화면을 밝게 해주는 점에서는 스크린(Screen)과 비슷합니다. 하지만 스크린과 비교했을 때 화면의 대비(Contrast)가 좀 더 선명하다는 차이점이 있습니다. 영상 클립의 색상 정보를 보고 기본 색상을 더 밝게 하는 식으로 전체적인 밝기를 증가시킵니다. 검은색은 그대로 남아 있습니다.

그림 8-7 블렌드 모드가 Add(추가)일 때의 이미지 변화

Color Burn(컬러 번)

이름도 강렬한 Color Burn(컬러 번)은 결과 이미지를 어둡게 나타낸다는 점에서 Multiply와 비슷합니다. 하지만 결과 이미지를 보면 색상을 어둡게 하다못해 대비(Contrast)도 더욱더 강하게 나타납니다. 이름값을 하는 블렌드 모드입니다.

그림 8-8 블렌드 모드가 Color Burn일 때의 이미지 변화

키잉은 이미지의 색상 또는 밝깃값을 기반으로 투명 영역을 만드는 방법으로, 일반적으로 생각하는 영상 합성 작업에 사용되는 방법입니다. 앞서 이야기한 그린 스크린을 배경으로 촬영한 영상을 합성한 방법이 바로 키잉을 이용한 것입니다.

키잉은 특정 색이나 밝기를 제거하여 인물이나 오브젝트만 남겨놓고, 배경이 담겨 있는 영상 클립과 합성합니다. 예를 들어 녹색 배경 앞에 서 있는 사람의 클립을 가져와서 녹색을 제거하고, 하단에 배경 클립을 위치시키면 그 사람이 배경에 있는 것처럼 보이게 할 수 있습니다.

그린스크린 클립   키잉 클립

그림 8-9 **크로마키 예시**

키잉에는 2가지 종류가 있습니다. 이미지의 색상을 기반으로 투명 영역을 만드는 크로마키(Chroma Key)와 특정 밝깃값의 범위를 기반으로 투명 영역을 만드는 루마 키(Luma Key)입니다. 파이널 컷 프로에서 키잉 작업은 이펙트를 드래그 앤드 드롭해 적용함으로써 간단하게 구현할 수 있습니다. 타임라인 위에 위치한 이펙트 버튼을 클릭한 다음 [Keying] 카테고리를 보면 'Keyer' 이펙트와 'Luma Keyer' 이펙트가 있습니다.

- **키어(Keyer)**: 파란색 또는 녹색 화면 키잉에 최적화돼 있으며 사용자가 선택한 색상을 제거할 수 있습니다.
- **루마 키어(Luma Keyer)**: 이미지의 밝기에 따라 이미지의 특정 영역을 제거할 수 있습니다. 흰색 또는 검은색 영역을 제거하거나 회색 영역을 제거해 부분적으로 투명하게 할 수 있습니다.

그림 8-10 파이널 컷 프로의 키잉 이펙트

Keyer 이펙트 적용하기

1. 타임라인에서 이펙트를 적용하고자 하는 녹색 스크린 클립을 선택합니다.

그림 8-11 Keyer 이펙트를 적용할 녹색 스크린 클립 선택

2. 타임라인 오른쪽 위에 있는 [이펙트 브라우저] 버튼을 클릭한 다음 [Keying] 카테고리에서 'Keyer' 이펙트를 더블 클릭해 적용합니다. 이펙트 적용과 동시에 녹색 배경이 제거됩니다.

그림 8-12 이펙트 적용하기

3. 영상의 가장자리 영역에 아직 제거되지 않은 영역이 표시됩니다.

그림 8-13 깔끔하게 정리가 안 된 가장자리

4. 가장자리 부분을 깔끔하게 제거하기 위해 인스펙터에서 Sample Color를 선택합니다.

그림 8-14 Sample Color

5. 가장자리 부분을 드래그하면 흰색 부분이 깔끔하게 제거된 형태로 표시됩니다.

그림 8-15 드래그를 통해 흰색 부분 제거하기

Custom 클립을 추가해 단색 배경 합성하기

1. [타이틀/제네레이터] 버튼을 클릭한 다음 [Generators] → [Solids] 카테고리로 들어갑니다.

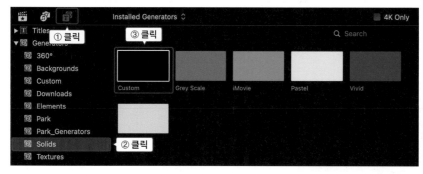

그림 8-16 사이드바의 Generators → Solids 카테고리

2. Custom을 타임라인의 그린 스크린 클립 아래쪽으로 드래그 앤드 드롭해 배치합니다.

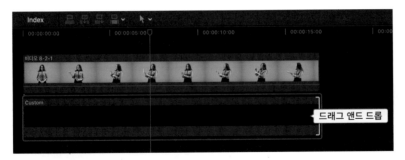

그림 8-17 Custom 배치하기

3. Custom 클립을 선택한 다음 제네레이터 인스펙터에서 Color를 클릭해 색상을 변경합니다.

그림 8-18 배경 색상 변경하기

그린 스크린 클립의 크기와 위치 조정하기

Transform의 버튼을 클릭해 그린 스크린 클립의 크기와 위치를 자유롭게 조정할 수 있습니다. 우선 클립을 선택한 다음 인스펙터에서 Transform 버튼을 클릭합니다. Transform 버튼을 클릭하면 뷰어에 조정 가능한 핸들이 나타나는데 이 핸들을 드래그해 원하는 크기로 조정하고, 원하는 위치에 배치할 수 있습니다.

그림 8-19 그린 스크린 클립의 크기와 위치 조정하기 (Transform 버튼)

노트북 영상에 배경 합성하기

1. 노트북 화면이 그린 스크린으로 덮여 있는 예제 영상을 타임라인에 배치합니다.

그림 8-20 그린 스크린 예제 영상

2. 이 영상 클립에 Keyer 이펙트를 적용합니다.

그림 8-21 Keyer 이펙트 적용하기

3. 노트북 영상 클립의 아래쪽에 합성하고자 하는 영상을 배치합니다.

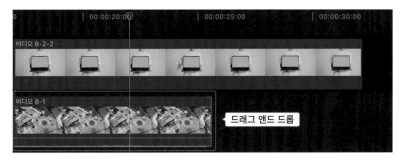

그림 8-22 영상 배치하기

4. 아래에 배치한 영상(비디오 8-1)을 선택한 다음 인스펙
터의 Transform → Scale (All)에서 크기를 줄입니다.

그림 8-23 스케일 줄이기

5. 인스펙터의 Transform → Rotation에서 회전 값
을 설정해 노트북 화면 안에 자연스럽게 합성되도
록 맞춥니다.

그림 8-24 노트북 화면에 합성된 영상

크로마키를 좀 더 깔끔하게 표현하기 위한 3가지 팁

크로마키의 크로마(Chroma)는 비디오 시스템에서 색상 정보를 전달하는 역할을 담당합니다. 밝기를 전달하는 루마(Luma)와 대비되어 사용됩니다. 크로마키 기법을 적용한 합성 영상을 만들려면 녹색이나 푸른색을 배경으로 촬영한 소스가 필요합니다. 깔끔한 결과물을 얻으려면 결국 촬영 소스가 좋아야 합니다. 좋은 촬영 소스를 얻기 위한 몇 가지 주의점을 살펴보겠습니다.

1. 크로마키 영상 촬영 시 배경으로 쓰이는 색상은 균일해야 합니다. 한쪽은 밝고 한쪽은 어둡다면 키잉 작업 시 상당히 곤란한 상황이 발생할 수 있습니다. 조명이 균일하게 크로마키 색을 표현하는지 살펴야 합니다. 또한, 배경 자재로 크로마키를 위한 천 또는 종이 시트를 사용하거나 고반사성 첨가제가 포함된 크로마키 페인트를 칠한 배경이 크로마키 작업 시 좋은 결과물을 만들어 냅니다.

2. 가능한 한 최상의 카메라를 사용하고 압축률이 높은 비디오 포맷은 사용하지 않는 것이 좋습니다. 특히 메신저를 통해서 동영상 파일을 전달할 때 메신저 자체적으로 용량을 줄이고자 영상을 압축하는 경우는 피하는 것이 좋습니다. 압축 과정에서 영상 색상을 단순화시키는데 배경이 모두 비슷한 색이면 배경이 뭉개질 우려가 있기 때문입니다.

3. 출연자의 의상은 녹색 계열이나 블루 계열을 피합니다. 크로마키를 적용하고자 하는 색상과 같은 색 계열의 의상을 입으면 의상을 입은 영역이 사라질 수 있습니다. 연출로 의도한 상황이 아니라면 피하는 것이 좋습니다.

30 일차 | 마스크 기능을 활용해 영상 합성하기

▶ https://youtu.be/Qr7vlFslpBE (12분 16초)

Draw Mask로 문을 열었을 때 바다가 나오는 영상 만들기

1. 그림과 같이 아래쪽에는 바다 영상을 배치하고, 위쪽에는 문을 여는 영상을 준비합니다.

그림 8-25 마스크 기능을 활용하기 위한 영상 배치

2. 문을 여는 영상에 Mask 이펙트를 적용합니다. 이펙트 브라우저에서 [Masks] 카테고리에 있는 'Draw Mask' 이펙트를 더블 클릭하거나 드래그 앤드 드롭해 적용합니다.

그림 8-26 Draw Mask 이펙트 적용

3. 뷰어 화면에 'Click to Add a Control Point'가 나타납니다.

그림 8-27 뷰어 화면에 나타난 Click to Add a Control Point

4. 클릭을 통해 컨트롤 포인트를 추가합니다. 컨트롤 포인트를 차례로 추가한 다음 마지막에 다시 처음에 찍었던 컨트롤 포인트를 클릭해야 마스크 영역이 만들어지면서 종료됩니다.

그림 8-28 컨트롤 포인트로 마스크 영역 만들기

5. 인스펙터에서 Invert Mask에 체크해 마스크의 영역을 반전시킵니다.

그림 8-29 Invert Mask에 체크

6. 프레임을 하나하나 이동하면서 컨트롤 포인트를 수정해야 합니다. 인스펙터에서 Draw Mask → Control Points 오른쪽에 있는 키프레임 추가 버튼(Add a keyframe)을 클릭합니다.

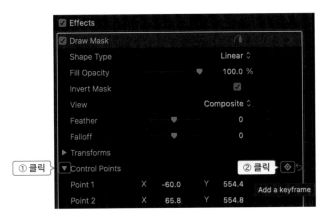

그림 8-30 컨트롤 포인트의 키프레임 추가하기

7. 오른쪽 방향키를 눌러 한 프레임 이동한 후 컨트롤 포인트를 드래그해 마스크의 영역을 조금씩 조정합니다.

그림 8-31 프레임 이동 후 컨트롤 포인트 드래그하기

8. 문이 완전히 열리는 프레임이 나오기 전까지 작업을 계속 반복합니다. 한 프레임씩 작업하면 더욱더 자연스럽게 이미지를 연출할 수 있지만, 실습에서는 10~15프레임씩 이동하며 작업해 보기 바랍니다. 꼭 키프레임이 추가된 상태에서 작업해야 합니다.

그림 8-32 키프레임 위치를 반복하여 조정하기

9. 영상을 재생해 보면 문이 열리면서 바다가 보이는 영상으로 연출된 모습을 확인할 수 있습니다.

그림 8-33 마스크로 합성한 영상

Shape Mask로 컵 안에 바다를 넣기

1. 두 가지 이미지의 영상 클립을 준비합니다. 하나는 수직으로 촬영한 모습의 컵 클립이며 다른 하나는 수직으로 촬영한 파도의 모습입니다. 클립을 다음 그림과 같이 위아래로 배치합니다. 컵 영상 클립을 위쪽에 배치하고 바다 클립을 아래쪽에 배치했습니다.

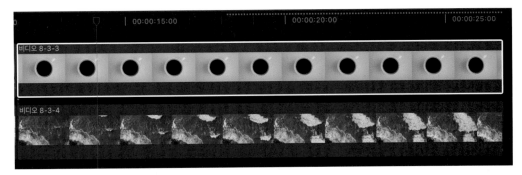

그림 8-34 마스크 합성을 위한 영상 배치

2. Shape Mask를 컵 클립(비디오 8-3-3)에 적용해야 합니다. 이펙트 브라우저에서 [Masks] 카테고리에 'Shape Mask'를 더블 클릭하거나 드래그 앤 드롭해 적용합니다.

그림 8-35 Shape Mask 이펙트 적용

3. 핸들을 드래그해 동그란 모양으로 컵의 내부에 맞춰줍니다.

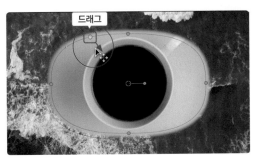

그림 8-36 핸들을 드래그해 마스크 영역 설정하기

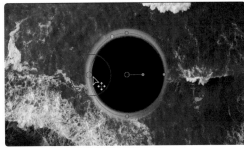

그림 8-37 원 형태의 마스크

4. 인스펙터에서 Invert Mask에 체크해 마스크의 영역을 반전시킵니다.

그림 8-38 Invert Mask에 체크

5. 인스펙터에서 Feather 값을 조정해 가장자리가 번지는 느낌이 줄어들게 조정합니다.

그림 8-39 Feather 값 조정

6. 타임라인에서 파도 클립(비디오 8-3-4)을 선택한 다음 [Transform] 버튼을 클릭합니다. 컵에 바다가 모두 들어갈 수 있게 크기와 위치를 조정합니다. 그림과 같이 파도가 컵 안에 들어갈 수 있게 조정한 후 [Done] 버튼을 클릭해 완료합니다.

그림 8-40 Transform 버튼 클릭 후 크기와 위치 조정하기

7. 베이직 타이틀을 추가해 보겠습니다. 상단 메뉴에서 [Edit] → [Connect Title] → [Basic Title]을 선택하거나 단축키 control + T를 입력해 베이직 타이틀을 추가합니다.

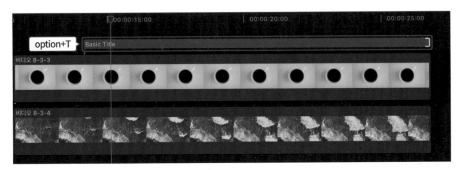

그림 8-41 Basic Title 추가하기

8. 타이틀의 내용과 폰트를 변경합니다. 손글씨 느낌의 폰트가 좀 더 잘 어울려 보입니다.

그림 8-42 타이틀의 내용과 폰트 변경하기

9. [트랜지션 브라우저] 버튼을 클릭한 다음으로 [Dissolves] 카테고리에 있는 'Cross Dissolve'를 'Basic Title' 클립에 적용합니다.

그림 8-43 Cross Dissolve 트랜지션 적용

10. 재생해 보면 다음 그림과 같이 나옵니다.

그림 8-44 완성된 영상 이미지

지금까지 시작하세요! 파이널 컷 프로 10.6의 모든 실습을 완료했습니다. 수고하셨습니다!

파이널 컷 프로
메뉴 살펴보기

파이널 컷 프로의 상단 주요 메뉴에는 [Final Cut Pro], [File], [Edit], [Trim], [Mark], [Clip], [Modify], [View], [Window], [Help]가 있습니다. 각 메뉴에 어떤 기능이 있는지 살펴보겠습니다.

[Final Cut Pro] 메뉴

[Final Cut Pro] 메뉴는 파이널 컷 프로의 정보, 환경 설정 등 실행 환경과 관련된 기능을 포함하고 있습니다.

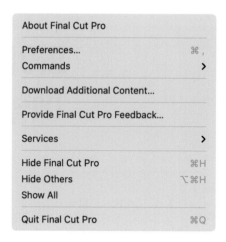

부록 A-1 [Final Cut Pro] 메뉴

- About Final Cut Pro: 현재 사용하고 있는 파이널 컷 프로의 버전 정보를 확인합니다.

- Preferences: 파이널 컷 프로의 환경설정을 합니다.

부록 A-2 Preference 실행 화면

▪ Commands: 파이널 컷 프로의 단축키를 설정합니다.

부록 A–3 Commands 실행 화면

▪ Download Additional Content: 파이널 컷 프로의 추가 콘텐츠를 다운로드합니다.

▪ Provide Final Cut Pro Feedback: 파이널 컷 프로를 사용하고 난 후 피드백을 애플에 전달할 수 있는 웹페이지를 실행합니다.

▪ Services: 파이널 컷 프로의 단축키 실행과 관련한 맥 시스템의 설정을 관리합니다.

▪ Hide Final Cut Pro: 파이널 컷 프로를 최소화합니다.

▪ Hide Others: 파이널 컷 프로를 제외한 나머지 프로그램을 최소화합니다.

▪ Show All: 실행되고 있는 모든 프로그램을 최대화합니다.

▪ **Quit Final Cut Pro**: 파이널 컷 프로를 종료합니다.

굵게 표시한 메뉴는 자주 사용하는 메뉴입니다.

[File] 메뉴

[File] 메뉴에는 파일과 관련된 메뉴가 모여 있습니다. 참고로 많은 분이 파이널 컷 프로에서 파일을 어떻게 저장하는지 묻거나 검색합니다. 파이널 컷 프로에는 저장 메뉴가 따로 없습니다. 실시간으로 저장되는 방식이라 프로그램이 강제 종료되더라도 다시 실행하면 종료 직전 상태로 복구됩니다.

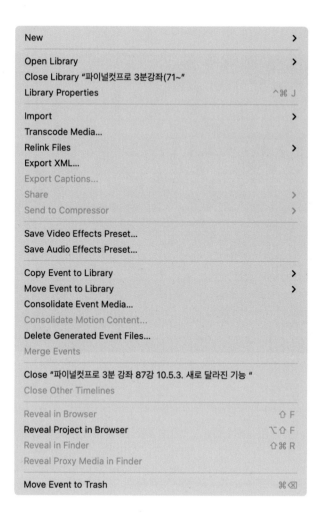

부록 A-4 [File] 메뉴

- **New**: 프로젝트, 이벤트, 라이브러리를 비롯해 폴더, 키워드 컬렉션, 스마트 컬렉션 등의 파일 관리 기능을 추가합니다. 컴파운드 클립과 멀티캠 클립을 만듭니다.

부록 A-5 [File] → [New] 메뉴

- Open Library: 최근 열었던 라이브러리 목록들을 표시하고 라이브러리를 클릭해 엽니다.

- Close Library "**선택한 라이브러리**": 현재 활성화된 라이브러리를 닫습니다.

- Library Properties: 라이브러리의 속성을 표시하는 인스펙터를 활성화합니다.

- **Import**: 미디어 소스 파일들을 불러옵니다. 매우 중요한 기능이므로 2장에서 자세히 다룹니다.

부록 A-6 [File] → [Import] 메뉴

- **Transcode Media**: 최적화된 미디어와 프록시 미디어를 생성합니다. 4K 영상의 경우 파일의 용량이 크기 때문에 프록시 편집을 이용합니다. [Transcode Media]는 프록시 편집에 필수적인 기능입니다.

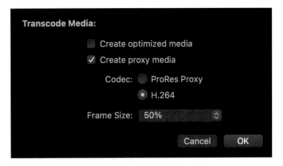

부록 A-7 [File] → [Transcode Media] 실행 화면

- Relink Files: 파일의 경로가 변경되거나 삭제됐을 때 'Missing Media' 에러 메시지가 표시됩니다. 그럴 경우 [Relink Files] 메뉴를 이용해 파일의 경로를 재설정하면 정상적으로 나타납니다.

- Export XML: XML 형식의 파일로 출력합니다.

- Export Captions: 캡션 자막을 별도의 자막 파일로 출력합니다.

- **Share**: 선택한 프로젝트나 영상 클립을 영상 파일로 출력합니다.

부록 A-8 [File] → [Share] 메뉴

- Send to Compressor: 선택한 프로젝트나 영상 클립을 전문 프로그램인 컴프레서로 보내 출력 작업을 합니다.

- Save Video Effects Preset: 비디오 이펙트 프리셋을 저장합니다.

- Save Audio Effects Preset: 오디오 이펙트 프리셋을 저장합니다.

- Copy (Event, Project) to Library: 선택한 이벤트, 프로젝트를 라이브러리로 복사합니다.

- Move (Event, Project) to Library: 선택한 이벤트, 프로젝트를 라이브러리로 이동합니다.

- Consolidate (Project Media/Event Media/Clip Media): 프로젝트(혹은 이벤트)에 있는 미디어 클립을 특정 라이브러리에 병합합니다.

- Consolidate Motion Content: 모션 콘텐츠(자막, 이펙트, 트랜지션, 제네레이터 등)를 현재 선택된 라이브러리에 병합합니다.

- **Delete Generated Event Files**: 임시 생성된 캐시 파일들을 지울 수 있습니다. 편집하다 보면 라이브러리의 용량이 기하급수적으로 커지므로 이 기능을 통해 용량을 관리합니다.

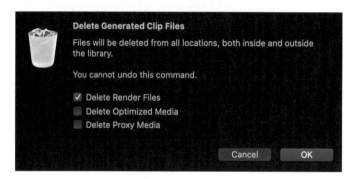

부록 A-9 [File] → [Delete Generated Event Files] 메뉴

- Merge Events: 이벤트를 두 개 이상 선택해 병합합니다.

- Close "**현재 선택된 프로젝트의 타임라인**": 타임라인에 현재 표시되고 있는 프로젝트의 타임라인을 닫습니다.

- Close Other Timelines: 타임라인에 현재 표시되고 있는 프로젝트의 타임라인만 남겨두고 나머지 타임라인을 닫습니다.

- Reveal in Browser: 파이널 컷 프로의 타임라인에 배치된 클립의 원본 소스를 브라우저에 표시합니다.

- Reveal Project in Browser: 타임라인이 어떤 프로젝트인지 브라우저에 표시합니다.

- Reveal in Finder: 파인더에 원본 소스 파일을 표시합니다.

- Reveal Proxy Media in Finder: 파인더에 프락시 미디어 파일을 표시합니다. (프락시 파일을 선택한 경우만 활성화)

- Move to Trash: 선택한 클립/이벤트/프로젝트를 삭제합니다.

[Edit] 메뉴

[Edit] 메뉴에는 편집과 관련된 메뉴가 모여 있습니다.

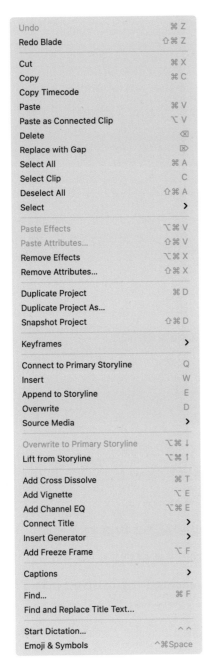

Undo	⌘ Z
Redo Blade	⇧ ⌘ Z
Cut	⌘ X
Copy	⌘ C
Copy Timecode	
Paste	⌘ V
Paste as Connected Clip	⌥ V
Delete	⌫
Replace with Gap	⌦
Select All	⌘ A
Select Clip	C
Deselect All	⇧ ⌘ A
Select	›
Paste Effects	⌥ ⌘ V
Paste Attributes...	⇧ ⌘ V
Remove Effects	⌥ ⌘ X
Remove Attributes...	⇧ ⌘ X
Duplicate Project	⌘ D
Duplicate Project As...	
Snapshot Project	⇧ ⌘ D
Keyframes	›
Connect to Primary Storyline	Q
Insert	W
Append to Storyline	E
Overwrite	D
Source Media	›
Overwrite to Primary Storyline	⌥ ⌘ ↓
Lift from Storyline	⌥ ⌘ ↑
Add Cross Dissolve	⌘ T
Add Vignette	⌥ E
Add Channel EQ	⌥ ⌘ E
Connect Title	›
Insert Generator	›
Add Freeze Frame	⌥ F
Captions	›
Find...	⌘ F
Find and Replace Title Text...	
Start Dictation...	^ ^
Emoji & Symbols	^ ⌘ Space

부록 A-10 [Edit] 메뉴

- **Undo**: 실행을 취소해 이전 상태로 돌아갑니다.

- **Redo**: 실행 취소한 상태(Undo)를 취소합니다. 실행 취소의 반대 개념입니다.

- **Cut**: 선택한 클립을 잘라내 클립보드에 저장합니다.

- **Copy**: 선택한 클립을 복사해 클립보드에 저장합니다.

- **Copy Timecode**: 플레이헤드가 현재 위치한 타임코드 정보를 복사합니다.

- **Paste**: 클립보드에 저장된 미디어 클립을 타임라인의 스토리라인에 붙여넣기 합니다. 이때 클립은 플레이헤드를 기준으로 삽입되어 배치됩니다.

- **Paste as Connected Clip**: 클립보드에 저장된 미디어 클립을 연결해 배치합니다.

- **Delete**: 선택한 미디어 클립을 삭제합니다.

- **Replace with Gap**: 선택한 클립이 비어있는 클립 상태로 대체됩니다.

- **Select All**: 타임라인에 배치된 모든 클립을 선택합니다.

- **Select Clip**: 플레이헤드가 현재 가리키고 있는 클립을 선택합니다.

- **Deselect All**: 선택한 클립을 모두 선택 해제합니다.

- **Select**: 클립을 기준으로 상하좌우에 배치된 클립을 선택합니다.

- **Paste Effects**: 클립에 적용된 이펙트를 복사해 이펙트만 붙여넣습니다.

- **Paste Attributes**: 이펙트뿐만 아니라 여러 속성을 선택해 붙여넣습니다.

부록 A-11 속성 붙여넣기 기능

- **Remove Effects**: 클립에 적용된 이펙트를 삭제합니다.

- **Remove Attributes**: 복사하여 붙여넣기를 통해 적용한 속성 중에서 선택해 삭제합니다.

- **Duplicate Project**: 프로젝트를 단순 복제합니다.

- **Duplicate Project As**: 프로젝트의 속성을 변경해 복제합니다.

- **Snapshot Project**: 프로젝트를 스냅숏으로 보관하는 용도로 사용됩니다.

- **Keyframes**: 키프레임을 잘라내기(Cut), 복사(Copy), 붙여넣기(Paste), 삭제(Delete)합니다.

- **Connect to Primary Storyline**: 선택한 클립을 프라이머리 스토리라인에 연결해 배치합니다.

- **Insert**: 선택한 클립을 타임라인의 플레이헤드 위치를 기준으로 삽입해 배치합니다.

- **Append to Storyline**: 선택한 클립을 타임라인의 가장 마지막으로 배치된 클립 뒤로 배치합니다.

- **Overwrite**: 선택한 클립을 타임라인의 플레이헤드 위치를 기준으로 덮어쓰기 해 배치합니다.

- **Source Media**: 선택한 클립을 배치(Connect, Insert, Append, Overwrite 중 선택)할 때 비디오와 오디오를 함께 (All) 배치할 것인지 비디오만(Video Only) 배치할 것인지, 오디오만(Audio Only) 배치할 것인지 선택합니다.

- **Overwrite to Primary Storyline**: 프라이머리 스토리라인에 연결된 클립을 프라이머리 스토리라인으로 덮어쓰기 합니다.

- **Lift From Storyline**: 선택한 클립을 스토리라인에서 벗어나게 합니다.

- Add Cross Dissolve: 크로스 디졸브 효과를 추가합니다.

- Add Vignette: 비네트 효과를 영상 클립에 추가합니다.

- Add Channel EQ: 오디오 채널 EQ를 추가합니다.

- Connect Title: 기본 자막을 추가합니다. Basic Title과 Basic Lower Third를 선택할 수 있습니다.

- Insert Generator: 기본 제네레이터를 추가합니다. Placeholder와 Gap을 선택해 추가할 수 있습니다.

- Add Freeze Frame: 플레이헤드를 기준으로 해당 프레임을 스틸 이미지로 만들어 타임라인에 추가합니다.

- Captions: 캡션 자막을 추가하고 수정합니다.

- Find: Index 패널을 통해 클립, 태그, 롤을 검색합니다.

- Find and Replace Title Text: 텍스트를 찾고 대체어를 입력합니다.

- Start Dictation: 맥OS의 자체 받아쓰기 기능을 활성화합니다.

- Emoji & Symbols: 이모지 및 특수문자를 입력합니다.

[Trim] 메뉴

클립의 기본 편집을 다루는 메뉴입니다. Trim이라는 단어 자체가 손질, 정돈, 다듬다라는 뜻이 있습니다.

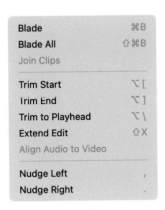

Blade	⌘B
Blade All	⇧⌘B
Join Clips	
Trim Start	⌥[
Trim End	⌥]
Trim to Playhead	⌥\
Extend Edit	⇧X
Align Audio to Video	
Nudge Left	,
Nudge Right	.

부록 A-12 [Trim] 메뉴

- Blade: 선택한 클립을 분할합니다.

- Blade All: 플레이헤드를 기준으로 플레이헤드 선상에 걸쳐 있는 모든 클립을 분할합니다.

- Join Clips: 분할된 두 클립을 다시 합칩니다.

- **Trim Start**: 플레이헤드를 기준으로 클립의 앞부분을 잘라냅니다.

- **Trim End**: 플레이헤드를 기준으로 클립의 뒷부분을 잘라냅니다.

- **Trim to Playhead**: 플레이헤드가 위치한 곳을 기준으로 앞부분 또는 뒷부분을 잘라냅니다. 예를 들어 플레이헤드가 클립의 왼쪽에 치우쳐 있다면 앞부분을 잘라내고, 플레이헤드가 클립의 오른쪽에 치우쳐 있다면 뒷부분을 잘라냅니다.

- **Extend Edit**: 앞서 살펴본 Trim to Playhead와 비슷합니다. 플레이헤드를 기준으로 잘라내고자 하는 영역의 가장자리 부분을 클릭한 후 이 기능을 실행하면 해당 영역을 잘라낼 수 있습니다.

- **Align Audio to Video**: 비디오와 오디오의 길이가 서로 일치하지 않을 때 오디오 클립을 비디오 클립에 맞춰줍니다.

- **Nudge Left**: 선택한 클립을 프레임 단위로 왼쪽으로 옮길 수 있습니다. Shift 키와 함께 단축키(,)를 사용하면 10프레임씩 이동합니다.

- **Nudge Right**: 선택한 클립을 프레임 단위로 오른쪽으로 옮길 수 있습니다. Shift 키와 함께 단축키(.)를 사용하면 10프레임씩 이동합니다.

[Mark] 메뉴

일상생활에서 라벨을 이용해 물건에 이름을 표시하거나 책의 중요한 부분에 종이를 접거나 북마크를 이용해 나름의 표시를 하기도 합니다. [Mark] 메뉴에는 이러한 기능이 모여있습니다. 미디어 클립에서 중요하다고 생각하는 부분에 표시(Markers)하거나 이름(Keyword)을 붙일 수 있고, 특정 범위를 선택(Set range)해 다양한 편집 작업을 할 수 있습니다.

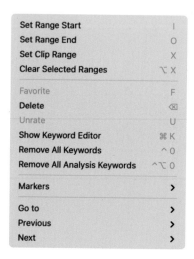

부록 A-13 [Mark] 메뉴

- Set Range Start: 범위의 시작점을 설정합니다.

- Set Range End: 범위의 마지막 점을 설정합니다.

- Set Clip Range: 선택한 클립의 전체 영역을 범위로 설정합니다.

- Clear Selected Ranges: 선택한 범위를 해제합니다.

- Favorite: 브라우저 패널에서 영상 클립을 즐겨찾기 클립으로 추가합니다.

- Delete(Reject): 브라우저 패널에서 영상 클립을 삭제합니다.

- Unrate: 즐겨찾기로 추가한 클립을 해제합니다.

- Show Keyword Editor: 키워드 편집 창을 이용해 영상 클립에 특정 키워드를 입력할 수 있습니다.

부록 A-14 Show Keyword Editor

- Remove All Keywords: 모든 키워드를 삭제합니다.

- Remove All Analysis Keywords: 파이널 컷 프로가 자체 분석한 키워드(예 - 클립 속 인물 정보)를 삭제합니다.

- Markers: 마커를 추가, 수정, 삭제 등 관리할 수 있는 메뉴들이 나타납니다. Nudge 기능을 활용해 마커를 프레임별로 이동할 수 있습니다.

부록 A-15 마커의 세부 메뉴

- Go to: 선택한 클립의 범위 시작점 및 종료점, 처음과 끝으로 이동할 수 있습니다.

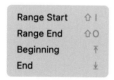

부록 A-16 Go to의 세부 메뉴

- Previous: 이전 프레임, 편집점, 마커, 키프레임으로 이동할 수 있습니다.

부록 A-17 Previous/Next의 세부 메뉴

- Next: 다음 프레임, 편집점, 마커, 키프레임으로 이동할 수 있습니다.

[Clip] 메뉴

[Clip] 메뉴에는 클립의 전반적인 부분을 조정하는 기능이 모여 있습니다. 주요 기능은 [Audition]과 [Detach Audio], [Disable]입니다.

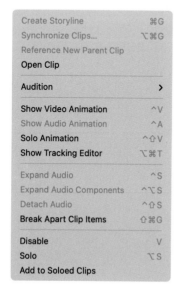

부록 A-18 [Clip] 메뉴

- Create Storyline: 스토리라인을 새로 만듭니다.

- Synchronize Clips: 비디오와 오디오의 싱크를 맞춥니다.

- Reference New Parent Clip: 컴파운드 클립에 적용할 수 있는 기능입니다. 기존 컴파운드 클립에서 새로운 컴파운 드 클립을 만듭니다.

- Open Clip: 미디어 클립을 열어서 편집할 수 있게 나타냅니다. 컴파운드 클립에 적용할 경우 컴파운드 클립 내부를 보여주지만, 보통의 클립에 이 기능을 적용하면 해당 클립의 내부(비디오, 오디오)를 보여줍니다.

- Audition: 오디션 기능을 실행합니다.

부록 A-19 Audition 기능

- Show Video Animation: 비디오에 적용된 애니메이션을 보여줍니다.

- Show Audio Animation: 오디오에 적용된 애니메이션을 보여줍니다.

- Solo Animation: 애니메이션이 적용된 것만 타임라인에 표시합니다.

- Show Tracking Editor: 트래킹 에디터를 표시합니다.

부록 A-20 트래킹 에디터

- Expand Audio(Collapse Audio): 비디오와 오디오를 따로 분리된 형태로 타임라인에 표시합니다. (Collapse Audio로 다시 이전 상태로 되돌릴 수 있습니다.)

- Expand Audio Components: 채널이 여러 개로 구성된 오디오 클립들을 분리해 채널별로 표시합니다.

- Detach Audio: 클립의 비디오와 오디오의 씽크를 분리합니다

- Break Apart Clip Items: 컴파운드 클립으로 구성된 클립을 해체합니다.

- Disable(Enable): 클립을 비활성화 상태로 변경합니다. (Enable은 다시 활성화합니다.)

- Solo: 선택한 클립의 오디오만 재생됩니다. 솔로 클립은 노란 테두리로 표시됩니다.

- Add to Soloed Clips: 이 기능을 이용해 여러 개의 솔로 클립을 추가할 수 있습니다.

[Modify] 메뉴

[Modify] 메뉴에는 클립의 메타 정보, 비디오의 색상 정보, 오디오, 클립의 길이, 재생 속도, 역할 등을 수정하는 기능이 모여 있습니다.

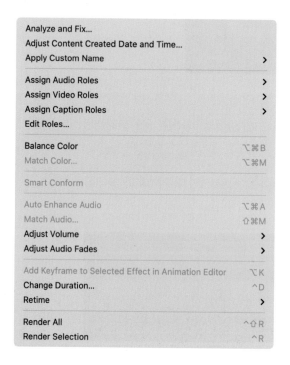

부록 A-21 [Modify] 메뉴

- Analyze and Fix: 파이널 컷 프로에서 미디어 클립의 비디오와 오디오를 분석한 결과를 바탕으로 수정하는 기능을 제공합니다.

- Adjust Content Created Date and Time: 클립의 메타 정보 중 생성된 날짜와 시간을 수정합니다.

- Apply Custom Name: 클립의 이름을 변경할 때 규칙을 만들어 적용합니다.

- Assign Audio Roles: 오디오의 역할을 지정합니다.

- Assign Video Roles: 비디오의 역할을 지정합니다

- Assign Caption Roles: 캡션 자막의 포맷과 언어를 지정하고 수정합니다.

- Edit Roles: 비디오, 오디오, 캡션 자막의 역할을 생성하거나 수정합니다.

- Balance Color: 선택한 클립의 노출, 대비, 색상 등을 자동으로 균형 있게 조정합니다.

- Match Color: 기준이 되는 클립의 색상 톤을 분석하여 선택한 클립의 색상 톤을 비슷하게 맞춥니다.

- Smart Conform: 영상 속 오브젝트의 움직임을 분석하여 프로젝트의 화면 비율을 조정합니다.

- Auto Enhance Audio: 오디오를 분석해 품질을 향상합니다.

- Match Audio: 기준이 되는 클립의 오디오를 분석해 선택한 오디오의 음량을 비슷하게 맞춥니다.

- Adjust Volume: 음량을 조정합니다.

- Adjust Audio Fades: 오디오 페이드를 조정합니다.

- Add Keyframe to Selected Effect in Animation Editor: 애니메이션 에디터에서 선택한 이펙트에 키프레임을 추가합니다.

- Change Duration: 선택한 미디어 클립의 길이를 조정합니다.

- Retime: 선택한 미디어 클립의 속도를 조정합니다.

- Render All: 전체 영역을 렌더링합니다.

- Render Selection: 선택한 영역을 렌더링합니다.

[View] 메뉴

[View] 메뉴는 파이널 컷 프로의 뷰어 패널에서 화면을 어떻게 볼 것인지 설정하는 기능들이 있습니다.

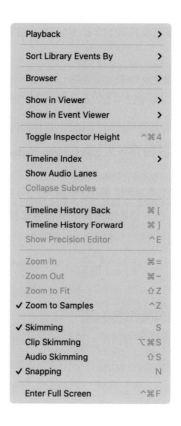

부록 A-22 [View] 메뉴

- **Playback**: 플레이백(미리 보기)과 관련한 기능들이 있습니다. 기본적인 플레이백을 비롯해 반복 재생, 전체 화면에서 보기 등의 기능을 지원합니다.

부록 A-23 Playback의 세부 메뉴

- Sort Library Events by: 라이브러리와 이벤트를 이름 혹은 시간순으로 정렬합니다. 이때 오름차순과 내림차순의 형태를 지정할 수 있습니다.

- Browser: 브라우저 패널에서 미디어 클립이 표시되는 형태를 설정합니다.

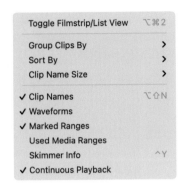

부록 A-24 Browser의 세부 메뉴

- Show in Viewer: 뷰어 화면에 표시되는 그래픽을 설정합니다.

- Show in Event Viewer: 이벤트 뷰어 화면에 표시되는 그래픽을 설정합니다.

- Toggle Inspector Height: 인스펙터 패널을 확장 혹은 축소합니다.

- Timeline Index: 타임라인 인덱스 패널을 통해 역할(Roles)을 표시합니다.

- Show Audio Lanes: 오디오 레인을 보여줍니다.

- Collapse Subroles: 오디오 레인에서 서브롤을 감춥니다.

- Timeline History Back: 활성화된 타임라인 중 이전에 열었던 타임라인으로 이동합니다.

- Timeline History Forward: 활성화된 타임라인 중 이후에 열려 있는 타임라인으로 이동합니다.

- Show Precision Editor: 정밀편집기를 실행합니다.

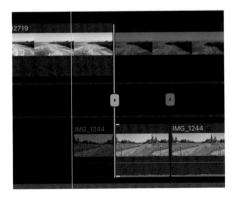

부록 A-25 Precision Editor (정밀 편집기)

- Zoom In: 타임라인의 화면 배율을 확대합니다.

- Zoom Out: 타임라인의 화면 배율을 축소합니다.

- Zoom to Fit: 배치된 클립이 모두 나타나도록 타임라인의 화면 배율을 맞춥니다.

- Zoom to Samples: 오디오의 경우 초정밀한 프레임까지 확대해 나타냅니다.

- Skimming: 플레이헤드가 위치한 프레임의 비디오와 오디오를 뷰어에 나타내 빠르게 내용을 탐색합니다.

- Clip Skimming: 비디오를 스키밍 하면서 빠르게 내용을 탐색합니다.

- Audio Skimming: 오디오를 스키밍 하면서 빠르게 소리를 탐색합니다.

- Snapping: 클립을 배치할 때 가장자리에 맞출 수 있도록 도와주는 기능입니다.

- Enter Full Screen: 뷰어 화면을 전체 화면으로 보고자 할 때 사용합니다.

[Window] 메뉴

[Window] 메뉴는 파이널 컷 프로의 전체적인 창 모양을 설정할 수 있는 기능들이 있습니다.

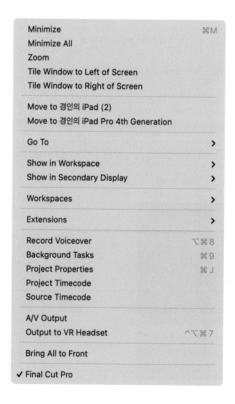

부록 A-26 [Window] 메뉴

- Minimize: 창을 최소화합니다.

- Minimize All: 모든 창을 최소화합니다.

- Zoom: 파이널 컷 프로를 확대/축소합니다.

- Tile Window to Left(Right) of Screen: 스플릿 모드를 실행한 후 파이널 컷 프로를 왼쪽(오른쪽)에 배치합니다.

- Move to "iPad": 아이패드 사이드카 기능을 이용해 파이널 컷 프로의 화면을 아이패드에 띄웁니다.

- Go to: 선택한 패널을 활성화합니다.

- Show in Workspace: 현재 작업환경 내에서 패널을 표시/미표시합니다.

- Show in Secondary Display: 보조 디스플레이에 표시할 패널을 선택합니다. (브라우저, 뷰어, 타임라인 중 1개 선택.)

- Workspaces: 작업환경을 선택하고 관리합니다.

- Extensions: 파이널 컷 프로의 플러그인 프로그램을 실행합니다.

- Record Voiceover: 파이널 컷 프로 자체적으로 음성을 녹음합니다.

- Background Tasks: 트랜스코딩, 임포트, 렌더링 등의 작업 진행 과정을 확인합니다.

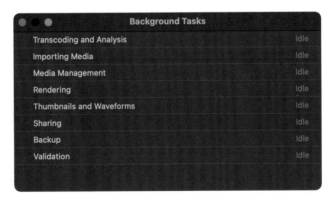

부록 A-27 Background Tasks

- Project Properties: 프로젝트의 속성을 확인하거나 수정합니다.

- Project Timecode: 프로젝트 타임코드 창을 표시합니다.

- Source Timecode: 소스 타임코드 창을 표시합니다

- A/V Output: 외부 출력 장치를 통해 플레이백합니다.

[Help] 메뉴

[Help] 메뉴는 파이널 컷 프로의 도움말을 제공합니다.

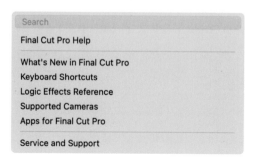

부록 A-28 [Help] 메뉴

- Search: 찾고자 하는 기능과 메뉴를 검색해 나타냅니다.

- Fina Cut Pro Help: 파이널 컷 프로 온라인 매뉴얼 도움말 창을 띄웁니다.

- What's New in Final Cut Pro: 새로운 버전의 기능을 확인합니다.

- Keyboard Shortcuts: 키보드 단축키를 확인합니다.

- Logic Effects Reference: 파이널 컷 프로에 적용된 로직 이펙트 도움말을 확인합니다.

- Supported Cameras: 파이널 컷 프로에서 지원하는 카메라들을 확인합니다.

- Apps for Final Cut Pro: 파이널 컷 프로 지원 앱들을 확인합니다.

- Service and Support: 파이널 컷 프로 공식 서비스 및 지원 페이지로 이동합니다.

파이널 컷 프로 10.6의 새 기능
오브젝트 트래커

오브젝트 트래커(Object Tracker)

이펙트, 타이틀 혹은 그래픽 효과를 뷰어로 드래그하면 자동으로 영역을 인식해 추적합니다. 별도의 외부 플러그인을 설치할 필요 없이 파이널 컷 프로 자체적으로 인물의 얼굴이나 사물의 특정 영역을 쉽고 빠르게 추적할 수 있습니다. 예를 들면 다음과 같은 작업을 손쉽게 할 수 있습니다.

- 스포츠 영상에서 움직이는 특정 플레이어 머리 위에 이름이나 그래픽 효과 표시하기
- 사람의 얼굴을 인식하여 모자이크나 블러 효과가 사람의 얼굴을 따라다니게 하기
- 휴대폰을 따라다니는 메시지 그래픽 영상을 통해 대화 장면 연출

부록 B-1 오브젝트 트래커 기능

오브젝트 트래커의 기본 사용 방법

1. 먼저 영상 클립에 추적 포인트(Track Point)를 추가합니다. 추적 포인트를 관리하는 Trackers는 비디오 인스펙터의 아래쪽에 있습니다. 영상 클립을 선택한 후 비디오 인스펙터에서 Trackers의 [+] 버튼을 클릭합니다.

부록 B-2 추적 포인트 추가하기

2. 뷰어에 추적 영역이 표시됩니다. 추적 영역을 드래그해 추적하고자 하는 오브젝트 크기에 맞춰 추적 영역과 오브젝트를 맞춰줍니다.

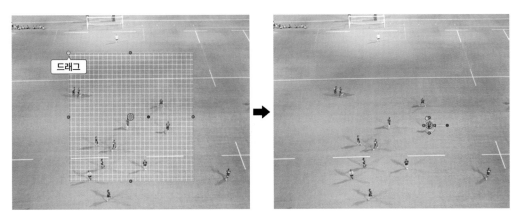

부록 B-3 추적 영역을 오브젝트와 맞추기

3. 뷰어의 왼쪽 위에 있는 [Analyze] 버튼을 클릭해 분석 작업을 시작합니다.

부록 B-4 분석 작업 시작하기

4. 분석 작업이 진행되고 있습니다. 선택한 영상의 모든 프레임에서 오브젝트의 움직임을 추적합니다.

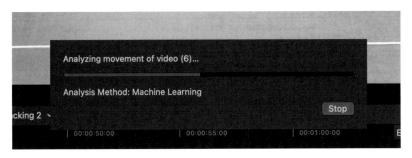

부록 B-5 분석 작업의 진행률 표시

5. 분석 작업이 완료되면 비디오 인스펙터의 Trackers 에 Object Track이란 이름으로 추적 정보가 생성 된 것을 확인할 수 있습니다.

부록 B-6 생성된 추적 정보

6. 타이틀이나 그래픽을 추가하겠습니다. 타이틀은 기본 타이틀(Basic Title)을 추가합니다. 상단 메뉴에서 [Edit] − [Connect Title] − [Basic Title]을 선택하거나 단축키 option + T를 이용해 '기본 타이틀'을 영상에 추가합니다.

부록 B-7 기본 타이틀 추가하기

7. 추가한 '기본 타이틀'과 추적 정보를 서로 연결하는 작업을 하겠습니다. 타임라인에서 '기본 타이틀'을 선택한 상태 에서 뷰어의 왼쪽 하단에 있는 [Transform] 버튼을 클릭합니다. 그러면 뷰어 상단에 메뉴들이 나타나는데 그중에 서 Tracker의 오른쪽 펼침 버튼을 클릭한 후 추적 정보(Object Track)를 클릭해 선택합니다.

부록 B-8 기본 타이틀과 추적 정보 연결하기

8. 기본 타이틀의 위치를 뷰어에서 드래그해 변경할 수 있습니다. 따라다닐 오브젝트와 어울리도록 배치합니다. 배치 작업이 끝났다면 오른쪽 상단 'Done' 버튼을 클릭합니다. 재생해보면 추적한 오브젝트를 기본 타이틀이 따라다니는 모습을 확인할 수 있습니다.

부록 B-9 타이틀의 위치 조정

이펙트를 뷰어로 드래그해 오브젝트 트래커 사용하기

1. 이펙트를 뷰어에 바로 드래그해 오브젝트 트래커를 더 직관적인 방법으로 사용할 수 있습니다. 특히 얼굴을 인식하는 기능이 뛰어난데 얼굴 노출을 막는 데 주로 사용되는 이펙트 중 'Gaussian(가우시안 블러)'을 적용해보겠습니다. 이펙트 창을 활성화한 다음 [Blur] → [Gaussian]을 선택합니다.

부록 B-10 Gaussian 이펙트 선택하기

2. 이펙트를 뷰어에 나타난 사람 얼굴 쪽으로 드래그 앤드 드롭합니다. 얼굴 영역 쪽에 'Face'가 나타납니다.

부록 B-11 사람 얼굴에 이펙트를 드래그 앤드 드롭하기

3. 'Gaussian' 이펙트가 얼굴에 적용됐습니다. 계속해서 뷰어의 왼쪽 위에 있는 [Analyze] 버튼을 클릭해 모든 프레임에서 사람의 얼굴 영역을 추적합니다.

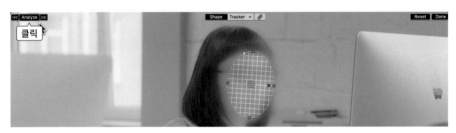

부록 B-12 'Analyze' 버튼 클릭하기

4. 분석 작업이 진행되고 있습니다. 얼굴 영역에 녹색의 원이 생기는데 이것은 추적 작업이 원활하게 진행되고 있다는 표시입니다.

부록 B-13 분석 작업 중

5. 분석 작업이 완료됐습니다. 뷰어의 오른쪽 위에 있는 [Done] 버튼을 클릭해 추적 작업을 완료합니다.

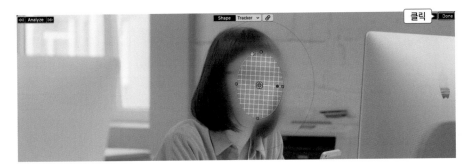

부록 B-14 추적 작업 완료하기

6. 재생해 보면 'Gaussian' 이펙트가 사람의 얼굴을 따라다니며 얼굴을 흐릿하게 처리하는 것을 확인할 수 있습니다.

부록 B-15 사람 얼굴을 추적하며 따라다니는 가우시안 이펙트

파이널 컷 프로 10.6에 추가된 오브젝트 트래커(Object Tracker) 기능은 유튜브 '빠르크의 파이널 컷프로 3분 강좌'를 통해 더욱 자세한 기능과 적용 방법을 살펴볼 수 있습니다. 프로그램의 버전 업데이트와 함께 새로 추가되는 기능은 '빠르크의 3분 강좌' 유튜브 채널을 통해 확인해주세요.

오브젝트 트래커 실습하기 1

#89 파이널컷프로 10.6 오브젝트 트래킹 실습 1

▶ https://youtu.be/uYgmUeSlbUo ●

오브젝트 트래커로 모자이크, 블러 효과 넣기

#90 오브젝트 트래커로 모자이크, 블러 효과 넣기

▶ https://youtu.be/nDz_CzxVfWc ●

오브젝트 트래커로 메시지 대화 장면 연출하기

#91 오브젝트 트래커로 메시지 대화장면 연출하기

▶ https://youtu.be/dfQ5CryQxUo ●